GOLDMANN

W0391041

Von Bill Knox
sind außerdem im Goldmann Verlag lieferbar:

Zwischenfall auf Island. 4899
Tödliche Fracht. 4906
Die Spur nach Teneriffa. 5011
Die Tote von Loch Lomond. 5025
Mit falschen Etiketten. 4966
Seefahrt bringt Tod. 5015

BILL

KNOX

Frachtbetrug

CARGO RISK

GOLDMANN VERLAG

Aus dem Englischen übertragen von
Tony Westermayr

Der Goldmann Verlag
ist ein Unternehmen der Verlagsgruppe Bertelsmann

Made in Germany · 4/89 · 2. Auflage
© der Originalausgabe 1980 by Bill Knox
© der deutschsprachigen Ausgabe 1981 by Wilhelm Goldmann Verlag,
München
Umschlaggestaltung: Design Team München
Satz: IBV Lichtsatz KG, Berlin
Druck: Elsnerdruck, Berlin
Krimi 4909
Ge · Herstellung: Gisela Ernst/AS
ISBN 3-442-04909-1

Die Hauptpersonen

Andrew Laird	Schadensregulierer einer großen britischen Seeversicherungsgesellschaft
Natalie Cordelle	sehr tüchtiges und noch hübscheres Mädchen, dessen Begegnung mit Laird in einer Katastrophe endet
Yvonne Cordelle	ihre Schwester
Achmed Sharif	marokkanischer Polizeioffizier
Dr. Mohammed Kassar	marokkanischer Verwaltungsbeamter
Paul Briand	Kriminalinspektor
Ben Hamilton Jody Oland Bernice Edwards Sandra Myles	ein interessantes Quartett, das auf einer Hochsee-Jacht das Mittelmeer und den Atlantik vor der westafrikanischen Küste abfährt

Der Roman spielt teils in der marokkanischen Hafenstadt Safi, teils in dem bretonischen Städtchen Benodet in Frankreich.

Für Mike und Lynne

...und fernerhin, bis das besagte Schiff mit allen seinen Gütern und Handelswaren, welcher Art auch immer, an den in der Fahrt genannten Häfen oder Orten eingetroffen, und auf die Güter und Handelswaren, bis selbige gelöscht und sicher an Land gebracht sind; und es soll für das besagte Schiff etc. auf dieser Fahrt rechtmäßig sein, sie fortzusetzen und zu jedem beliebigen Hafen oder Ort zu fahren, sie zu berühren und sich dort aufzuhalten, ohne dieser Versicherung verlustig zu gehen. Die besagten Güter und Handelswaren etc. sind, was den Versicherten durch Übereinkunft zwischen dem Versicherten und dem Versicherer in dieser Police betrifft, wie angegeben bewertet und behalten diesen Wert.

Auszug aus einer heutigen internationalen Seeversicherungspolice.

Vorspiel

Es war Hochsommer und warm. An den Tilbury-Docks im Hafen von London war das in Panama registrierte Frachtschiff ›Aurelia‹ fast beladen, und die blaue Abfahrtsflagge am Masttopp verriet, daß sie bereit war, abzulegen. Nur Laderaum Zwei stand noch offen und nahm drei verspätet angelieferte Container auf.

Die Container, übergroße Metallkästen, jeder vom Umfang eines Eisenbahnwaggons, waren ein Ärgernis. Ein schwitzender Trupp von Dockarbeitern, in der Hitze mit nacktem Oberkörper an der Arbeit, gebrauchte noch ganz andere Bezeichnungen, ebenso der Kapitän der ›Aurelia‹, der von der Brücke aus finster hinunterblickte. Neben ihm warf der Hafenkommissionär des Schiffes einen verstohlenen Blick auf seine Armbanduhr und dachte bereits an das Mittagessen.

Die ›Aurelia‹ war zwölf Jahre alt, ein 10000-BRT-Arbeitspferd mit einer Schraube und einem Schornstein, nach wirtschaftlichen Gesichtspunkten in einer skandinavischen Werft gebaut, die damals über den Auftrag froh gewesen war. Das Schiff war keine Schönheit, brauchte es aber auch nicht zu sein. Decks und Verladeanlagen waren gut angeordnet, der Betriebskostenplan ließ regelmäßige Anstriche zu, und jeder Offizier und ein Großteil der ostindischen Matrosen hatten schon mehrere Fahrten auf ihr hinter sich.

Der Hafenkommissionär wußte das alles. Er wußte ferner, daß der Kapitän der ›Aurelia‹ eine gastfreundliche Flasche in seiner Kajüte stehen hatte – und drei verspätet eingetroffene Container waren besser als gar nicht eingetroffene. Er zügelte seine Ungeduld.

Als der letzte der großen Metallkästen an Bord gehievt wurde, räusperte sich der Kapitän erleichtert, nickte dem Kommissionär zu, und die beiden zogen sich zurück. Zwanzig Minuten später erschienen sie wieder an Deck. Ladeluke Zwei war geschlossen, die Tieflader für den Transport der Container waren abgefahren, die Dockarbeiter verschwunden. Steuerbord achtern lagen zwei Schlepper.

Der Kommissionär schüttelte dem Kapitän die Hand, wünschte ihm gute Fahrt und ging mit Whiskyatem an Land.

Eine halbe Stunde später fuhr die ›Aurelia‹ mit der Mittagstide. Als sie, von den Schleppern geleitet, Strommitte erreichte, lief alles höchst alltäglich ab. Aber es gab mindestens einen Zuschauer. Ein Mann, gekleidet wie ein Dockarbeiter, zog ein letztesmal an seiner Zigarette, schnippte den Stummel in das schmierige Wasser und ging auf dem Kai ohne Eile zur nächsten Telefonzelle.

Er wählte eine Nummer, sprach kurz in die Muschel, hängte ein und schlenderte grinsend davon. So leicht hatte er sich fünfzig Pfund schon lange nicht mehr verdient. Er wußte nicht, worum es ging, und es war ihm auch ziemlich gleichgültig.

Am nächsten Morgen schien die Sonne ebenso hell. Sie glänzte und glitzerte vor allem auf dem makellos polierten Lack und Chrom eines Rolls-Royce Silver Wraith, der durch das wimmelnde West End von London rollte.

Der Silver Wraith war schwarz, mit einem einzelnen goldenen Zierstreifen. Gesteuert wurde er von einem livrierten Chauffeur, der mit einem gewichsten Schnurrbart, einer Doppelreihe von Ordensbändern und einem ladestockgeraden Rücken ausgestattet war. Er saß am Lenkrad und verriet im Blick kühle Belustigung darüber, wie minder wichtige Autos vor ihm auseinanderstoben.

Die Glastrennscheibe hinter dem Chauffeur war geschlossen. Sein einziger Fahrgast war schlank, hochgewachsen, blond und hatte das Gesicht eines hochmütigen Engels. Die Dame trug ein marineblaues Kostüm mit weißer Hemdbluse. An die Fondpolster aus Connolly-Leder gelehnt, schlüpfte sie wieder in die schwarzen Schuhe von Gucci, als der Rolls-Royce an den Randstein fuhr und hielt.

Der Fahrer mißachtete den doppelten gelben Parkverbotsstreifen, stieg aus, ging um den Wagen herum und öffnete die hintere Tür.

Seine Mitfahrerin stieg aus. Sie trug unter dem Arm eine schwarzlederne Aktentasche, hatte einen Nerzmantel lässig über den anderen Arm gelegt und ging auf die Glastür der Bank für die Zentralschweiz, Zweigstelle West End, zu. Der Fahrer sah ihr nach und gestattete sich ein schwaches Nicken der Anerkennung, als der Portier wie aufs Stichwort erschien und sich grüßend verbeugte, während die Blondine in der Bank verschwand.

Der Chauffeur holte ein weißes Poliertuch heraus und entfernte sorgfältig ein Stäubchen am linken Scheinwerfer des Rolls-Royce. Er unterbrach seine Tätigkeit, um einen Mann von der Verkehrsüberwachung betont böse anzufunkeln, als dieser entschlossen schien, einen Strafzettel auszustellen, und hielt es für natürlich, daß der Hilfsbeamte sich rasch zurückzog.

Die Blondine verbrachte achtzehn Minuten in der Bank. Während dieser Zeit ließ sie sich vom Geschäftsführer ein Glas sehr trockenen Sherry einschenken und schlürfte ab und zu daran, während er die dünne Mappe mit den Unterlagen, die sie aus der Aktentasche gezogen hatte, lächelnd durchsah.

Danach unterschrieb sie zwei Quittungen und ein einzelnes Überweisungsformular. Sie legte einige Unterlagen in die Mappe zurück, steckte diese in die Aktentasche, nahm den Nerz von einem Sessel und ließ sich vom Geschäftsführer durch die Bankräume zum Ausgang führen. Sie stieg in den Rolls-Royce und wurde davongefahren.

Als nächstes ließ sie vor dem ›Hilton‹ halten. Sie stieg aus, dankte dem Chauffeur mit einem Lächeln und einer Fünf-Pfund-Note und wartete am Randstein, bis er davongefahren war.

Dann winkte sie einem Taxi.

Rolls-Royce samt Fahrer waren, Bargeld im voraus, für den Vormittag gemietet. Der Nerz war echt. Die Dame jedoch, die ihn drei Stunden später auf dem Flughafen Heathrow an Bord einer Air France-Maschine nach Paris trug, war nicht mehr blond und hatte ein graues Schneiderkostüm an.

Alles andere lief bereits. Bevor das Düsenflugzeug der Air France auf dem Charles de Gaulle-Flughafen aufsetzte, war eine Gesamtsumme von knapp zwei Millionen US-Dollar gegen Schecks ausbezahlt worden, die in Zweigstellen der Bank der Zentralschweiz in drei verschiedenen Ländern vorgelegt worden waren.

Sie waren alle auf dasselbe Konto gezogen, das über reichliche, abgesicherte Mittel verfügte. Die Bank behandelte die Auszahlungen als Routinesache.

Die Gruppe hatte in sechzehn Monaten das drittemal zugeschlagen. Ihre Spezialität war Seeversicherungsbetrug, ihr Gesamtgewinn in verschiedenen Währungen betrug nach Abzug von Spesen jetzt fünf Millionen Dollar.

Nur ein Detail blieb noch. Ein Mann mußte getötet werden.

Das war veranlaßt.

Kapitel

1

Safi in der Mitte der Atlantikküste von Marokko war, als amerikanische Truppen dort während des nordafrikanischen Feldzugs im Zweiten Weltkrieg landeten, nicht viel mehr als ein Fischerhafen gewesen.

Der Ort hat sich seither sehr verändert.

Die Zinnen der alten portugiesischen Festung dräuen immer noch von den Berghängen über dem Hafen herab. Flachdach-Häuser schimmern immer noch weiß in der Sonne. Die Brandung des Atlantik rollt immer noch wie Donner von einer See herein, die kühle, blaue Klarheit besitzt.

Die Fischereiflotte ist jedoch in einen kleinen Abschnitt eines Labyrinths von neuen Kais hineingequetscht worden. Eisenbahnzüge rumpeln, direkt aus Yusouffia kommend, heran, um eine unablässige Folge von Schüttgut-Frachtern unter den Flaggen von einem Dutzend Ländern zu füllen. Andere Schiffe nehmen unterschiedliche Fracht auf oder entladen sie, ab und zu legt ein Kreuzfahrtdampfer an und entläßt seine landhungrigen Fahrgäste. Der Rest ist ein Gewimmel von riesigen Citroën-Lastzügen mit Druckluftbremsen und von ungeduldigen, hupenden Mercedes-Taxis.

In der Stadt Safi selbst, die sich dementsprechend ausgedehnt hat, sieht man gelegentlich immer noch einen überladenen Esel oder ein dahinstapfendes Kamel, geführt von einem Bauern aus der Umgebung in Sandalen und mit weitem Mantel. Aber auch wenn es gleich viele hübsche Mädchen in kurzen Röcken und verschleierte Frauen in bodenlangen Gewändern gibt, tragen doch die meisten Männer Jeans und fahren Motorrad oder bevorzugen Straßenanzüge und Aktentaschen. Safi hat für Marokko Bedeutung erlangt, und das weiß man dort auch.

Andrew Laird machte sich keine besonderen Gedanken darüber. Es war ein Nachmittag Anfang Juli und sehr heiß. Safi war eine Hafenstadt mehr, und zwar eine, die der Clanmore Alliance-Versicherungsgesellschaft in London möglicherweise sehr kostspielige Kopfschmerzen beschert hatte. Das bedeutete ebensolche Kopfschmerzen für Laird, einen ihrer Seeversicherungs-Schadenregulierer.

Er stieg aus dem Polizeiauto, das ihn zum Hafen gebracht hatte, und wartete, während sein Mitfahrer, ein großer, hagerer Major der *Gendarmerie*, kurz mit dem hemdsärmeligen Fahrer sprach. Die Hitze einmal beiseite, schien der Hafen zusammengesetzt zu sein aus einem Gemisch von verfaulenden Fischresten, Dieselöl und einem Zusammenbruch der Abwasseranlagen.

»Fertig, *M'sieu*?« Der Major drehte sich Laird zu und zog eine nicht gerade sehr freundliche Braue hoch. »Zuerst das Schiff, wie Sie es wünschten. Dann der Grund für das Auslaufverbot.«

»Voran«, sagte Andrew Laird resigniert.

Der Major hieß Achmed Sharif. Wie die meisten Marokkaner aus dem Mittelstand sprach er französisch wie eine zweite Muttersprache und beherrschte englisch nicht viel schlechter. Er hatte mit betonter Gleichgültigkeit gewartet, als Laird in der *Gendarmerie*-Kaserne in der Stadt erschienen war. Seine graue Uniform war scharf gebügelt, an der Hüfte trug er eine Pistole in der Ledertasche, und er besaß die helle Haut, die scharfgeschnittenen Züge und die hellblauen Augen, die ihm irgendein Berberkrieger aus dem Gebirge vererbt hatte. Die blauen Augen betrachteten Laird.

»Mein Befehl lautet, daß ich Sie bitten soll, anschließend in die Kaserne zurückzukommen, *M'sieu*. Bis dahin sollte ein höherer Regierungsbeamter eingetroffen sein – er möchte die Lage mit Ihnen besprechen.«

»Kommt darauf an.« Laird war nach fast vierzehn Stunden in verschiedenen Flugzeugen und Flughafen-Wartesälen zum Gähnen aufgelegt. Sein letzter Clanmore-Fall hatte ihn halb in einen norwegischen Fjord hineingeführt, zu einem griechischen Öltanker, dessen Eigentümer den ›Rasieren und Haarwaschen‹-Trick versucht hatten – ein absichtliches Auf-Grund-Setzen durch den Kapitän, damit die Versicherung eine Überholung im Trockendock bezahlen mußte. »Was besprechen, Major?«

»Das Naheliegende.« Sharif grinste schief und ohne Belustigung, wobei er scharfe, weiße Zähne zeigte. »Den Diebstahl von zwei Millionen Dollar – und wer das Geld zurückzahlen wird.«

Sie machten sich auf den Weg. Sharif mit langen, federnden Schritten voraus. Sie gingen über einen Kai, wo ein amerikanischer Frachter Traktoren entlud, neben einem Schiff aus der DDR, das Obst in Kisten übernahm. Mitten in ihrer schweißtreibenden Arbeit drehten einige der zerlumpten Dockarbeiter sich um, funkelten böse hinter Sharif her und murmelten miteinander. Laird zwinkerte einem der Männer zu. Dieser blinzelte, grinste, wies mit dem Kopf auf Sharif und fuhr mit dem Finger quer über seine Kehle. Ein Dolmetscher war überflüssig.

Der nächste Lagerplatz war leer. Dahinter gingen sie um einen Lagerschuppen herum und erreichten das Ende des Kais. Der Blick ging hinaus auf eine Mole und die offene See; sie waren allein bis auf zwei kleine Araberjungen, die von einer Steintreppe aus mit Schnüren fischten.

»Dort drüben.« Sharif zeigte hinaus über die Mole zum langen, schwarzen Rumpf eines verankerten Frachtschiffes. »Man hat entschieden, es aus dem Hafen zu schicken, damit es keinen Liegeplatz besetzt hält.« Er zuckte gleichgültig mit den Schultern. »Notfalls kann es dort bleiben, bis es verrostet.«

»Sie geben sich große Mühe, Major«, sagte Laird. »Die Leute zu veranlassen, daß sie Sie mögen, meine ich.«

Sharif grinste, wandte sich ab und zündete sich eine Zigarette an, während er zu den kleinen Jungen schlenderte.

Laird, der stehengeblieben war, beschattete die Augen vor dem Glast der Sonne und starrte zu dem Schiff hinüber. Die statistischen Angaben über das Schiff und die Grundzüge des Vorgangs waren in einer dünnen Akte festgehalten, die von der Seeversicherungs-Abteilung bei Clanmore mit Eilkurier auf den Weg gebracht und ihm übergeben worden war, als er an diesem Morgen durch den Flughafen London gekommen war.

Die S.S. ›Aurelia‹, eingetragen in Panama, im Besitz und betrieben von der Yelland Shipping Company, Amsterdam und London. Jede Fracht, jeder Zielhafen – ausgenommen jetzt. Ungefähr eine halbe Meile entfernt vor Anker, weit außerhalb der Hauptfahrrinne, lag sie verloren und allein. Eine gelbe und blaue Flagge am Masttopp flatterte träge als Warnung für andere Schiffe, Abstand zu halten. Auf dem Vordeck hatte man Wäsche zum Trocknen aufgehängt, ein kleines Motorboot war neben einem Fallreep in Hecknähe vertäut. Abgesehen davon, schien es kein Lebenszeichen zu geben.

Laird, der wußte, woran das lag, schnitt eine Grimasse. Vor zehn Tagen, als die ›Aurelia‹, aus London kommend, in Safi eingelaufen war, hatte sie Fracht entladen und das Auslaufen um zwei Tage verschoben, um kleinere Reparaturen an der Maschine durchzuführen. Howard Kilpatrick, ihr Kapitän, war im Begriff gewesen, wieder auszulaufen und nach Süden, Richtung Lagos in Nigeria, zu fahren, als ein Trupp Polizisten an Bord gestürmt war.

Der zweitägige Aufenthalt in Safi hatte dazu ausgereicht, daß ein Teil der von der ›Aurelia‹ entladenen Fracht durch den Zollhafen gegangen war. Drei große versiegelte Container waren geöffnet worden. Dem Ladeverzeichnis zufolge enthielten sie medizinische Güter und Ausrüstung für Krankenhäuser, durch Alda-Tryst Services in London im Namen der marokkanischen Regierung für einen Preis von zwei Millionen Dollar erworben.

Die Marokkaner fanden kein einziges Verbandspäckchen. Alle Container waren halb voll mit altem Abfallholz. Über Telex, Telefon und durch einen kleinen Aufstand ihres Botschaftspersonals in London erfuhren die Marokkaner binnen Stunden den Rest der bitteren Wahrheit.

Alda-Tryst Services hatte die Arbeit eingestellt, die Leute waren verschwunden. Das staatliche Akkreditiv über zwei Millionen Dollar, hinterlegt bei der Bank für die Zentralschweiz, war eingelöst, der größte Teil der Gelder mit Überbringerschecks abgehoben worden. Die verschiedenen europäischen Firmen, die medizinische Güter und Hospitalausrüstung hätten liefern sollen, wußten von keiner einzigen Bestellung.

Die Marokkaner waren, in Clanmore Alliances spröder Ausdrucksweise, ›sehr beunruhigt‹. Die *Gendarmerie* erschien bewaffnet mit Gewehren und einer gerichtlichen Verfügung an Bord. Die ›Aurelia‹ stand unter Arrest. Kapitän Kilpatrick, empört und in Handschellen, wurde an Land in eine Gefängniszelle gebracht.

Dort saß er noch. Laird seufzte und schüttelte den Kopf. Die Nachricht, die er zu überbringen hatte, würde es Kilpatrick weder leichter machen, noch seine Aussichten auf Freilassung verbessern.

»Was ist mit der Besatzung?« fragte er, nachdem er auf Sharif zugegangen war.

»Noch an Bord«, gab Sharif mit einem Achselzucken zurück. »Wir haben eigentlich keinen Streit mit ihr – außerdem ist die Schiffsmaschine stillgelegt worden, damit sie nicht auslaufen kann.«

»So, wie Sie das Funkgerät abmontiert haben?« fragte Laird. Tagelang waren nämlich alle Funkrufe an die ›Aurelia‹ unbeantwortet geblieben.

Sharif grinste.

»Das schien sich zu empfehlen.«

Neben ihnen rührte sich plötzlich etwas. Einer der kleinen Jungen hatte einen Biß an seiner Angelschnur. Sein Freund sprang herbei, um ihm zu helfen, und sie begannen einen langen, sich krümmenden Aal hereinzuziehen. Ein paar Sekunden lang waren sie im Vorteil – dann riß die alte, zerfranste Schnur. Der Aal verschwand und ließ einen kleinen Araber, den Tränen nahe, zurück.

»Pech.« Sharif tätschelte den Kopf des Jungen.

»Alter Fischerspruch – großer Fang, großer Ärger«, murmelte Laird. »Sollte man sich merken.«

Der schmalgesichtige Marokkaner sah ihn argwöhnisch von der Seite an. Laird lächelte unschuldig, wodurch sein sonst kantiges Gesicht einen Augenblick lang beinahe jungenhaft wirkte, dann wandte er sich ab und blickte wieder zur ›Aurelia‹ hinaus.

Sharif zog die Brauen zusammen. Er wurde aus seinem Besucher nicht recht klug. So ging es aber den meisten Leuten, die Laird kennenlernten.

Stämmig gebaut, über Mittelgröße, stand Andrew Laird vor seinem dreißigsten Geburtstag. Er hatte dichte schwarze Haare, die an den Schläfen vorzeitig ergraut waren, kühle, graugrüne Augen, eine Nase, die irgendwann gebrochen und wieder eingerichtet worden war, und eine Stimme mit einem Anflug seiner schottischen Herkunft. Er trug einen leichten, gelb-beigen Anzug zu einem ausgewaschenen hellen Hemd und einer dunkelblauen Strickkrawatte. Seine Füße steckten in weichen, abgetragenen Mokassins, und seine offene Jacke ließ einen geflochtenen Ledergürtel mit einer schweren Seemanns-Messingschnalle erkennen.

Sharif war genug Polizist, um berufliche Zweifel an einem Versicherungsfachmann zu haben, der an beiden Handgelenken Tätowierungen besaß, die unter seinen Hemdärmeln verschwanden. Sein Argwohn verschaffte sich Luft.

»Zeigen Sie mir, bitte, noch einmal Ihre Ausweispapiere, *M'sieu*«, sagte er knapp.

Laird zog gleichmütig den Paß und seinen plastikverschweißten Clanmore-Ausweis heraus und sah mit geringem Interesse zu, als Sharif im Paß blätterte.

»Wieviel Gepäck haben Sie mitgebracht?« fragte Sharif barsch, ohne den Kopf zu heben.

»Einen Koffer – ich habe ihn in einem Hotel in der Stadt abgestellt.«

»Danke.« Sharif gab mit gerunzelter Stirn die Ausweise zurück. »Sind Sie Seemann gewesen, *M'sieu* Laird?«

»Gleich und gleich gesellt sich gern«, erwiderte Laird leichthin.

»Noch ein Sprichwort?« Sharif ließ die Schultern herabsinken und nickte. »Wenn Sie etwas anderes wären – etwa ein neuer Kapitän für die ›Aurelia‹ – hätte ich Sie gewarnt.« Er wies mit dem Daumen in eine andere Richtung, auf die Kai-Wand gegenüber, wo ein niedriges, graues Polizeiboot vertäut lag. In einem Turm am Heck war ein Zwillingsgeschütz zu erkennen. »Wir haben in manchen Dingen unsere eigene Versicherung.«

Sie gingen zum Auto zurück, wo ihr Fahrer in der Hitze döste. Er grinste schläfrig, als sie einstiegen, richtete sich am Lenkrad auf und fuhr los.

Es war eine kurze Fahrt zum Container-Depot. Als sie den Hafen hinter sich hatten, wichen sie einem geschäftigen Marktplatz aus, wo um eine Vielzahl rasch aufgeschlagener Stände herum lautstark gefeilscht wurde. Von dort führte eine breite, gerade Straße, unverwechselbar aus der französischen Kolonialzeit, vorbei an Geschäften, Büros, einer Moschee und an zwei neuen Touristenhotels, die umgeben waren von Palmen und Parkplätzen. Nach einem weiteren Kilometer tauchte ein hoher, mit Stacheldraht bewehrter Zaun auf.

Ein Posten schlenderte aus dem Schatten, als sie sich dem offenen Einfahrtstor zum Container-Depot näherten, sprang aber hastig zurück, als der Wagen, ohne anzuhalten, hineinbrauste. Auf der unebenen Oberfläche hüpfend und schwankend, eine Staubwolke hinter sich herziehend, rollten sie zwischen Reihen von abgestellten Containern dahin und kamen vor einer Gruppe von drei abseits aufgestellten Großbehältern rutschend zum Stehen.

»Irrer.« Sharif funkelte den Fahrer an, der zufrieden grinste. »Er sieht zu viele amerikanische Filme.« Er griff nach der Tür, fauchte den Mann auf arabisch an, und das Grinsen verlor sich ein wenig. Sharif übersetzte für Laird: »Ich habe ihm erklärt, wenn das wieder vorkommt, hätten wir auch noch eine Kamelabteilung – und freie Plätze für Kamele.«

Sie stiegen aus. Ein fahrbarer Kran war einen weiten Steinwurf entfernt an der Arbeit und unterstützte einen Trupp Arbeiter mit einem Gabelstapler dabei, die Ladung eines skandinavischen Schiffscontainers auf zwei wartende Lastwagen zu verteilen. In anderen Bereichen des Depots war man ebenso fleißig. Nur die drei abseits stehenden Container von Yelland wirkten verlassen.

Laird ging auf sie zu und verfluchte die kleine Wolke von Fliegen, die aus dem Nichts aufgetaucht war und ihn umsummte. Die Türen der Riesenkästen standen offen. An einer davon forderte ein zerfetzter Aufkleber alle Interessierten auf, an einer Gewerkschaftsversammlung auf dem Trafalgar Square teilzunehmen. Sharif ging neben Laird her und blieb stumm, während letzterer das Gewirr von Abfallholz im Inneren der Container kurz betrachtete.

»Teures Brennholz«, meinte Laird trocken.

Sharif gab einen Brummlaut von sich.

»Wir glaubten anfangs, es sei schlichter Diebstahl. Davon verstehen wir etwas – wenn wir auch nicht immer wissen, wo er vorgekommen ist.«

Selbst wenn die Siegel am Ende der Reise unverletzt waren.

Laird pfiff einen Trauermarsch vor sich hin, Takte aus einem alten Psalmlied. Mit zu den Vorteilen des Containerverkehrs gehörte ein Rückgang der Hafendiebereien. Die Hafenbanden blieben trotzdem erfolgreich, vor allem dann, wenn sie einen unehrlichen Lastwagenfahrer oder einen Wachmann fanden, der in die falsche Richtung schaute. Siegel und Schlösser konnte man umgehen. Ein besonderer Trick bestand darin, die Türscharniere aufzuschweißen, die Türen herauszuheben und sie, nachdem der Container ausgeraubt war, wieder anzuschweißen.

»Irgend etwas Neues in England?« Als Laird die Frage stellte, trat er ein paar Schritte zurück, fort von der Hitze, die von den Metallwänden der Container abgestrahlt wurde. Die Fliegen folgten ihm.

»Nichts.« Sharif schüttelte den Kopf. »Ihre Polizei teilt mit, daß diese Firma Alda-Tryst von Anfang an ein Scheinunternehmen war. Wo die Leute herkommen, wo sie hingeraten sind –« Er zog die Schultern hoch.

»Profis.« Laird schlug nach den Fliegen. »Die besten Betrüger tauchen aus dem Nichts auf und dort wieder unter, bis zum nächstenmal.« Er sah Sharif prüfend an. »Glauben Sie wirklich, daß das hilft, den Lieferjungen festzuhalten?«

»Das war nicht meine Entscheidung«, gab Sharif steif zurück. Ein Schwarm Fliegen hatte sich auf seiner scharfgebügelten Hose niedergelassen, aber er beachtete ihn nicht. »Wenn man mich gefragt hätte, wäre ich derselben Meinung gewesen.«

»Warum?« fragte Laird ungeduldig. »Medizinische Güter, nun gut, das ist besonders gemein, aber –«

»Allah hat uns nicht mit Reichtümern gesegnet«, erklärte Sharif zornig. »Für uns sind zwei Millionen Dollar in Devisen hartverdientes Geld – nicht etwas, das man wieder einnimmt, indem man eine andere Ölquelle aufdreht. Wir haben Medikamente und Drogen bezahlt, Röntgengeräte und Laboranlagen. Würden Sie das Luxus nennen?«

»Nicht, wenn ich krank wäre oder im Sterben läge«, sagte Laird nüchtern. Er preßte die Lippen zusammen, als sich alte Erinnerungen aufdrängten. »Ich habe von beidem genug gesehen.«

Achmed Sharif sah ihn lange an. Seine Wut verrauchte und machte einem etwas verschämten Grinsen Platz.

»Wissen Sie, meine Frau behauptet, ich verlöre manchmal die Beherrschung. Vielleicht hat sie recht.« Er schaute auf die Armbanduhr und saugte scharf die Lippen nach innen. »Wir müssen zurück. Der Mann, der Sie sprechen möchte, heißt Kassar – Doktor Mohammed Kassar. Er ist vom Justizministerium und hat alle Vollmachten.«

»Er hat den Arrest für die ›Aurelia‹ verfügt?«

Sharif nickte und wies mit bestimmter Geste zum Auto.

Das *Gendarmerie*-Gebäude war ein Neubau: zwei Stockwerke, glatte Fassade, flaches Dach und schattiger Innenhof. Neben den anderen Fahrzeugen stand ein großer schwarzer Mercedes an einer Seite des Hofes, und Sharif zeigte mit düsterer Miene darauf, als er Laird ins Haus geleitete.

Sie gingen durch einen Korridor mit grüngestrichenen Wänden, unterbrochen von Türen, durch die man in Büros und Mannschaftsräume, in eine Waffenkammer und einen kleinen Zellenblock blikken konnte. Von dort stiegen sie eine Treppe zum Obergeschoß hinauf.

»Hier.« Sharif blieb an der dritten Tür stehen. »Das ist sonst das Zimmer des Kommandeurs.« Er senkte die Stimme. »Kassar war einige Zeit bei unserer UNO-Delegation – er hat politischen Einfluß.«

Laird nickte. Sharif klopfte, öffnete die Tür, und sie betraten ein großes, behaglich eingerichtetes Büro.

»*M'sieu* Laird«, stellte Sharif förmlich vor.

Dr. Mohammed Kassar, ein beleibter, bärtiger Mann von mittlerer Größe in einem dunklen Geschäftsanzug, erhob sich hinter dem großen Schreibtisch in der Mitte des Raumes. Er hatte kurzgeschorene graue Haare, träge, braune Augen und ein Lächeln, das wie durch eine Schalterdrehung aufzuleuchten schien.

»Willkommen in Safi«, sagte er mit einer unverkennbar amerikanischen Aussprache. »Der Major hat Sie herumgeführt?«

»Überall, wo ich hinmußte.« Laird blickte an Kassar vorbei, während sie sich die Hände schüttelten. Ein Mädchen Ende Zwanzig saß neben dem Schreibtisch. Sie war schlank, hübsch, hatte lange, schwarze Haare und eine honigfarbene Haut. Unauffällig bekleidet mit blauem Rock und weißer Hemdbluse, hatte sie einen Notizblock auf dem Schoß liegen und erwiderte seinen Blick mit ruhiger Gleichgültigkeit.

»Natalie ist meine Assistentin«, sagte Kassar, als er seinem Blick folgte. Er wies auf einen Sessel vor dem Schreibtisch. »Nehmen Sie Platz, Mr. Laird.« Kassar setzte sich auch, und als das geschehen war, zog Sharif sich an ein Fenster zurück. Dr. Kassar lächelte erneut. »Natalie, unser Besucher wird durstig sein. Als Moslem habe ich natürlich als einziges Getränk nur geeiste Limonade zur Hand, aber –«

»Fein«, sagte Laird mit einem Nicken.

Das Mädchen legte den Notizblock weg, stand auf, ging zu einem Tisch, auf dem Gläser und ein voller Krug standen, und füllte ein Glas. Sie brachte es Laird, wobei ihr langes schwarzes Haar seine Schulter streifte.

Laird dankte ihr mit einem schwachen Grinsen, trank einen Schluck und riß die Augen auf. Die eiskalte Limonade war stark mit Gin versetzt. Als er den Kopf hob, war das Mädchen aber schon zu seinem Notizblock zurückgekehrt, und Dr. Kassars Gesicht erwies sich als völlig ausdruckslos. Laird sagte nichts.

»Zunächst die unstrittigen Tatsachen«, begann Kassar nach einer kurzen Pause. Seine Stimme klang sachlich. »Die Clanmore Alliance, Ihre Firma, versichert sowohl das Schiff ›Aurelia‹ als auch seine Fracht?«

»Wir sind Hauptversicherer für Schiffskasko bei der ›Aurelia‹«, verbesserte Laird. »Das Versicherungsgeschäft ist auch ein Glücksspiel – und jeder gute Buchmacher verteilt das Risiko.«

»Und die Fracht?«

»Wir sind eine der beteiligten Versicherungsgesellschaften. Vermutlich haben wir den größten Anteil – eingeschlossen Ihre Container.«

»Gut.« Das bärtige Gesicht veränderte den Ausdruck nicht. »Wir lassen die faszinierenden Raffinessen der Geschäftswelt beiseite und kommen zum eigentlichen Thema – drei Container mit medizinischen Gütern im Wert von zwei Millionen Dollar.«

»Die sie nicht enthielten.«

Kassar ging nicht darauf ein. Er legte die Fingerspitzen aneinander, als wolle er beten.

»Ich bin kein Schiffahrtsfachmann. Ein Spediteur stellt für die Fracht in der Regel eigene Container zur Verfügung?«

Laird nickte.

»Auf Miete. Ein Container wird bei einer Fahrt mitgenommen und kommt mit neuer Ladung bei der nächsten zurück.«

Das Mädchen beugte sich zu Kassar vor und sprach leise mit ihm. Er zog die Brauen zusammen, nickte aber, und sie lehnte sich wieder zurück.

»Wer belädt die Container, Mr. Laird?«

»In der Regel die Firma, die Fracht versendet. Der Container wird bei ihrem Lagerhaus leer angeliefert, um dann verschlossen und versiegelt wieder abgeholt zu werden.« Er machte eine Pause. »Die Reederei kennt das Leergewicht des Containers. Er wird nach dem Beladen gewogen, ein zweitesmal, bevor er an Bord des Schiffes gebracht wird, und bei der Anlieferung müssen die Siegel unverletzt sein. Der Schiffskapitän erhält ein Konnossement, damit er weiß, was er mitführt.«

Dr. Kassar sog die Luft durch die Nase und wechselte einen Blick mit Sharif.

»Niemand prüft das nach?«

»In den größeren Häfen gehen täglich mehrere hundert Container aus und ein«, erwiderte Laird geduldig. Er trank einen größeren

Schluck aus seinem Glas und fuhr achselzuckend fort: »In manchen Häfen werden Stichproben gemacht – die Hafenbehörde kommt, läßt ein paar Container öffnen und versiegelt sie wieder. Ihre drei Container sind verspätet eingetroffen – mit Absicht, würde ich sagen, damit sie sofort an Bord gehoben werden sollten.«

»Teilweise mit Abfallholz gefüllt, damit sie Gewicht hatten.« Kassars bärtiges Gesicht blieb ausdruckslos, aber die Finger seiner rechten Hand trommelten zornig auf die Schreibtischplatte. »Und danach?«

»Der Schiffskapitän oder sein Kommissionär unterschreiben eine Kopie des Konnossements. Damit wird bestätigt, daß die Güter verladen wurden. Er unterschreibt für eine einzige Reise zweihundert, vielleicht noch mehr solche Scheine –«

»Ausreden!« Kassar schlug mit der Hand auf den Schreibtisch. »Dasselbe habe ich von Kapitän Kilpatrick gehört. Ausreden, Auslegungen –«

»Sie meinen, wir vergeuden beide unsere Zeit?« Laird sah die Sturmzeichen, wußte aber nur einen Weg, ihnen zu begegnen. Er stellte sein Glas weg. »Tut mir leid, Doktor. Ich brauche nicht zu reden, Sie brauchen mich nicht anzuhören.«

Dr. Mohammed Kassars Unterkiefer klappte herunter. Das Mädchen neben ihm bezwang das, was ein leises Lachen sein mochte, aber Major Sharif schien entsetzt zu sein. Es blieb einen langen Augenblick still, dann seufzte Kassar.

»Man sagt nicht oft zu mir, ich möge mich zum Teufel scheren, Mr. Laird.«

»Das habe ich nicht getan.« Laird fuhr mit der Hand über sein Kinn. »Hören Sie, jeder kauft ab und zu eine Schachtel Streichhölzer. Wie viele Leute haben die Zeit, nachzuzählen, wie viele Hölzer die Schachtel genau enthält?«

Kassar saugte an ein paar Barthaaren und nickte widerstrebend. Er warf einen Blick auf das Mädchen, das mitschrieb, und zog eine Braue hoch.

»Natalie?«

»Eine Frage, *M'sieu* Laird.« Ihre Stimme klang leise und ein wenig heiser. »Dieses ›Konnossement‹ – es scheint soviel zu sein wie ein unterschriebener Scheck. Kommt das immer vor?«

»Meistens.« Er lächelte sie bedächtig an und suchte nach einer

Antwort, die einen komplizierten Sachverhalt knapp auszudrücken vermochte. »Wenn Fracht von einem Verkäufer zu einem Käufer geschickt wird, geschieht das meistens ›free on board‹ – von dem Augenblick an, in dem die Ware an Bord gelangt, ist sie Eigentum des Käufers und geht auf dessen Risiko.«

Sie runzelte die Stirn.

»Dann bringt der Verkäufer sein Konnossement zur Bank –«

»Der Verkäufer oder der Mittelsmann«, verbesserte er trocken. »Er, oder in diesem Fall sie –«

»Sie wissen von der Frau?« Major Sharif hatte die Brauen zusammengezogen und richtete sich auf.

»Ich weiß, daß sie eine Blondine einsetzten, und daß sie den Namen Helen Rowan benutzte«, sagte Laird offen. Es war ein kurzer Absatz im Bericht von Clanmore gewesen. »Sie scheint ein brauchbarer Aktivposten zu sein.« Dabei beließ er es. »Jedenfalls braucht man ein unterschriebenes Konnossement nur zur Bank zu bringen, echte Deckung durch eine Versicherungspolice nachzuweisen, ein paar gefälschte Papiere vorzulegen, und man hat es geschafft. Jedes unrichtige Akkreditiv kann wie ein als gedeckt bestätigter Scheck eingelöst werden.«

Kassar seufzte, griff nach einem silbernen Kugelschreiber und hakte auf einer vor ihm liegenden Liste etwas ab. Er warf wieder einen Blick auf das Mädchen, aber sie schüttelte den Kopf.

»Sie wollen damit sagen, daß hier alles seine Richtigkeit hatte?« fragte Kassar mit Nachdruck.

»Nichts fiel aus dem Rahmen. Es war etwas Alltägliches – abgesehen vom Naheliegenden«, sagte Laird müde. »Sie haben diese Firma Alda-Tryst eingeschaltet. Es hat sich herausgestellt, daß das Betrüger waren.«

»Sie wissen, daß man Nachweise und Referenzen vorgelegt hat?«

»Das ist bei solchen Leuten immer der Fall«, meinte Laird nachdenklich und trank wieder aus seinem Glas. Unten im Hof schien etwas vorzugehen. Dem Geschrei und Lärm nach fand bei der *Gendarmerie* entweder Schichtwechsel statt, oder es war ein Krieg ausgebrochen. »Bei einem klug aufgezogenen Betrugsunternehmen erweisen die Referenzen sich als anscheinend echt. Das sind gebildete Verbrecher, sie wissen, daß ein Schreibtisch jederzeit über ein Stemmeisen geht. Sie mieten ein Büro bei einer guten Adresse, verwenden eindrucksvolle Briefköpfe und überstürzen nie etwas.«

»Stimmt«, murmelte Kassar. »Wir haben in den Verwaltungsbüros in Rabat eine sechsmonatige Korrespondenz mit ihnen in den Akten.«

»Aber was noch wichtiger ist: Warum haben sie den Vertrag erhalten?« fragte Laird rundheraus. »War es ein sehr günstiges Angebot, eine niedrigere Provision – oder haben sie jemanden gefunden, den sie bestechen konnten?«

»Offenbar alles zusammen«, erwiderte Kassar knapp.

»Sie haben ihn gefunden?«

»Die Person, die den Vertrag zusprach, gehörte dem Innenministerium an«, antwortete Kassar mit unterdrücktem Zorn. »Am Tag nach dem Auslaufen der ›Aurelia‹ in London wurde er bei einem Verkehrsunfall bei Marrakesch getötet.«

Laird sah ihn verblüfft an.

»Ganz einfach so?«

»Fragen Sie Major Sharif.«

Laird drehte den Kopf.

»Ja?«

»Das war eine ganze Woche, bevor wir über die Container Bescheid wußten«, sagte Sharif zurückhaltend. »Es passierte spät nachts – sein Auto stürzte über eine Klippe und brannte aus.«

»Zeugen?«

»Keine.« Sharif schüttelte traurig den Kopf. »Nur ein ausgebranntes Wrack. Die Leiche wurde anhand zahnärztlicher Unterlagen identifiziert. Aber – tja, es schien sich um einen bedauerlichen Unfall zu handeln.«

»Und jetzt?«

»Wenn er ermordet worden ist, können wir es nicht nachweisen«, räumte Sharif ein. »Ich –« Er zögerte.

»Der Rest ist Sache der *Gendarmerie*«, knurrte Kassar ungeduldig. »Mr. Laird, Sie vertreten die Leute, die unsere Fracht versichert hatten. Wir haben Ansprüche gestellt. Bringen Sie eine Entscheidung?«

»Ja.« Laird stand auf und trat ans Fenster. Getümmel und Geschrei im Hof hatten sich gelegt. Ein einzelner Araber kehrte träge den Betonboden. »Nach internationalem Recht hat die Bank sich ebenso korrekt verhalten wie Yelland Shipping – ich habe so das Gefühl, daß Sie das schon wissen.« Er drehte sich langsam um und zog die Schultern hoch. »Seeversicherung deckt verladene Fracht, um fortzufahren – nicht das, was nach Ihrem Glauben verladen wurde. Wir bezahlen nicht.«

»Erfreulich knapp«, sagte Kassar tonlos.

»Ich habe nicht erwartet, daß Sie sich freuen«, gab Laird mit einem schiefen Lächeln zu.

Der bärtige Mann sah das Mädchen an, ohne die Miene zu verändern, und schnippte mit den Fingern. Sie holte ein Zigarettenetui heraus, klappte es auf, und er nahm sich eine Zigarette. Sie klappte das Etui zu und gab ihm mit einem zu dem Etui passenden Feuerzeug Feuer. Kassar lehnte sich zurück, sog den Rauch ein und lächelte schwach.

»Die ›Aurelia‹ und Kapitän Kilpatrick sind natürlich beide hier und stehen unter Arrest.« Er legte eine Pause ein. »Ihre Versicherungsdeckung für das Schiff –«

»Bleibt bestehen.« Laird wußte, was nun kam.

»Bleibt bestehen?« Dr. Kassar zog das letzte Wort in die Länge. »Für jeden Tag, den wir das Schiff festhalten, können ihre Eigentümer demnach Schadenersatz für entgangenen Gebrauch verlangen. Die Eigentümer der noch an Bord befindlichen Fracht könnten ebenfalls ungeduldig werden und Ansprüche stellen. Geben Sie mir recht?«

Laird nickte.

»Man würde Rechtsanwälte einschalten, Juristen und Gerichte«, sagte Kassar leise. »Die Sache könnte Monate oder Jahre dauern, könnte Ihre Gesellschaft so viel Geld kosten, daß unsere zwei Millionen dagegen als eine Kleinigkeit erscheinen würden. Dafür garantiere ich sogar, solange ich hier zu bestimmen habe.«

»Manche Leute könnten das so ansehen, als wollten Sie Betrug mit Erpressung beantworten«, erklärte Laird mit betonter Ruhe.

»Andere würden das als Verhandlungsstandpunkt bezeichnen«, murmelte Kassar. Er schaute auf die Uhr. »Ich habe eine andere Besprechung, Mr. Laird. Natalie bringt Sie hinaus. Sagen Sie es ihr, wenn Sie irgendeine Unterstützung brauchen.«

Das Mädchen stand höflich lächelnd auf und begleitete Laird hinaus. Sie schwieg, bis sie im Erdgeschoß waren und an der Hoftür standen.

»Er hat es Ihnen schwergemacht«, sagte sie plötzlich, mit belustigtem Mitgefühl in der heiseren Stimme. »Aber ganz können Sie ihm das nicht verdenken.«

»Nein?« Laird hatte vorher nicht richtig Zeit gehabt, sie sich genau anzusehen. Sie war kleiner, als er vermutet hatte, reichte ihm kaum bis an die Schulter, was aber auch daran lag, daß sie flache Sandalen trug. Er grinste. »Ich habe ja auch keine guten Nachrichten gebracht.«

»Er hat Medizin studiert und in Kliniken gearbeitet, bevor er in die Politik geriet«, erklärte sie, ohne damit etwas entschuldigen zu wollen. »Deshalb ist er so –«

»So entrüstet, weil es medizinische Güter waren?« Laird ergab sich mit einem Achselzucken. »Na gut, das war nicht gerade mein erfolgreichster Tag. Er sagte, Sie würden sich um die Einzelheiten kümmern.«

Sie nickte.

»Ich muß Kapitän Kilpatrick sprechen und möchte die ›Aurelia‹ besuchen.«

»Sie können jederzeit an Bord des Schiffes gehen.« Sie schwieg kurze Zeit und dachte nach. »Ein Gespräch mit Kapitän Kilpatrick muß vereinbart werden. Morgen vormittag?«

»Gut.« Er rieb mit dem Daumen sein Kinn, an dem Stoppeln sproßten. »Ich habe ein Zimmer im Hotel Siya.«

»Zweiter Stock, ein Gepäckstück, laut Major Sharif.« Sie lachte leise. »Ich gebe Ihnen Bescheid. Wenn Sie mich erreichen wollen, rufen Sie hier an und verlangen Sie Natalie Cordelle – man wird mich verständigen.«

»Cordelle – Sie sind Französin?«

»Das hängt davon ab, ob Sie meinen Vater oder meine Mutter fragen«, erwiderte sie heiter. »Sonst noch Probleme, *M'sieu* Laird?«

»Ein paar«, gab er zu. Ich möchte den Polizeibericht über diesen Verkehrsunfall sehen.«

»Sprechen Sie mit Major Sharif.« Sie spitzte die Lippen ein wenig, dann erbarmte sie sich. »Er enthält nicht viel. Der Mann war Europäer, aber marokkanischer Staatsbürger.«

»Name?«

»Georgio Masson. Er war in mittleren Jahren und höherer Beamter –«

»Aber?«

»Stark verschuldet. Soviel hat man in Erfahrung gebracht.«

»Was noch?«

»Sprechen Sie mit Major Sharif«, sagte sie entschieden.

»Das werde ich tun.« Er sah sie prüfend an. »Letzte Frage, Natalie: Wie stehen Sie zu Männern, die mit den Fingern schnippen?«

»Beim erstenmal sagte ich zu ihm, er möge sich zum Teufel scheren«, erwiderte sie gelassen. »Er denkt aber an sein Bild in der Öffentlichkeit, und wir trafen eine Abmachung.«

Laird zog interessiert eine Braue hoch.

»Was für eine Abmachung?«

»Eine, die zuließ, daß ich weiter für ihn arbeiten konnte«, sagte Natalie Cordelle. »Ich melde mich, *M'sieu* Laird.«

Sie drehte sich um und ging.

Weil es ihm so paßte, und zur Abwechslung, ging er den Weg zum Hotel Siya zu Fuß. Das nahm etwa zehn Minuten in Anspruch und führte ihn zumeist durch die engen, überfüllten und belebten Straßen der Altstadt.

Es war eine Erleichterung, nicht unter Druck zu stehen. Aus jedem Hauseingang drangen fremdartige Speisengerüche, und die klagenden Töne arabischer Musik aus Transistorradios waren nie weit entfernt. Eines der Motorräder, die an ihm vorbeirollten, trug eine verschleierte, schwarzgekleidete Frau als Sozia. Ein paar zerlumpte Kinder belästigten ihn kurze Zeit, um Zigaretten bettelnd, wurden aber von einem empörten Arbeiter in Jeans und Unterhemd zerstreut, der dem nächstbesten Bengel mit dem Handrücken eine Ohrfeige gab.

Abgesehen davon machten die meisten Bewohner von Safi deutlich, daß sie zu beschäftigt waren, um einen vorbeigehenden Fremden zu beachten. Laird bedauerte es beinahe, als er das Hotel erreichte, ein eher ausgebleichtes, altmodisches Gebäude, das in keiner Touristenbroschüre vorgestellt worden wäre, und trat durch den Eingangsbogen in die kühle Halle mit ihrem Mosaikboden.

Er ließ sich vom Portier den Zimmerschlüssel geben, nahm leere Telegrammformulare von der Empfangstheke mit und wandte sich um, als der Empfangschef, ein kleiner, ernsthafter Mann, seinen Namen rief.

»*M'sieu* Laird –« Er winkte eifrig. »Jemand hat angerufen und nach Ihnen gefragt. Ein Mann –«

»Hat er eine Nachricht hinterlassen?« fragte Laird überrascht.

»Keine Nachricht, keinen Namen.« Der Angestellte schüttelte den Kopf. »Er sagte, er werde wieder anrufen.«

Laird bedankte sich, ging an dem uralten Lift vorbei und stieg die Treppe zu seinem Zimmer im zweiten Stock hinauf. Es ging nach hinten hinaus, mit Blick auf einen ummauerten Garten voller Orangenbäume und Kakteen. Die Zimmereinrichtung sah aus, als hätte sie schon einigen Generationen von Gästen gedient, ebenso die saubere, aber fast schon zerschlissene Bettwäsche. Eine Mattglastür führte in ein winziges Badezimmer mit Leitungsrohren, die in den Maschinenraum eines Schiffes gepaßt hätten.

Sein Koffer lag auf dem Bett, wie er ihn hingelegt hatte. Laird öffnete ihn, blickte auf die ordentlich zusammengefaltete Kleidung und belächelte die Art, wie die drei obenauf zurechtgelegten Krawatten beinahe, aber nicht ganz, wieder so angeordnet worden waren, wie er sie hindrapiert hatte. Er wäre ein wenig enttäuscht gewesen, wenn der Koffer in seiner Abwesenheit nicht durchsucht worden wäre, und sei es nur zu dem Zweck, Major Sharifs letzte Zweifel zu beseitigen.

Laird warf die Jacke über einen Stuhl, packte die oberste Lage Kleidungsstücke aus, zog die Clanmore-Akte über die ›Aurelia‹ heraus, legte sie auf die Seite und fand die Flasche zollfreien Whisky, die er weiter unten vergraben hatte. Er drehte den Schraubenverschluß auf, goß eine größere Menge in ein Glas aus dem Badezimmer, ließ Wasser darauf laufen, zündete sich eine Zigarette an und setzte sich auf die Bettkante.

Es dauerte ungefähr eine Viertelstunde, bis er eine auf die Tatsachen beschränkte, völlig neutrale Zusammenfassung von dreißig Zeilen über den Stand des Falles ›Aurelia‹ zustande gebracht hatte. Er betrachtete das Ergebnis, während er seinen Whisky trank, dann fügte er einen Satz hinzu, um Osgood Morris, den Abteilungsleiter für Seeversicherungsschäden bei der Clanmore Alliance in London, zu ärgern.

›Wetter sehr schön, schade, daß Sie nicht hier sind.‹ Da er Morris kannte, der des festen Glaubens war, jeder, der nicht von neun Uhr früh bis fünf Uhr nachmittags an einem Schreibtisch arbeite, sei ein

Nichtstuer, hoffte er, damit Wirkung zu erzielen.

Es dauerte noch einige Minuten länger, den Telegrammtext ins reine zu schreiben. Er warf einen Blick in die Akte, merkte sich den Namen des Ersten Offiziers der ›Aurelia‹, spülte sich mit dem letzten Schluck Whisky den Mund, griff nach seiner Jacke und verließ das Zimmer.

In der Halle gab er das Telegramm am Empfang ab und ersuchte darum, es zum verbilligten Nachttarif abzuschicken. Draußen winkte er einem vorbeifahrenden Taxi, sprach mit dem Fahrer schlechtes Französisch und stieg ein. Sie fuhren zum Hafen und hielten an einem Kai in der Nähe der Fischerboote. Laird überließ es seinem Fahrer, mit einer Gruppe von Fischern lautstark zu feilschen.

Als der Handel abgeschlossen war, wurde er Fahrgast in einem uralten Motorboot, das ein gekrümmter alter Mann steuerte, der nur ein Auge und sehr wenige Zähne hatte. Der Motor des Bootes, ein rostender Benzinveteran, hustete und rauchte und starb beinahe ab, als das Boot hinter der Mole einem niedrigen, kabbelnden Schwell begegnete. Doch auf irgendeine Weise veranlaßte der alte Mann ihn zum Weiterlaufen, und er steuerte das Boot auf mehr oder weniger geradem Weg zur ›Aurelia‹.

Als der lange, schwarze Rumpf des Frachters näherrückte, sah Laird, daß einige Besatzungsmitglieder den Fuß des Fallreeps in Hecknähe als Sprungbrett zum Schwimmen benützten. Die Barkasse, die er vorher bemerkt hatte, war verschwunden; dafür hatte ein kleines, zweisitziges Motorboot festgemacht.

Der alte Mann stellte den Motor ab, ohne die Schwimmer zu beachten, und ließ sein Boot längsseits treiben. Als es an den Rumpf der ›Aurelia‹ stieß, trat Laird auf die Leiter hinüber und kletterte hinauf. Als er oben ankam, sah er sich einem stämmigen blonden Mann in kurzer Hose und ausgewaschenem Hemd gegenüber. Sein Gesicht war rot von der Sonne.

»Wer, zum Teufel, sind Sie?« fuhr ihn der Matrose an, als Lairds Füße das Deck berührten. Die Aussprache war schottisch, der Tonfall unfreundlich.

»Geschäftlich.« Laird zeigte seinen Clanmore-Ausweis. »Ich hätte aber auch ein Spielervermittler für die Glasgow Rangers sein können.«

»Machen Sie Celtic draus, Mann, und ich wär' vielleicht interessiert gewesen.« Der Matrose wurde friedlich und zog die Schultern hoch. »Schön, Sie sind zivilisiert. Ich bin Campbell, der Bootsmann hier.«

»Wo ist Ihr Maat?«

»Erster Offizier Snow?« Der Mann sah an ihm vorbei auf das Deck hinaus und grinste schwach. »Da kommt er schon – das wandelnde Elend mit den grauen Haaren.«

Laird drehte sich um und riß die Augen auf. Zwei Männer und ein Mädchen kamen auf ihn zu. Das Mädchen war eine hochbeinige, gutaussehende, vollbusige Brünette mit Sonnenbrille; über einem winzigen braunen Bikini trug sie eine lose gelbe Jacke. Erster Offizier Percy Snow ging beinahe nervös neben ihr her – ein kleiner, beleibter, sichtbar schwitzender Mann mit sorgenvollem Gesicht, die Uniformjacke über dem schmutzigen Hemd mit der Krawatte fest zugeknöpft.

Das Mädchen war eine Überraschung, aber der andere Mann bei ihr, ein schlaksiger Bursche, braungebrannt, nur in kurzer Hose mit Sandalen, war kein Fremder. Er hatte lange schwarze Haare, ein kantiges Gesicht, und um seinen Mund entstand ein Lächeln.

»Andrew Laird – hätte mir denken können, daß Sie auftauchen.« Der Mann grinste ihn an, während Laird noch immer bemüht war, für das Gesicht einen Namen zu finden. »Ben Hamilton, erinnern Sie sich?«

»Jetzt, ja.« Als der Name fiel, kannte Laird sich aus. Das lag mindestens drei Jahre zurück. Hamilton, ehemals bei der britischen Marine, hatte es kurze Zeit in der Seeversicherung versucht, war dann aber wieder verschwunden. Er hatte für Reliance Marine, eine Konkurrenzfirma, gearbeitet. »Wie geht's?«

»Gut.« Hamiltons Händedruck zerquetschte ihm beinahe die Finger. Er drehte sich dem Mädchen zu. »Sandra Myles – bis jetzt sind wir nur gute Freunde, aber ich strenge mich an.«

Das Mädchen mit der Sonnenbrille nickte.

»Immer noch in der alten Tretmühle?« fragte Hamilton.

»Ja. Deshalb bin ich hier.« Laird zog eine Braue hoch. »Und Sie?«

»Kein berufliches Interesse – ich bin jetzt im Jachtcharter-Geschäft«, erwiderte Hamilton achselzuckend. »Ich bin vor ein paar Tagen im Hafen angekommen.« Er machte eine Pause und runzelte die Stirn. »Ich bin nur zu Besuch hier, um behilflich zu sein, so gut es geht. Man ist mit den Leuten recht übel umgesprungen.«

»Richtig.« Laird blickte anerkennend auf das Mädchen. »Na, ich würde sagen, Sie haben etwas Sonnenschein in ihr Leben gebracht.«

»Er hat gleich betont, das sei die Absicht«, erklärte Sandra Myles trocken.

Hamilton grinste und wandte sich an den Ersten Offizier, der ein wenig verständnislos zugehört hatte.

»Mr. Snow, lassen Sie sich mit einem Mann bekanntmachen, der für Sie die gute Fee sein könnte. Laird arbeitet für die Clanmore Alliance – er ist der Mann, auf den Sie gewartet haben.«

»Das ist eine Untertreibung, Mr. Laird«, sagte Percy Snow inbrünstig. »Freut mich, Sie an Bord zu haben.«

»Wir gehen ohnehin«, sagte Hamilton und legte den Arm um Sandra Myles. »Wohnen Sie in der Stadt, Laird?«

»Laird nickte.«

»Im Siya.«

»Wir sind auf der ›Banshee Raider‹ – eine Ketsch, die im Jachthafen liegt.« Er sah das Mädchen an, als suche er nach Zustimmung. »Wie wär's heute abend mit einem Gläschen an Bord? Danach könnten wir an Land essen gehen.«

Laird zögerte.

»Ein neues Gesicht ist immer willkommen«, sagte Sandra Myles munter. »Können Sie gegen acht Uhr kommen?«

Laird nickte dankend. Hamilton salutierte fröhlich und ging mit dem Mädchen zur Reling. Der Bootsmann dort strahlte das Mädchen an und half ihr auf das Fallreep. Hamilton folgte ihr, und kurz danach sprang der Bootsmotor an. Das Boot fegte mit schäumender Kielspur vom Frachtschiff weg und glitt über den Schwell Richtung Safi.

»Nette Leute«, sagte der Erste Offizier seufzend. »Sie sind ein paarmal an Bord gekommen – brachten Zeitungen und ein paar Bücher, munterten uns ein bißchen auf.« Er sah Laird hoffnungsvoll an. »Haben Sie mit Kapitän Kilpatrick gesprochen?«

»Das versuche ich für morgen zu arrangieren.« Laird bemerkte, daß der Bootsmann im Hintergrund mithörte. »Ich habe keine guten Nachrichten – nur ein paar Fragen zu stellen, unter vier Augen.«

Der Bootsmann zog sich zurück. Mit düsterer Miene ging der Erste Offizier voraus durch eine Niedergangstür, dann im Zwischendeck weiter, bis sie eine große Kajüte erreichten.

»Gehört Kapitän Kilpatrick«, sagte er kurz, wies auf einen Sessel und ließ sich in den anderen fallen. »Ich benütze sie, bis er zurückkommt – falls überhaupt. Also, was wollen Sie wissen?«

»Haben Sie von ihm gehört?«

Der kleine, dicke Mann nickte. Er zog ein Taschentuch heraus und wischte Schweiß von seinem Gesicht.

»Der britische Konsul war bei ihm und kam anschließend zu uns heraus. Es ginge ihm gar nicht schlecht, sagte er – was immer das heißen mag.« Er atmete tief ein. »Aber wir fahren unter fremder Flagge, Mister. Registriert in Panama – also geht man offiziell davon aus, daß Ihrer Majestät Regierung die Nase nicht sehr tief hineinstecken wird.«

»Und Panama gilt nicht gerade als Schwergewicht.« Laird nickte verständnisvoll. »Probleme mit der Besatzung?«

»Bis jetzt nicht. Die meisten fassen das noch als bezahlten Urlaub auf.« Snow verstummte und kaute an seiner Unterlippe. »Mögen Sie Bier?«

»Danke. Und Ihre Frachtliste?«

Snow benützte das Wechselsprechgerät auf dem Schreibtisch des Kapitäns, bestellte die Getränke und brachte Frachtliste und Ladeplan der ›Aurelia‹.

Zwei Minuten später kam ein ostindischer Steward mit zwei Gläsern Bier auf einem Zinntablett herein. Inzwischen hatte Laird die mit Schreibmaschine geschriebenen Seiten der Frachtliste überflogen und nahm sich den Ladeplan vor.

Die Fracht war gemischt genug. Einer der vorderen Laderäume enthielt Druckmaschinen und Fahrzeug-Ersatzteile für Lagos. Ein ganzer Laderaum achtern war voll Whisky für Kapstadt. Die übrige Fracht reichte von Chemikalien in Stahlfässern über Stoffballen bis zu dem Dosenfisch, der in Safi aufgenommen worden war.

Ungeduldig beobachtet von Percy Snow, trank er das Bier und rechnete. Zur Fracht der ›Aurelia‹ gehörten nur ganz wenige Tonnen verderbliche Ware. Der Großteil ihrer Ladung lief keine Gefahr, durch eine zeitliche Verzögerung zu verderben, vorausgesetzt, der Aufenthalt dehnte sich nicht über Gebühr aus.

Wenn man jedoch den Wert der Fracht auf ungefähr zehn Millionen Pfund schätzte, dazu den Wert des Schiffes selbst zählte – Wiederbeschaffungswert, wobei 10000-BRT-Schiffe selbst aus japanischen Werften bis zu zwanzig Millionen Pfund kosteten –, kam man für die an Land wartenden Leute auf einen sehr hohen Faustpfandwert.

Laird hob den Kopf.

»Schon mal daran gedacht, den Anker zu lichten und einfach abzuhauen?«

»Du lieber Himmel, nein!« Snows müde wirkendes Gesicht verzerrte sich angewidert. »Wie macht man das mit nur einem halben Maschinenraum? Außerdem, selbst wenn wir uns auf ein paar Wunder verlassen könnten, wer möchte sich die Rübe wegschießen lassen?«

»Ersatzköpfe sind schwer zu finden«, murmelte Laird. »Haben Sie Nachricht von Ihren Eignern?«

»Durch den Konsul. ›Yelland Shipping erwartet...‹« Snow zog die Schultern hoch. »Was mich betrifft, so bleiben wir am Fliegenfänger kleben – es sei denn, jemand löst uns ab.«

»Ich bemühe mich.« Laird stand auf. Snow blickte zu ihm auf und nickte, blieb aber sitzen.

Eine leichte, zunehmende Brise sorgte an Deck für mehr Kühle. Der blonde Bootsmann aus Schottland lehnte immer noch an der Reling, aber die Schwimmer waren verschwunden.

»Jemand glaubte, einen Hai gesehen zu haben«, sagte Campbell lakonisch. »Sind Sie hier fertig?«

»Vorerst«, gab Laird zurück. »Kann ich das nächstemal irgend etwas mitbringen?«

»In Glasgow gibt es eine, auf die ich scharf bin.« Der Bootsmann grinste, während sein Blick zum Ufer glitt. »Nicht, daß ich etwas gegen die hätte, die es hier gibt.« Er drehte sich herum, mit dem Rücken zur Reling, und sein zerfurchtes Gesicht wirkte plötzlich ernst. »Hören Sie, den alten Snow wollte ich nicht fragen – das geht bei ihm gleich in die Hose. Aber – na ja, das ist schon früher vorgekommen, nicht? Da war ein Schiff, die ›Lord Byron‹ –«

Laird nickte.

»Hab' davon gehört«, sagte Campbell leise. »Die Somalis hielten sie in Berbera fest, weil sie sich übervorteilt fühlten. Wie lange ist das her, Mister?«

»Sechs Jahre.« Ein Fall, an dem Clanmore nicht beteiligt gewesen war – zur größten Erleichterung ihrer Direktoren. Aber Laird war sofort davon unterrichtet worden, als er in die Gesellschaft eingetreten war, damit er seine Lehren daraus zog. »Der Kapitän bekam vier Jahre Gefängnis.«

»Und das Schiff liegt immer noch dort und verrostet.« Campbell saugte an seinen Zähnen. »Die Besatzung ließ man aber heimfahren, nicht?«

»Schließlich, ja«, meinte Laird beruhigend. »Keine Sorge. Das Schlimmste, was passieren kann, ist, daß Sie eine Flugkarte bekommen.«

»Hoffentlich haben Sie recht«, sagte Campbell mit einem schiefen Lächeln. »Ich kann auf dem Wasser nicht so gut gehen.«

Kapitel 2

Der einäugige Araber und seine Barkasse brachten Laird wieder in den Hafen zurück, und während der Fahrt war eine Anzahl verstreut herumliegender Jachten hinter einem der Kais zu sehen. Die ›Banshee‹ wird wohl darunter sein, dachte Laird.

Er konnte sich an einiges über Hamilton erinnern, obwohl dieser nicht lange genug dabeigewesen war, um einen nachhaltigen Eindruck zu hinterlassen. Wenn das schon sonst nichts einbrachte, würde die Geschichte, wie er ins Jachtcharter-Geschäft gekommen war, interessant zu hören sein – und Gelegenheit bieten, das Mädchen wiederzusehen, mit dem er zusammen war.

Der Gedanke daran begleitete Laird während der Taxifahrt zurück zum Hotel. Am Empfang gab es keine Mitteilungen für ihn. Er ließ sich den Zimmerschlüssel geben und ging zu seinem Zimmer hinauf.

Er sperrte die Tür auf und trat ein. Das erste, was ihm auffiel, war, daß das Fenster offenstand. Dann flog etwas Großes durch die Luft auf ihn zu, während er gleichzeitig wahrnahm, daß sich noch jemand im Zimmer befand.

Sein Arm wehrte den geschleuderten Stuhl ab. Als derselbe zu Boden krachte und Laird nach vorn hechtete, stolperte er über seinen Koffer, der auf den Bettvorleger gekippt worden war. Er stürzte hin, sah eine schmale Gestalt in einem weiten Arabermantel durch das offene Fenster huschen, und fluchte, während er sich aufraffte.

Es war Zeitverschwendung. Bis er ans Fenster gelangte, war der Eindringling von dem kleinen Balkon hinuntergesprungen und hetzte durch den Garten. Einige Sekunden später war die Gestalt an der Mauer halb hinaufgesprungen, halb hinaufgeklettert, schwang sich hinüber und war verschwunden.

Laird preßte die Lippen zusammen, drehte sich um und ging in sein durchstöbertes Zimmer zurück. Kleidungsstücke lagen überall, sämtliche Schubladen waren herausgerissen worden, sogar die Bettwäsche hatte man abgezogen. Sein Whisky und eine Stange Zigaretten waren aber nicht angerührt worden, man schien nichts mitgenommen zu haben – bis auf die Clanmore-Akte.

»*M'sieu*...« Eine nervös klingende Stimme an der Tür ließ ihn herumfahren. Der Empfangschef steckte beunruhigt den Kopf herein. »Alles in Ordnung, *M'sieu* Laird? Ein Gast teilte mit, daß es hier sehr laut sei, und –«

»Ich hatte Besuch«, sagte Laird tonlos. »Oder soll ich sagen, einen zweiten?«

Der Angestellte schluckte und blickte stumm auf das Chaos.

Die Tür war abgesperrt gewesen. Laird trat auf den winzigen Balkon hinaus, sah, wie nah die benachbarten Balkone waren, und seufzte.

»Ist sonst noch jemand so bedient worden?« fragte er barsch.

Der Empfangschef befeuchtete die Lippen, zog einen Hauptschlüssel heraus und verschwand. Laird war immer noch damit beschäftigt, Ordnung zu schaffen, als der Mann zurückkam.

»Nein, *M'sieu*. Die Zimmer auf beiden Seiten sind leer. Die Türen waren nicht abgesperrt. Vielleicht –«

Laird nickte. Sein Besucher hätte es kaum leichter haben können – hinein in ein leeres Zimmer, über den Balkon steigen. Aber es war kein zufälliges Einsteigen gewesen. Er fragte sich kurz, wieviel oder wie wenig es gekostet hatte, jemanden vom Hotelpersonal zu bestechen, um seine Zimmernummer in Erfahrung zu bringen.

»*M'sieu* Laird«, sagte der Empfangschef, der sich immer noch an der Tür herumdrückte, »wünschen Sie, daß das zur Meldung gebracht wird?«

»Bei der Polizei?« Laird überlegte. Was immer sein Besucher zu erfahren gehofft hatte, wenn er die Clanmore-Akte entwendete, viel würde er daraus nicht schöpfen können. Die Unterlagen waren nicht mehr als Kopien gewöhnlicher Dokumente, unklarer Polizeiberichte aus England und einer kurzen Zusammenfassung der Umstände. Er schüttelte den Kopf. »Ich habe Probleme genug.«

Der Angestellte wirkte erleichtert. Er nickte rasch, ging hinaus und schloß die Tür hinter sich.

Laird trat nachdenklich wieder an das Fenster und blickte kurze Zeit auf den Garten hinaus. Kein normaler Hoteldieb ließ Alkohol, Zigaretten und persönliche Habseligkeiten einfach liegen und begnügte sich damit, eine Akte mit wertlosen Geschäftspapieren mitzunehmen. Die Art, wie der Mann eingedrungen war, die Geschwindigkeit, mit der er die Flucht ergriffen hatte, zeigten, daß er kaum ein Amateur sein konnte.

In Safi interessierte sich jemand ganz besonders für die ›Aurelia‹. Laird verbesserte sich im stillen selbst. Jemand interessierte sich sehr für den Betrugsfall ›Aurelia‹ und das, was man darüber wußte. Das konnte wiederum bedeuten, daß noch eine Verbindung zur nordafrikanischen Seite des Unternehmens bestand. Oder sogar noch mehr – wenn er die Spur fand.

Aber im Augenblick wußte er nicht einmal, wo er anfangen sollte.

Laird räumte auf. Als er fertig war, machte sich der fehlende Schlaf wieder bemerkbar. Er gähnte, lockerte die Krawatte und legte sich auf das Bett. Im Zimmer summte eine Fliege herum, von draußen drang schwacher Verkehrslärm herein.

Er bemerkte gar nicht, daß er eindoste, aber als er aufwachte, war eine Stunde vergangen. Er stand widerwillig auf, zog sich aus, ging in das kleine Badezimmer und duschte kalt und lange. Die Rohre gaben erschreckende Geräusche von sich, aber das eiskalte Wasser machte ihn wieder lebendig.

Er tappte ins Zimmer zurück und frottierte sich ab. Die Tätowierungen an seinen Armen gerieten in Bewegung – ein schiefer Anker mit verschlungener Kette, hinaufreichend bis zum rechten Bizeps, am linken Arm ein drohend aufgerichteter chinesischer Drache. Er hatte beides vor langer Zeit nächtens in Hongkong erworben, in derselben Nacht, die ihm eine gebrochene Nase, ein paar unklare Erinnerungen und ein paar kostspielige Lektionen eingebracht hatte.

Er ging wieder ins Bad, um sich zu rasieren, bevor er sich anzog. Dabei läutete das Telefon. Mit halb zugeknöpftem Hemd meldete er sich.

»Ich habe gehört, Ihr Aufenthalt in Marokko betrifft ein Schiff mit dem Namen ›Aurelia‹«, sagte eine leise, gewinnende Männerstimme. »Trifft das zu, *M'sieu* Laird?«

»Ja.« Laird war hellwach. »Und?«

»Sagt Ihnen der Name Georgio Masson etwas?« fragte der Anrufer.

»Vielleicht.« Laird umklammerte den Hörer fester. »Haben Sie ihn gekannt?«

»Er war mein Freund.« Es blieb kurze Zeit still, und Laird glaubte ein leises Seufzen zu hören. »Mein Name spielt im Augenblick keine Rolle, *M'sieu* Laird, aber ich besitze Informationen, die für Sie von Wert sein könnten – wenn Sie dafür bezahlen. Versicherungsgesellschaften setzen Belohnungen aus, nicht?«

»Das kommt vor«, erwiderte Laird knapp.

»Ich kann Ihnen verschiedene Dinge über Georgio sagen – und über die Leute, die ihn umgebracht haben.« Die Stimme verriet größere Vorsicht. »Aber unter einer Bedingung: Es gibt einen guten Grund, warum ich nicht mit den Behörden sprechen möchte.«

»Zum Teil deshalb, weil Sie glauben, aus mir mehr herausholen zu können«, meinte Laird spöttisch. Dieses Spiel kannte er. »Ich kaufe nicht blind. Was bieten Sie an?«

»Etwa, warum er einer bestimmten Firma in London den Auftrag erteilt hat, medizinische Güter zu kaufen, und weshalb er in der Nacht, als er getötet wurde, nach Marrakesch fuhr.« Der Mann am anderen Ende der Leitung wurde hörbar nervös und ungeduldig. »Treffen wir uns, *M'sieu* Laird?«

»Kann nichts schaden«, sagte Laird vorsichtig. »Wann und wo?«

»Heute abend um elf. Zwei Straßen von Ihrem Hotel entfernt gibt es einen stillen Platz mit einem alten, ausgetrockneten Springbrunnen. Ich werde dort sein – wenn Sie allein kommen.«

»Gut.« Laird, der seiner Sache nicht so sicher war, schnitt eine Grimasse. »Woher wußten Sie, daß ich hier bin?«

»Ein Freund, der sich gern eine kleine Summe verdient hat, *M'sieu*.« Er hörte ein leises Lachen. »Ich habe geduldig darauf gewartet, daß jemand erscheint.«

Es wurde aufgelegt. Laird warf den Hörer auf die Gabel und fuhr fort, sich langsam und nachdenklich anzuziehen. Zuerst war die Akte gestohlen worden, und nun das – er hatte das beunruhigende Gefühl, daß seine Ankunft in Safi für mehr als nur eine Gruppe von Leuten bedeutsam war, aber wenn er schon als eine Art Katalysator wirkte, hätte er gern gewußt, warum.

Er zündete sich eine Zigarette an und trat auf den kleinen Balkon hinaus. Die Dämmerung war hereingebrochen, es wurde rasch dunkel, und die Luft war schwer vom Kaktusgeruch im Hotelgarten. Während er rauchte und zusah, wie aus den Gebäuden ringsum schwarze Umrisse wurden, dachte er an die ›Aurelia‹, ihren Kapitän und ihre Besatzung.

Campbell, der Bootsmann, hatte vom Schicksal der ›Lord Byron‹ gewußt. Aber es hatte vor und nach diesem Schiff andere Fälle gegeben, in verschiedenen Teilen der Welt, und zwar in regelmäßigen Abständen. So hatte etwa Angola vier griechische Schiffe beschlagnahmt, weil nur ein einziges davon nicht mit einer Ladung Erdnüsse erschienen war.

Eine wachsende Zahl der kleineren Länder der Welt entdeckte die Vorteile einer Art Umkehrung der alten Kanonenboot-Diplomatie aus der Kolonialzeit. In den Medien wurde dergleichen, wenn überhaupt, nur sehr selten behandelt, weil die Welt in der Regel größere Sorgen hatte – und abgesehen von den direkt beteiligten Leuten kam niemand auf den Gedanken, sich darüber aufzuregen.

Nur die beteiligten Leute – der Gedanke rührte vorübergehend alte, schmerzliche Erinnerungen auf. Sie gingen zurück auf die Zeit, bevor er mit Schiffen und der See zu tun bekommen hatte.

Nur die beteiligten Personen hatten je gewußt, warum der junge Andrew Laird – Sohn eines Schafzüchters aus den schottischen Bergen, im Begriff, erster seines Jahrgangs zu werden – seine Abschlußprüfung in Medizin nicht bestanden hatte.

Die Mediziner waren erfahren darin, sich zusammenzuschließen, wenn jemand, zumal ein Student, gegen die Standesmoral verstieß. Man hatte Mitgefühl bekundet und im stillen gemurmelt, sein eigentliches Verbrechen hätte darin bestanden, sich erwischen zu lassen.

So war Laird erledigt gewesen, auch wenn das Beweismaterial die

Hinzuziehung der Polizei gar nicht erlaubte. Er hatte sich geweigert, einfach zuzusehen, während seine Mutter auf eine grauenhafte Weise litt, die nur ein qualvolles, lang hingezogenes Ende haben konnte. Sie hatte es gewußt, sie hatte ihm gedankt, und er hatte es nie bedauert – aber er hatte gegen die Standesmoral verstoßen.

Danach hatte er sich für Schiffe und die See entschieden, um von den beteiligten Leuten fortzukommen. Zuerst große Fahrt als Matrose, wobei er sich unter anderem in Hongkong die Tätowierungen zugelegt hatte. Dann, als der neue Andrew Laird sich herauszubilden begann, war er schließlich Funker auf einer Reihe von Hochsee-Bergungsschleppern geworden, mit der zusätzlichen Fähigkeit, Wunden zu versorgen, was man dankbar annahm, ohne Fragen zu stellen.

Laird drückte seine Zigarette aus und lächelte in die zunehmende Dunkelheit hinein. Er dachte an die Nacht, als ein tyrannischer Schlepperkapitän sich von Laird wimmernd hatte verarzten lassen, nachdem ihm das Gesicht mit einer zerbrochenen Flasche aufgeschlitzt worden war. Danach hatte es keine Tyrannei gegen Laird mehr gegeben.

So oder so, er war ganz zufrieden gewesen.

Der Gedanke riß ab, als erneut das Telefon in seinem Zimmer läutete. Laird hastete hinein, nahm den Hörer ab und atmete auf, als er Natalie Cordelles Stimme hörte.

»Das Gespräch mit Kapitän Kilpatrick kann stattfinden«, sagte sie knapp und ohne Vorrede. »Morgen vormittag zehn Uhr wird ein Wagen Sie am Hotel abholen.«

»Vielen Dank für Ihre Mühe.« Mit Kilpatrick zu sprechen, war eigentlich nur eine Förmlichkeit, aber eine unumgängliche. »Was macht der Blutdruck Ihres Chefs, nachdem er Zeit gehabt hat, sich zu beruhigen?«

»Er ist gesunken.« Sie lachte heiser. »Er hat mich gebeten, Sie daran zu erinnern, daß wir in Safi bleiben – daß er für Sie jederzeit zu sprechen ist.«

»Soll heißen, jederzeit, wenn ich seine Bedingungen erfülle?« Laird grinste vor sich hin. »Sie drücken das viel netter aus, als er es tun würde.«

»Das gehört zu dem Posten«, meinte Natalie Cordelle ruhig. Sie schien zu zögern. »Wir wohnen im Hotel ›Sardello‹ am anderen

Ende der Stadt. Doktor Kassar wird abends ein paar Stunden fort sein, aber –«

»Es wird morgen, bevor ich etwas höre«, sagte Laird entschieden. Er fühlte die Einladung hinter ihren Worten, hatte auch gute Lust, verzichtete aber zögernd. »Ich muß einen Bericht schreiben, dann werde ich mich früh schlafen legen.«

Natalie Cordelle wünschte eine gute Nacht und legte auf. Laird warf den Hörer auf die Gabel und fluchte, dann zog er die Schultern hoch. Selbst wenn er ihr das mit Ben Hamilton erklärt hätte, war das anschließend Geplante doch wieder etwas ganz anderes.

Ansonsten ... er mußte zugeben, daß das Mädchen mit der honigfarbenen Haut ihm gefiel, daß sie ihn in einem Maße anzog, wie das nicht oft vorkam. Vielleicht, weil auf eine Weise, die mit äußerer Ähnlichkeit gar nichts zu tun hatte, etwas an ihrer Art, ihrem Verhalten war, das ihn an jemand anderen erinnerte.

Oder an jene Dinge, an die er sich gern erinnerte, verbesserte er sich reumütig.

Maureen war das Mädchen gewesen, das er hatte heiraten wollen. Sie hatte grüne Augen, eine kleine, hohe Brust und glänzende, kupferrote Haare gehabt, und sie hatte klipp und klar erklärt, sie wolle keinen Ehemann, der zur See fuhr. Laird hatte den Abfindungsbetrag beim Ausscheiden aus der Handelsmarine dazu verwendet, den Verlobungsring zu kaufen und sich in der Seeversicherung betätigt.

Genau drei Monate später hatte Maureen den Ring ins Leihhaus getragen und ihm den Pfandschein als Abschiedsgruß geschickt. Sie war mit einem anderen Mann nach Kanada gegangen, und seitdem hatte er von ihr nichts mehr gehört.

Laird grinste schief. Er war schließlich dahintergekommen, daß er kaum Selbstmitleid empfand – aber die schönen Zeiten mit ihr hatte er nicht vergessen.

Der ferne Klang eines Moscheen-Lautsprechers, der die Gläubigen zum Gebet rief, drang von draußen herein. Die Moslems beteten fünfmal am Tag, gleichgültig, was sich sonst verändert haben mochte.

Er lauschte dem verklingenden Ruf. Eine seltsame Verkettung von Umständen, die ihn in ein Hotelzimmer in einem marokkanischen Hafen geführt hatte, dachte er. Er fragte sich, wie Mohammed Kassar, gelernter Arzt, jetzt Verwaltungsbeamter, reagiert hätte, wenn ihm gesagt worden wäre, daß er es mit einem ehemaligen Medizinstudenten zu tun hatte, der Seeversicherungs-Fachmann geworden war.

Es sprach viel dafür, daß Kassar noch weniger beeindruckt gewesen wäre, als das der Fall war.

Am Nachthimmel stand ein helleuchtender Dreiviertelmond, als Andrew Laird das Hotel verließ. Er zögerte auf der Straße, dann ging er, von Neugier ebenso getrieben wie von Vorsicht beherrscht, weiter, bis er den kleinen Platz mit dem stillgelegten Springbrunnen fand.

Daß es ihn überhaupt gab, war schon eine Erleichterung. Er war still und schwach beleuchtet, von heruntergekommenen Gebäuden auf drei Seiten umgeben, auf der vierten von einer hohen, mit Reklameplakaten beklebten Mauer. Auf dem Brunnen stand ein tänzelndes, eisernes Pferd, im wasserleeren Becken lag Abfall.

Laird blieb kurz stehen und beobachtete zwei Araber, die Fahrräder vorbeischoben, dann ging er im Mondlicht weiter, bis er die erste Hauptstraße erreichte. Er winkte einem vorbeifahrenden Taxi und ließ sich zum Hafen bringen.

Das Taxi setzte ihn in der Nähe des Jachthafens ab. Die meisten Liegeplätze waren besetzt von einer schwankenden Versammlung kleiner Segelboote und Barkassen; dafür lagen sechs große Jachten abseits an einem Schwimmsteg.

Laird ging darauf zu. Auf den meisten brannte Licht, und bei der ersten, an der er vorbeikam, einem großen Kutter mit Gaffeltoppsegel, drang Musik aus einer Luke; irgendwo unter Deck am Heck greinte ein Säugling. Aber es gab in der Gruppe nur eine einzige Ketsch. Die hohen Doppelmasten schwankten in der schwachen Hafendünung leicht. Als er näher an den langen, weißen Rumpf herankam, sah er am Heck in Goldbuchstaben den Namen ›Banshee Raider, Gibraltar‹.

Ben Hamiltons Boot war ungefähr zwanzig Meter lang, mit der Breite und dem Clipperbug eines echten Hochsee-Dickschiffs. Das Motorboot, das er an der ›Aurelia‹ gesehen hatte, war mit den Davits am Heck hochgezogen. Als Laird über die kurze Gangway ging, die vom Schwimmsteg zum Deck der Ketsch führte, hörte er ein fragendes Brummen, dann tauchte eine hochgewachsene Gestalt aus den dunklen Schatten des tiefliegenden Cockpits auf und kam ihm entgegen.

»Heißen Sie, Laird, Mister?« Die Aussprache klang australisch, die Hände des Mannes blieben tief in den Taschen seiner Lederjacke, die Holzknebel besaßen. Sein breites Gesicht verriet kein sonderliches Interesse.

Laird nickte.

»Der Skipper sagte, ich soll nach Ihnen Ausschau halten.« Der Mann wurde eine Spur freundlicher und grinste schief. »Mit einem Auge nach Ihnen, mit dem anderen nach anderem Besuch. Gestern nacht ist uns Deckzeug gestohlen worden.« Er führte Laird über das Deck zur niedrigen Wölbung eines Deckhausdaches und blieb vor einer offenen, gut beleuchteten Niedergangsluke stehen.

»Da runter und geradeaus«, erklärte er kurz und wandte sich ab.

Laird stieg ein halbes Dutzend Stufen hinunter. Unten stand er in einem kurzen Durchgang. Auf beiden Seiten waren Kajütentüren sichtbar. Geradeaus, wo ein halb zugezogener Vorhang erkennbar war, hörte er Stimmengemurmel und Gläserklirren.

Er ging weiter und blickte durch die Öffnung im Vorhang. Das Gespräch verstummte. Ben Hamilton, von den vier Personen in der großen Salonkajüte am nächsten, stand auf und ging ihm strahlend entgegen.

»Sie haben es geschafft – gut.« Er griff nach Lairds Arm und zog ihn herein. »Schön höflich sein zu den Leuten. Von denen lebe ich.« Hamilton, der Hemd und Hose in Dunkelblau trug, lachte leise. »Sandra kennen Sie schon –«

Sandra Myles hob den Kopf. Sie saß auf einer langen Polsterbank an der Steuerbordseite der Kajüte. Sie lächelte und nickte Laird zu. Sie trug ein weißes, schulterfreies Kleid, das ihre Sonnenbräune besonders gut hervorhob.

»Angezogen sieht sie noch besser aus, nicht?« meinte Hamilton anzüglich.

»Nehmen Sie sich zusammen, Ben.« Sandra Myles legte zwei Finger an die Stirn und richtete den Blick ihrer trägen grünen Augen auf Laird. »Auf welcher Seite sind Sie?«

»Ich bin sehr für gute Verpackung«, meinte Laird ruhig.

Sie lachte. Hamilton führte ihn weiter.

»Meine anderen Passagiere«, sagte Hamilton. Eine große, stämmig gebaute Frau Ende Vierzig und ein etwas älterer Mann mit blassem Gesicht nickten Laird freundlich zu und drückten seine Hand, als Hamilton die Vorstellung abschloß. »Mrs. Bernice Edwards – und das ist ihr Bruder Jody Oland.«

»Ich bin Sandras Mutter«, sagte Bernice Edwards gelassen. »Aus erster Ehe – falls Sie sich nicht mehr auskennen sollten.« Sie blickte zu ihrer Tochter hinüber. »Wenn sie dabei ist, kann ich den Leuten nur erzählen, ich hätte sehr jung geheiratet.«

»Und hoffen, daß sie es glauben«, murmelte Oland. Er ließ die Flüssigkeit in seinem Glas kreisen. »Ben sagte, Sie und er hätten zusammengearbeitet.«

»Wir sind im selben Beruf gewesen«, antwortete Laird vorsichtig.

Bernice Edwards beanspruchte sein Interesse. Sie war eine amazonenhafte Frau, stark im Körperbau, an Stimme, an allem. Ihr blauer, knöchellanger Kaftan hing wie ein großartig geschnittenes Zelt an ihrer gewaltigen Büste, und sie war so groß wie Laird, hatte mittellanges, aschblondes Haar, sah mit ihren breiten Zügen gut aus und besaß einen breiten Mund, der Goldzähne aufblitzen ließ, wenn sie lächelte. In der einen Hand hatte sie ein Glas, mit der anderen griff sie, während Brillanten blitzten, nach einer Zigarette.

Praktisch das einzige, was sie mit ihrer Tochter gemeinsam hatte, waren ihre grünen Augen. Ihr Bruder hatte ihre Größe, aber sonst wenig mit ihr gemeinsam. Jody Oland hatte graue Haare, trug eine randlose Brille und besaß ein zerfurchtes, müde wirkendes Gesicht. Laird erschien er wie jemand, der erst vor kurzem krank gewesen war. Sein Leinenanzug über einem weißen Rollkragenpullover schien ihm eine Nummer zu groß zu sein.

»Sie sind also in Safi, um die Sache mit diesem Schiff zu klären«, sagte Bernice Edwards beiläufig, aber mit erkennbarem Interesse. »Glauben Sie, daß Sie Erfolg haben?«

»Es gibt Probleme«, gab Laird zu. »Man kann noch nichts sagen.« Er schaute sich um. »Nach allem, was ich sehe, haben Sie sich ein gutes Boot ausgesucht.«

»Wir haben keine besonderen Klagen«, murmelte Jody Oland und lächelte Hamilton schwach an. »Ben, ich glaube, Ihr Freund kann einen Schluck vertragen.«

Hamilton zog die Brauen zusammen, schaute sich um und drückte auf einen Klingelknopf. Beinahe augenblicklich erschien aus einem Anrichteraum hinter der Kajüte ein junger, schwarzhaariger Steward in einer weißen Jacke. Er ließ sich Lairds Bestellung nennen – Whisky mit Wasser –, brachte das Glas auf einem Tablett und füllte bei den anderen nach.

»Tomas.« Hamilton hielt den Steward zurück, als er gehen wollte. »Machen Sie hier unten Schluß. Es wird Zeit, daß Sie oben ablösen, okay?«

»Klar, Skipper.« Ein Grinsen huschte über das pockennarbige Gesicht des Mannes. Er schaute sich noch einmal kurz in der Kabine um und ging.

»Gangway-Wache«, erklärte Hamilton. Er und Laird standen etwas abseits von den Passagieren, und er senkte die Stimme. »Ich fahre das Boot mit zwei bezahlten Kräften und Tomas, der auch kocht – wir müssen alle unser Geld verdienen. Wenn wir die Höchstzahl von acht Passagieren an Bord haben, nehme ich zusätzlich noch einen Steward mit.« Er erriet die aufkommende Frage. »Der Charterpreis bleibt gleich – je weniger Leute es sind, desto schöner für mich.«

»Und wie steht es in der Charterwelt?« fragte Laird.

»Es geht. Ich habe meinen Stützpunkt in Gibraltar und kann deshalb zwischen Kreuzfahrten im Mittelmeer oder Küstenfahrten hierher abwechseln. Die Atlantikküste wird beliebt – Leute, die chartern, fangen an, diesen Teil von Nordafrika zu entdecken.«

Laird nickte. Die lange marokkanische Küste mit ihren goldenen Sandstränden und dem warmen Sonnenschein befand sich noch im Anfangsstadium der touristischen Entwicklung. Im Vergleich zu den zubetonierten Küsten des übrigen Mittelmeers herrschte dort fast noch gähnende Leere. Eine Reihe von Fischerdörfern und eine kleine Anzahl von Häfen, mit Safi als Mittelpunkt, machte sie zu einem erfreulichen Ziel für Charterunternehmen.

Erfreulich, solange sie rasch einen sicheren Ankerplatz erreichen konnten, wenn der Atlantik stürmisch wurde.

Laird wies auf die Passagiere der ›Banshee‹, die in ein Gespräch über ein anderes Thema vertieft waren.

»Wann sind sie an Bord gekommen?«

»Vor ungefähr einer Woche in Gibraltar – eine dreiwöchige Fahrt an der Küste entlang, ohne festen Reiseplan.« Hamilton zog eine Schulter hoch. »Sie haben davon gesprochen, daß sie etwas Größeres machen wollten, bevor es zu Ende geht, vielleicht hinüber zu den Kanarischen Inseln. Aber sie haben es nicht eilig, an irgendeinen Ort zu kommen, und Safi gefällt ihnen.« Er schüttelte ein wenig den Kopf. »Ich beklage mich nicht – ich bin nur der Busfahrer.«

»Ein schweres Leben«, sagte Laird ernsthaft. »Nichts als Sonnenschein und Frauen. Erinnern Sie mich, daß ich ein paar Tränen für Sie vergieße.« Im Hintergrund hörte er Bernice Edwards über einen Ausspruch ihres Bruders lachen. Sie gab Oland einen zärtlichen Klaps auf die Schulter, der ihn beinahe umwarf. »Wieviel kostet sie das?«

»Genug«, erwiderte Hamilton. »Bernice bezahlt – und sie kann es sich leisten.« Er verstummte, als sie herübergerufen wurden. Bernice Edwards ergriff Lairds Arm und drückte ihn auf die Polsterbank zwischen sich und ihre Tochter nieder. Auf fröhlich-entschiedene Art blieben sie beide ganz nah neben ihm sitzen – nah genug, um Laird zu beweisen, daß sie beide dasselbe Parfum bevorzugten.

Einige Minuten lang befragten ihn die beiden Frauen danach, wie er nach Safi gekommen sei und was er von der Stadt gesehen habe. Schließlich legte Bernice Edwards eine Pause ein und holte Luft.

»Ich habe eine Beschwerde gegen Versicherungen vorzubringen«, erklärte sie mit fester Stimme. »Sie lieben dich alle, bis du einmal versuchst, Ansprüche zu stellen. Als mein erster Mann starb und man ausbezahlen mußte, geschah das mit großem Mitgefühl und zusammengebissenen Zähnen. Aber das zweitemal, als es wieder passierte, erklärte man mir praktisch, ich wäre unvorsichtig gewesen.«

»Vielleicht hast du beim drittenmal Glück«, meinte Sandra spitz. Sie grinste ihre Mutter an. »Aber bei deiner Vergangenheit würde ich dich nur gegen Brand und Diebstahl versichern.«

»Meine liebevolle Tochter«, sagte Bernice ironisch. Sie lehnte sich auf eine Weise an Laird, die bewies, daß ihre Brüste völlig echt waren, und tätschelte die Wange des Mädchens. »Du bist trotzdem immer noch meine liebste Brautjungfer. Aber klau mir nicht meinen Text, sonst hast du ein paar Zähne locker.«

Sie schrien beide vor Lachen. Als Bernice zurücksank und Laird wieder zu Atem kam, erschien Jody Oland. Er hatte mit Hamilton gesprochen. Nun lächelte er seine Schwester beinahe kümmerlich an.

»Ich glaube, ich lege mich früh schlafen, Bernice. Aber geh du nur an Land, wie wir es vereinbart hatten.«

Sie hob den Kopf, zog die Brauen zusammen und nickte langsam. »Du siehst müde aus.«

So war es tatsächlich. Aus der Nähe bemerkte Laird etwas, das er vorher nicht gesehen hatte. Das Weiß der Augäpfel Olands hatte eine gelbliche Färbung.

»Wir sehen uns wieder, Mr. Laird«, sagte Oland höflich. Er bewegte verneinend den Kopf, als seine Schwester aufstehen wollte. »Ich komme gut zurecht. Ben kann mir von Tomas später ein belegtes Brot in die Kajüte bringen lassen, wenn mir danach ist.«

Oland verließ den Raum. Laird sah ihm nach und beobachtete, wie er eine der kleinen Kajüten im Durchgang betrat.

»Er ist krank gewesen«, sagte Bernice ernsthaft. »Sehr krank – das war einer der Gründe, warum wir uns für diese Fahrt entschieden haben.« Ihr Gesicht hellte sich wieder auf. »Aber sie tut ihm gut. Er hat schon mehr Farbe. Er wird nicht mehr so schnell müde.«

»Was war es?« fragte Laird. »Eine Blutinfektion?«

Sie nickte ein wenig überrascht. Laird beließ es dabei, als Hamilton sich in ihr Gespräch mischte. Er hätte aber auf Hepatitis getippt und war sicher, daß Oland noch Medikamente bekam – vermutlich für längere Zeit. Man unterhielt sich kurze Zeit über allgemeine Dinge, dann schaute Hamilton auf die Uhr und leerte sein Glas.

»Zeit, um an Land zu gehen und zu essen«, sagte er. »Laird, die anderen werden zuerst zu Jody hineinschauen wollen. Wir beide können oben warten.«

Laird folgte ihm an Deck. Das schwache Mondlicht zeichnete die Umrisse der alten Maurenstadt scharf ab, und man hörte nur das Knarren der Takelage und das Klatschen der Dünung am Rumpf.

»Am besten führe ich Sie gleich herum«, sagte Hamilton beiläufig. Er ging voran, zeigte auf die starken Motorwinschen der Ketsch, die das Segelsetzen und -einholen sehr erleichterten, führte das gut ausgerüstete Cockpit vor, öffnete einen Lukendeckel und knipste Licht an, um Laird den Blick auf einen großen neuen Dieselmotor zu ermöglichen.

»Scheint ein gutes Allwetterboot zu sein«, meinte Laird, als Hamilton die Luke wieder schloß. »Und die Betriebskosten?«

»Hoch.« Hamilton verzog den Mund. »Aber sie verdient sich ihren Unterhalt.«

Laird machte sich seine Gedanken, als er Hamilton folgte. Auf dem Weg zum Vormast trat die schlanke Gestalt des Stewards aus der Dunkelheit. Er hatte die weiße Jacke gegen einen schwarzen Pullover getauscht und hielt eine Dose Bier in der Hand.

»Wir gehen an Land«, sagte Hamilton. »Sehen Sie in einer halben Stunde nach Mr. Oland. Vergewissern Sie sich, daß ihm nichts fehlt.« Er verstummte kurz. »Sind Cooper und Jackson fort?«

»Vor zwei, drei Minuten gegangen, Skipper«, sagte Tomas. »Ich hab' ihnen von dem Lokal in der Stadt erzählt, und –«

»Gut.« Hamilton schnitt ihm das Wort ab. »Jackson übernimmt die Wache, wenn sie zurückkommen – nüchtern oder betrunken.«

Der Steward grinste und zog sich in die Schatten zurück.

Bernice Edwards und ihre Tochter erschienen kurz darauf an Deck, die ältere Frau mit einem Schal um die Schultern. Sie verließen die ›Banshee‹, gingen den Kai ein kurzes Stück hinauf, bogen in eine schmale, unbeleuchtete Gasse ein und erreichten eine etwas breitere Straße, wo ein beleuchteter Hauseingang von einem Türsteher bewacht wurde, der zur roten Jacke einen Fez trug. In der Hand hielt er einen langen Holzstock. Er schien gut damit umgehen zu können.

Sie gingen hindurch in das Restaurant ›Bilhana‹ – Tische mit Kerzenbeleuchtung, winzige Tanzfläche, eine spanische Kapelle, die leise Musik spielte, und eine zum Teil echte marokkanische Einrichtung – für Laird eine Überraschung. Das Lokal war schon gut besetzt, auch mit vielen Europäern, und ein Kellner, ähnlich gekleidet wie der Türsteher, erschien sofort, als sie sich gesetzt hatten, mit Speisekarten an ihrem Tisch.

Hamilton bestellte für alle, und sie hatten gegen seine Auswahl nichts vorzubringen. Die Mahlzeit begann mit gehacktem Fisch, begleitet von winzigen Zwiebeln und Rosinen, dann kam als Hauptgang ›Turli‹, verschiedene Fleischsorten und Gemüse übereinandergeschichtet.

Dazu gab es einen einfachen Rotwein, dann als Nachspeise eine Art Honigkuchen und zuletzt kleine Tassen mit starkem türkischem Mokka.

»Das hätte Jody auch geschmeckt.« Bernice Edwards lehnte sich mit zufriedenem Seufzen zurück und betupfte die Mundwinkel mit ihrer Serviette. »Wie haben Sie das Lokal gefunden, Ben?«

Hamilton sagte achselzuckend: »Jemand hat mir davon erzählt.« Er schlürfte seinen Kaffee, blickte auf die Tanzfläche und sah Sandra Myles mit fragend hochgezogener Braue an. Sie nickte. Die beiden standen auf und gesellten sich zu den wenigen Paaren, die zur leisen, pulsierenden Musik tanzten.

»Bevor Sie fragen, nein – ich tanze wie ein Pferd.« Bernice Edwards griff nach der Zigarette, die Laird ihr anbot, ließ sich Feuer geben und sog den Rauch tief ein. Sie glättete mit den Händen vorne ihren Kaftan und fragte: »Wie lange bleiben Sie in Safi?«

»Das hängt von London ab – was man dort tut und sagt.« Laird beobachtete Hamilton und das Mädchen kurze Zeit. Sie tanzten gut miteinander. Er verspürte ein wenig Neid, was ihn ärgerte, und Hamilton gab ihm Rätsel auf. Die ›Banshee Raider‹ war nach jedem Maßstab eine hohe Kapitalanlage, aber woher war das Geld gekommen? Er verscheuchte diese Gedanken; das Ganze ging ihn schließlich nichts an. »Und Ihre eigenen Pläne?«

»Das kommt darauf an.« Sie hob kaum merklich eine Schulter. »Bis jetzt hat sich Jody gut erholt. Aber als wir ankamen, waren die Wetteraussichten nicht erfreulich – ich hielt es für besser, Jody Erholung zu gönnen und zu warten, bis das Wetter sich besserte, bevor wir weiter hinausfahren. Wenn der Wetterbericht für übermorgen besser ist – wir werden sehen.«

Die spanischen Musiker hatten Tempo und Lautstärke gesteigert. Laird erhob die Stimme.

»Wie sind Sie auf Ben Hamilton gestoßen?«

»Ich hatte früher schon mit ihm zu tun.« Sie drückte die halbgerauchte Zigarette aus. »Ich habe Ihnen von der Agentur erzählt, nicht?«

Laird nickte. Beim Essen hatte er mehr über die Passagiere der ›Banshee‹ erfahren. Die Geschwister waren Mitbesitzer einer Werbeagentur in London, die Bernice nach ihren Worten mit dem Geld ihres zweiten Mannes aufgebaut hatte, nachdem die Erbschaftssteuern bezahlt waren. Aber ihre Tochter war nicht beteiligt. Sandra Myles arbeitete sonst als Privatsekretärin und wollte sich erst eine neue Stellung suchen.

»Nun, da kam ein Klient mit einem neuen Waschpulver daher und sprach von einer Fernseh-Werbesendung, die nicht bloß mit schmutziger Wäsche zu tun haben sollte. Er hatte viel Geld, Jody träumte von weißen Segeln und blauem Himmel, und ein Freund erwähnte Hamilton.« Sie zuckte mit den Schultern. »Wir mieteten sein Boot, nahmen ein paar Mädchen mit und filmten.«

»Daran erinnere ich mich gar nicht«, sagte Laird.

»Er ist nicht gezeigt worden«, gab Bernice zurück. »Die schmutzige Wäsche blieb Siegerin.«

Sandra Myles und Hamilton kamen von der Tanzfläche zurück. Das braungebrannte Mädchen zog viele Blicke auf sich. Als sie den Tisch erreichten und sich setzten, warf Bernice einen Blick auf ihre Armbanduhr, eine Damen-Digitaluhr mit massivem Goldband.

»Langeweile?« fragte Hamilton.

Sie schüttelte den Kopf.

»Jody. Ich will ihn nicht zu lange allein lassen.«

»Zuerst trinken wir das aus.« Hamilton zog die Weinflasche aus dem Eiskübel und verteilte den Rest auf die vier Gläser. »Wollen Sie nicht tanzen?«

»Nein.« Sie warf einen Blick auf Laird und ihre Tochter. »Aber er kann sich einmal von Sandra ausprobieren lassen.«

»Danke, Mutter«, sagte Sandra spöttisch. Ihre grünen Augen erwiderten Lairds Blick mit kühlem Interesse. »Warum nicht?«

Sie gingen auf die Tanzfläche. Die spanische Kapelle beendete eine schnelle Nummer, als sie ankamen, und spielte etwas Ruhigeres. Die Lautstärke nahm ab.

Sie war eine gute Tänzerin, weit besser als Laird, und kam von Anfang an eng heran. Sie drehten sich, während ihr Körper biegsam und warm an dem seinen lag und ihr Parfum ihm in die Nase stieg.

Auf der Tanzfläche war es voller geworden. Das Mädchen schimpfte halblaut, als ein dicker Tourist sie anrempelte und ihr auf den Fuß trat. Sie sagte in Lairds Ohr: »Wenn er das noch einmal macht, brech' ich ihm das Bein.«

Die Musik hörte auf, und die Musiker verschwanden hinter einem Vorhang, um sich zu erfrischen. Als die Tanzfläche sich leerte und die Beleuchtung im Lokal heller wurde, ergriff sie Lairds Hand und führte ihn zum Tisch zurück.

Auf halbem Weg entdeckte Laird in einer Ecke ein Paar an einem Tisch. Er starrte hinüber, stolperte beinahe, stieß gegen das Mädchen und entschuldigte sich. Natalie Cordelle nickte ihm von der Ecke aus mit einem schwachen Lächeln zu, als ihre Blicke sich trafen. Sie trug ein einfaches dunkelgrünes Kleid mit Halsträgern, der Mann bei ihr war ein schlanker Marokkaner in einem eleganten Anzug, und bevor Laird sich erholt hatte, wandte sie sich ab und sprach mit ihrem Begleiter.

Hamilton und Bernice Edwards waren ins Gespräch vertieft, als sie herankamen, verstummten aber, als Laird und Sandra sich setzten. Die geleerte Weinflasche und die Gläser waren verschwunden, aber an jedem Platz stand ein Kognakschwenker.

»Letzte Bestellung«, sagte Hamilton heiter. Er hob sein Glas und sah Laird an. »Auf das, was Sie hergeführt hat.« Er beugte sich ein wenig vor. »Wird Clanmore bezahlen?«

Laird schüttelte den Kopf.

»Dann gewinne ich eine Wette.« Hamilton warf einen Blick auf Bernice. »Ich sagte ja – keine Fracht, kein Anspruch.«

»Das Kleingedruckte setzt sich immer durch«, erklärte sie ätzend und sah Laird an. »Wie beliebt werden Sie dadurch?«

»Ungefähr so wie eine Ersatzbraut bei einer Hochzeit«, gab er zu.

Hamilton behielt sein Glas in der Hand.

»Jemand wird für einen Ausweg zahlen müssen. Es sei denn – gibt es irgendwelche Hinweise? Zu Hause, meine ich.«

»Keine.« Lairds Blick irrte durch den Raum. Natalie Cordelle saß mit dem Rücken zu ihnen. »Aber das ist schließlich nicht mein Problem.«

»Erholen Sie sich und genießen Sie ihr Spesenkonto«, meinte Hamilton zustimmend. Er winkte dem Kellner, um sich die Rechnung geben zu lassen. »Aber nicht heute abend. Das hier übernehme ich.«

»Nicht zu glauben«, sagte Bernice Edwards ernsthaft. »Du meine Güte, wenn Jody hier wäre, bekäme er einen Rückschlag.«

Als sie gingen, war es im Lokal wieder dunkel geworden, und eine verschleierte, aber dürftig bekleidete Bauchtänzerin von ungewissem Alter bog und wand sich zur Musik. Laird versuchte Natalie Cordelle noch einmal ausfindig zu machen, was ihm aber nicht gelang. Es fiel ihm schwer, sich darüber klarzuwerden, warum sie sich dort aufhielt – es war beinahe zu auffallend, um geplant zu sein, verlangte aber eine Menge Leichtgläubigkeit, um als Zufall abgetan zu werden.

Draußen im Mondlicht ging Hamilton mit Bernice Edwards voraus, und Laird folgte ihnen zusammen mit dem jungen Mädchen. Immer noch argwöhnisch, blieb er wachsam gegenüber anderen möglichen Überraschungen, aber alles, was er sah, war ein Bettler in einem Hauseingang bei der Gasse, die zum Hafen führte.

Hamilton warf der abgerissenen Gestalt eine Münze zu, und sie hopste auf dem Gesäß hinaus, um danach zu greifen. Der Mann hatte keine Beine. Sandra Myles' Atem stockte, und sie umklammerte Lairds Arm, als sie vorbeigingen.

»Er tut Ihnen nichts«, sagte Laird leise.

»So etwas sollte es nicht geben dürfen«, erwiderte sie, als wolle sie sich entschuldigen.

Laird nickte. Es sollte nicht sein, aber es war so, und obwohl es keinen direkten Zusammenhang gab, dachte er an Mohammed Kassars Verbitterung über den Verlust der medizinischen Güter.

Der Rest des Rückwegs zum Hafen verlief ohne Zwischenfall. Sie erreichten den Jachthafen, gingen über den Schwimmsteg zur ›Banshee Raider‹, und Hamilton blieb an der schmalen Laufplanke stehen.

»Kommen Sie zu einem Gutenacht-Schluck an Bord«, lud er Laird ein.

»Ich habe einen langen Tag hinter mir.« Laird schaute, nicht zum erstenmal, auf die Armbanduhr. Es blieben ihm noch fünfzehn Minuten bis zu seinem Treffen mit dem Mann am Telefon. »Wir sehen uns sicher noch.«

»Kommen Sie vorbei«, sagte Bernice Edwards, eine Hand am Geländer der Gangway. »Aber vergessen Sie nicht, übermorgen sind wir vielleicht schon wieder unterwegs.« Sie sah ihn an. »Ab und zu lerne ich Leute kennen, die ich näher kennen möchte.«

»Die meisten laufen davon«, sagte ihre Tochter kühl.

Laird verabschiedete sich und ging. Er fand ein Taxi, aus dem Matrosen stiegen, die in Safi gewesen waren. Er stieg ein und ließ sich in die Stadt zurückfahren, bezahlte und ging den Rest des Weges zu dem Platz mit dem stillgelegten Brunnen zu Fuß.

Das schwache Mondlicht nahm weiter ab, als vom Atlantik Wolkenschichten heranrückten. Der Platz lag verlassen und still da, abgesehen vom Summen eines vereinzelten Moskitos und blecherner Radiomusik, die aus einem der baufälligen Häuser drang. Laird trat in den Schatten einer Hausmauer, lehnte sich an die Wand und wartete.

Es wurde elf Uhr. Ein Auto fuhr über den Platz. Als die Scheinwerfer die Häuser erfaßten, wich er noch weiter zurück. Eines der umherirrenden Moskitos entdeckte ihn, und er schlug das Insekt von seinem Gesicht fort.

Wieder kam ein Auto vorbei, dann war es abermals still. Laird schaute auf die Uhr, sah, daß fast noch einmal fünfzehn Minuten vergangen waren, und fluchte.

Hinter ihm war ein schwaches Geräusch zu hören. Er wollte sich umdrehen, als die kalte, scharfe Schneide eines Messers seine Kehle berührte.

»Nicht rühren, *M'sieu*«, sagte die Stimme, die er vom Telefon kannte. »Nur einen Augenblick – bitte.«

Er gehorchte. Der Mann hinter ihm durchsuchte rasch Lairds Taschen, ohne das Messer von seiner Kehle zu nehmen. Dann war die Waffe so schnell verschwunden, wie sie aufgetaucht war.

»Danke«, sagte die Stimme beinahe reumütig.

Laird drehte sich um. Der Mann, dem er gegenüberstand, war mittelgroß, schlank, und hatte lange, dunkle Haare. Er war ein Europäer und trug eine dunkle Hose, Turnschuhe mit dicken Sohlen und über einem Hemd mit offenem Kragen eine helle Safarijacke. An einer dünnen Kette hing ein goldenes Medaillon um seinen Hals, und er hatte ein schmales, beinahe jungenhaftes Gesicht, obwohl Laird ihn auf Ende Dreißig schätzte.

»Sie kommen spät«, sagte Laird knapp.

»Ich bitte um Entschuldigung.« Der Mann klappte sein Messer zu und steckte es ein. Seine Stimme klang nervös und herausfordernd zugleich. »Ich mußte mich vergewissern, daß Sie allein sind. In meiner Lage darf ich kein Risiko eingehen, *M'sieu* Laird.«

Laird sagte achselzuckend: »Wie heißen Sie?«

»Alain – Alain Botha.« Der Mann schaute sich immer wieder um. »Die Leute, die meinen Freund Georgio getötet haben, scheinen zu wissen, daß es mich gibt. Ich bleibe vorsichtig, damit ich weiterleben kann.« Er schnitt eine Grimasse. »Die *Gendarmerie* – nun, es gäbe zu viele Fragen und zu wenig Gewinn.«

»Dann lassen Sie hören, was Sie zu verkaufen haben«, forderte Laird ihn auf. »Deshalb bin ich hier.«

»Versteht sich.« Botha lächelte eifrig. »Aber zuerst – die Bedingungen, *M'sieu* Laird.«

»Was verlangen Sie?«

»Ich habe gehört, daß Versicherungen oft zehn Prozent Belohnung geben.« Botha winkte mit beiden Händen ab. »Ich brauche Geld, bin aber nicht habgierig. Georgio bekam von den Leuten, die den Schwindel mit den medizinischen Gütern organisierten, fünf Prozent versprochen. Die – ja, das würde genügen.«

»Hunderttausend Dollar?« Laird sah ihn eisig an. »Ich arbeite nicht für ein Wohlfahrtsunternehmen. Vergessen Sie's.« Er trat einen halben Schritt vor, als wolle er gehen. Botha packte seinen Arm.

»Dann sechzigtausend –« Die nervöse Erregung in seiner Stimme gewann die Oberhand. »Soviel Vorschuß, daß ich das Land verlassen und nach Europa gehen kann, der Rest, wenn – nun, wenn Sie zufrieden sind.«

»Vielleicht.« Laird sah ihn wieder an. »Also gut, wir können ins Geschäft kommen. Ich muß aber in London anfragen.« Er sah die Zweifel in Bothas Augen. »Es würde so bleiben – niemand sonst käme in Betracht. Aber ich brauche eine Probe von dem, was ich kaufe, etwas, das sich nachprüfen läßt.«

Botha nickte, dann erstarrte er plötzlich, und seine Hand ging zu der Tasche mit dem Messer. Auf der anderen Seite des Platzes war ein Mann aus einem der Häuser gekommen. Er schlurfte mit seinen Sandalen davon, und Botha atmete auf. Er biß sich auf die Unterlippe.

»Erzählen Sie mir von sich und Georgio Masson«, sagte Laird leise, der die Antwort schon zu kennen glaubte. »Sie waren – was?«

»Wir haben zusammengelebt.« Botha versuchte zu lächeln. »Nicht offen – das wäre bei seiner Stellung schlecht gewesen. Jemand kam dahinter. Er wurde vor die Wahl gestellt, uns zu helfen und soviel Geld bezahlt zu bekommen, daß wir beide nach Europa gehen könnten. Oder –«

Laird nickte. Einen Augenblick lang verspürte er Mitgefühl für den Mann, der gestorben war, sogar noch für die nervöse Gestalt vor ihm. Das war eines der ältesten Erpressungsmanöver überhaupt, aber immer noch auf gemeine Weise wirksam.

»Weiter.«

»Sie wollten, was Sie eine ›Probe‹ genannt haben.« Die schlanke

Gestalt schaute sich wieder um und rieb die Hände aneinander. »Ich war bei Georgio, als er von Marrakesch nach Rabat fuhr. Er sollte an diesem Abend seinen Anteil bekommen. Seine Kontaktperson sollte das Geld mit dem Flugzeug bringen, und als Treffpunkt war –«

»Der Flughafen vorgesehen?«

»Nein.« Botha schüttelte heftig den Kopf, beinahe gereizt, als hätte er seine Geschichte eingeübt und müßte sie so nun auch hersagen. »Sie sollten sich im El Saadi-Kasino treffen. Das taten sie – ich saß an einem anderen Tisch und beobachtete sie. Wir hatten vor, auf der Stelle abzureisen, sobald Georgio das Geld bekommen hatte. Wir hatten Pässe und Flugkarten, wir wollten nach Italien, nach Florenz –« Bothas Stimme klang weinerlich. Laird unterbrach ihn.

»Sie haben sie zusammentreffen sehen?«

Der andere nickte.

»Sie gingen zu Georgios Wagen hinaus. Ich folgte ihnen und – und ich sah sie davonfahren.«

»Und als nächstes wurde ihr Freund am Fuß eines Steilufers ein Opfer der Flammen«, sagte Laird brutal. »Verstanden. Warum sollte man Sie umbringen wollen?«

»Sie wissen, daß es mich gibt«, sagte Botha nur. »Ich – ich wartete auf Georgio. Als ich erfuhr, was geschehen war, fuhr ich mit dem Omnibus nach Rabat zurück. Sie waren mir zuvorgekommen – meine Wohnung war durchwühlt. Zwei Europäer hatten bei Nachbarn nach mir gefragt.« Er hob hilflos die Schultern. »Ich ergriff die Flucht. Ich fuhr hierher.«

»Was ist mit Ihrem Paß und der Flugkarte?«

»Die hatte Georgio.«

Laird überlegte. Es gab keinen Punkt in der Geschichte, den er nicht glaubte.

»Das ist Ihre Probe?«

Botha nickte.

»Ich brauche mehr.«

Botha zögerte und befeuchtete die Lippen.

»Georgio war kein Dummkopf. Er war wach und intelligent –«

»Ihr Freund«, bestätigte Laird tonlos. »Und?«

»Wir hatten Plätze in einer Morgenmaschine von Marrakesch nach Rom«, erklärte Botha müde. »Zwei Plätze nebeneinander,

Nichtraucher – auf die Namen Raymund und Diaz, dazu die passenden Ausweise. Sie werden feststellen, daß die Reservierungen nicht genützt wurden.« Er holte Luft. »Wenn wir uns einig sind, erfahren Sie den Rest.«

»Ich brauche bis morgen mittag«, sagte Laird langsam. »Was bekomme ich dann?«

»Etwa ein Tonband über Telefongespräche mit Georgios Kontaktperson.« Botha zog eine Schulter in die Höhe. »Das wird Ihnen vielleicht ungewöhnlich vorkommen – die Kontaktperson war eine Frau, *M'sieu* Laird.« Er verstummte und suchte den Platz wieder mit seinen Blicken ab. »Morgen mittag hier an derselben Stelle. Wenn ich Ihnen nicht helfe, steht eines fest. Sie versuchen ein Gespenst zu fangen –«, der Gedanke schien ihn zu belustigen, »– ja, ein erschreckendes Gespenst, *M'sieu* Laird. Eines, das Ihnen zuvorkommen könnte, hier in Safi.« Er ging in die Dunkelheit davon.

Kapitel 3

Es war Mitternacht vorbei, als Andrew Laird ins Hotel zurückkam. Er ließ sich von einem ältlichen Nachtportier den Schlüssel geben und ging zu seinem Zimmer hinauf.

Ein Besucher wartete auf ihn. Als er die Tür öffnete und nach dem Lichtschalter griff, flammte eine Tischlampe auf.

»Guten Abend.« Major Achmed Sharif saß im einzigen Sessel und nickte beiläufig. Der Polizeioffizier hatte die Uniform abgelegt und wirkte im karierten Sporthemd zur dunkelgrünen Hose viel menschlicher. Er verdeckte mit der Hand ein Gähnen und zeigte den Hauptschlüssel in seiner Hand. »Guten Abend oder guten Morgen – bei mir arbeitet das Gehirn ab Mitternacht nur noch mit halber Kraft.«

»Ich habe keinen Babysitter verlangt.« Laird zog seine Jacke aus und warf sie aufs Bett. »Was wollen Sie, Major?«

»Ein Gespräch.« Sharif wählte das Wort mit Bedacht und schob sich ein wenig höher. »Möglicherweise zu unser beider Vorteil. Ähm – haben Sie sich amüsiert?«

»Keine Klagen.« Laird zündete sich eine Zigarette an. Er wußte, daß es ein Fehler gewesen wäre, Sharif zu unterschätzen. Der Marokkaner war der Typ des erfahrenen Polizeioffiziers, der nichts ohne guten Grund tat. »Und Sie?«

»Genauso. Ich fuhr heim, und meine Frau hatte ein ausgezeichnetes *Bufteek* gebraten.« Sharif führte anerkennend die Finger an die Lippen und lächelte. »Danach saß ich eine Weile vor dem Fernsehapparat. Dann kam ich hierher.« Seine Miene veränderte sich. »Sie machen mir Sorgen, Mr. Laird.«

»Warum?«

»Wegen der Dinge, für die Sie stehen.« Sharif verzog den Mund. »In meinem Alter wurde von meinem Großvater nur verlangt, daß er ein Kamel ritt und gelegentlich einen Franzosen erschoß. Selbst mein Vater, ein vergleichsweise gebildeter Mann, führte ein einfaches Leben. Aber heutzutage ist das Leben zu kompliziert – zu verwickelt.«

»Das nennt man Fortschritt.« Laird setzte sich auf die Bettkante. »Ich wette, Ihr Großvater hatte auch seine Probleme.«

»Gewiß«, sagte Sharif mit schiefem Lächeln. »Die meisten Franzosen schossen zurück. Einer brachte ihn sogar um.« Er beugte sich vor. »Sie haben Natalie heute abend im Restaurant gesehen?«

Laird nickte.

»Sie rief mich an.« Sharif hob beschwichtigend die Hand. »In einer anderen Sache, natürlich. Daß sie dort war, ist reiner Zufall gewesen. Wir lassen Sie nicht beobachten – jedenfalls bis jetzt noch nicht.«

»Gut zu wissen«, sagte Laird tonlos. Er neigte dazu, ihm zu glauben. »Es wäre sogar noch besser, wenn Sie aufhören würden, den schlichten Nomaden zu spielen, und mir mitteilen könnten, weshalb Sie wirklich hier sind.«

Sharif wirkte verletzt und nickte, ließ sich aber nicht drängen.

»Nachdem Sie heute nachmittag mit Doktor Kassar zusammen waren, sprachen wir über Sie.« Er spitzte nachdenklich die Lippen. »Mohammed Kassar ist nicht immer leicht zu verstehen, aber Sie haben einigen Eindruck auf ihn gemacht. Ich stimmte zu – obwohl wir in mancher Beziehung Vorbehalte hatten.«

»Zum Beispiel?«

»Zum Beispiel, ob man Ihnen ganz trauen kann«, räumte Sharif ein. »Aber das würde ich als nebensächlich bezeichnen.« Er seufzte.

»Ich brauche Ihre Mitarbeit, *M'sieu* Laird. Das könnte wichtig sein.«

»Wichtig für die ›Aurelia‹?« Laird zog die Brauen zusammen und fragte sich, was da kommen mochte. »Mir geht es um das Schiff.«

»Es handelt sich um Ihr kostbares Schiff«, erklärte Sharf beinahe gereizt. »Nicht direkt, aber es ist betroffen.« Er blickte finster auf seine Füße, bevor er den Kopf hob. »Masson, der Mann, der getötet wurde, hatte einen engen Freund – einen, von dem wir erst später erfuhren. Bis dahin war er schon verschwunden. Wir hatten Grund zu der Annahme, daß auch er beseitigt worden war.«

»Die Leute, mit denen Sie es zu tun haben, übersehen nichts«, meinte Laird mit ausdrucksloser Miene.

»Vielleicht diesmal doch.« Sharif sah Laird schärfer an. »Der Mann heißt Alain Botha. Sagt Ihnen das etwas?«

Laird schüttelte langsam den Kopf und verfluchte innerlich sein Pech.

»Ich habe heute abend erfahren, daß ein Mann, der Bothas Beschreibung entspricht, in Safi angekommen ist. Man hat ihn kurz in der Altstadt gesehen, dann tauchte er wieder unter – er wird von meinen Leuten gesucht.« Sharif zögerte kurz. »Wenn es Alain Botha ist, kann ich mir nur einen Grund denken, der ihn nach Safi führen konnte – Sie.«

»Sie rechnen damit, daß er sich mit mir in Verbindung setzt?« Laird blinzelte ein paarmal. »Wieso?«

»Das liegt doch nahe: Weil er etwas über die Betrugsaffäre mit Alda-Tryst weiß; weil er Informationen verkaufen möchte.« Sharif schob die Unterlippe vor. »Eine Versicherungsgesellschaft bietet bessere Aussichten als ein Gespräch mit der Polizei – und wir wissen ein paar Dinge über Botha. Er will Geld. Außerdem trägt er ein Messer bei sich und weiß damit umzugehen.«

Laird nickte.

»Sie meinen also –«

»Wenn er sich bei Ihnen meldet, will ich das erfahren«, erklärte Sharif rundheraus. Seine Stimme klang plötzlich argwöhnisch. »Hat sich seit Ihrer Ankunft jemand bei Ihnen gemeldet?«

Laird schüttelte den Kopf. Er betrieb sein eigenes Spiel. Im Augenblick saß er damit allerdings zwischen den Stühlen, ob ihm das gefiel oder nicht.

»Und die Leute, mit denen Sie heute abend zusammen waren –«

»Der Kapitän der ›Banshee Raider‹ ist ein alter Freund.«

»Aha.« Sharif stand auf. »Also, *M'sieu* Laird, arbeiten Sie mit uns zusammen?«

»Wenn ich kann.«

Der Marokkaner schien die Einschränkung nicht wahrzunehmen. Er nickte, ging zur Tür, öffnete sie und schaute um.

»Es interessiert Sie vielleicht, daß es heute abend noch eine kleine Begebenheit gegeben hat«, sagte er spöttisch. »Der Bootsmann und ein paar Matrosen von der ›Aurelia‹ überredeten einen Fischer, sie an Land zu rudern. Wir haben sie festgenommen, nachdem sie ein Café am Hafen demoliert hatten.« Er zog die Schultern hoch. »Bis morgen früh sollten sie wieder nüchtern sein. Wir schicken sie wieder an Bord, sobald sie für den Schaden bezahlt haben.«

»Das klingt vernünftig«, murmelte Laird.

»Wir sind vernünftige Leute«, sagte Sharif grimmig.

Die Tür fiel krachend ins Schloß, als er ging.

Er schlief in dieser Nacht wie ein Murmeltier und wurde erst wach, als ein junger Kellner mit Kaffee und Brötchen auf seinem Tablett hereinkam. Bevor der Kellner ging, öffnete er die Vorhänge und ließ den hellen, warmen Sonnenschein herein. Draußen schwebten zwei Habichte, hoch genug, um kaum mehr als schwarze Punkte über der Stadt zu sein. Am Himmel war keine Wolke zu sehen.

Der Tag versprach schön zu werden. Laird hoffte, daß er es in jeder Beziehung sein würde, als er auf dem kleinen Balkon frühstückte. Als erstes mußte er in London anrufen. Er hütete sich aber, das über die Vermittlung im Hotel zu tun – und er hatte eine Alternative, einen Namen, der in der gestohlenen Clanmore-Akte stand.

Als er geduscht, sich rasiert und angezogen hatte, gab er seinen Schlüssel in der Rezeption ab und verließ das Hotel. Auf dem Weg zum Hafen, während er ohne Eile durch die überfüllten Straßen ging, blieb er wachsam.

Trotz der Behauptung von Major Sharif rechnete er damit, beschattet zu werden. Nachdem er ein paarmal stehengeblieben war und in Schaufenster geblickt hatte, wußte er, daß er recht hatte. Sein ›Schatten‹ war ein kräftig gebauter Mann in Zivil mit einer dunklen Sonnenbrille.

Im Augenblick war das nicht von Bedeutung. Er legte sogar Wert darauf, den Mann nicht abzuhängen.

Es konnte aber nichts schaden, ihn ein wenig in Bedrängnis zu bringen. Laird bog in eine Gasse voller Leute ein, in der auf beiden Seiten Verkaufsstände aufgeschlagen waren. Der Mann mit der Sonnenbrille eilte einen Augenblick später herein, und Laird, der sich hinter einem kleinen Berg aus Obst und Gemüse versteckte, ließ ihn vorbeigehen und folgte ihm.

Er holte den Mann mit der Sonnenbrille am Ende der Gasse ein, wo dieser mit erschrockener Miene stehengeblieben war und sich umschaute. Laird schlenderte, die Hände in den Taschen, an ihm vorbei, ohne ihm einen Blick zu schenken. Als er am nächsten Schaufenster nach hinten blickte, war sein Schatten ihm wieder auf den Fersen.

Der Hafen tauchte auf. Laird änderte seinen Weg so, daß dieser ihn am Jachthafen vorbeiführte, und sah die ›Banshee Raider‹ an ihrem Platz liegen. Ein Mann spritzte mit dem Wasserschlauch das Deck ab, aber das Motorboot hing noch am Heck, und sonst war kein Lebenszeichen zu bemerken. Ben Hamiltons Passagiere schienen ihren Tag spät zu beginnen.

Laird umging den Haupthafen mit seinen Schiffen und näherte sich den Reedereibüros, die dahinterlagen. Er wollte zur Verbander-Linie und trat unter der westdeutschen Flagge ein, die über der Tür eingemalt war. Er zeigte dem Angestellten am Schalter seinen Clanmore-Ausweis und verlangte den Geschäftsführer zu sprechen.

Der Mann hieß Klaus Bruder. Er war ein blonder Deutscher, etwa in Lairds Alter, breitschultrig und vom Leben offensichtlich gelangweilt. Er führte Laird in seinen Arbeitsraum an der Rückseite.

»Wie kann ich Ihnen helfen?« fragte er zurückhaltend. »Ich habe gehört, daß von Ihrem Unternehmen jemand eingetroffen ist, um wegen der ›Aurelia‹ zu verhandeln, aber –«

»Mein Chef scheint der Ansicht zu sein, daß die Verbander-Linie uns die eine oder andere Gefälligkeit schuldet«, sagte Laird ruhig.

Er wußte, daß es so war. Jeder Clanmore-Auftrag enthielt die Namen von drei oder vier Reedereibüros in dem Hafen, der am nächsten lag, wenn es galt, eine Situation zu bereinigen, alles Firmen, mit denen Clanmore geschäftliche Beziehungen pflegte, aber man durfte sich darauf verlassen, daß einem dort weitergeholfen wurde.

»Ja. Schon möglich.« Die Langeweile des Deutschen machte vorsichtigem Interesse Platz. »Wir hatten vor kurzem eine unangenehme Situation. Einer unserer Schüttgutfrachter und ein spanisches Frachtschiff –« Er winkte ab. »Ihre Leute haben uns aus der Patsche geholfen. Also –?«

»Ich muß mit London telefonieren.« Laird machte eine Pause und sah Bruder an. »Hoteltelefone sind nicht sehr zuverlässig.«

Der andere lachte in sich hinein.

»Und manchmal zu öffentlich?« Er wies mit dem Kinn auf eines der beiden Telefone auf seinem Schreibtisch. »Das ist eine direkte Amtsleitung. Sonst noch etwas, Herr Laird?«

»Nachher«, sagte Laird. »Wenn die Polizei sich erkundigt, warum ich hier gewesen bin –«

»Ein Höflichkeitsbesuch, nicht mehr.« Bruder nickte.

Marokko war dem internationalen Selbstwählverkehr nicht angeschlossen, und Laird mußte sich einige Minuten gedulden, bis sein Gespräch mit London weitervermittelt wurde. Während sie warteten, brachte Bruder Kaffee und erzählte mit schiefem Lächeln vom Handel der Verbander-Linie mit Safi. Zumeist ging es um Phosphate, die man verlud und stilmäßig verfrachtete – Laird konnte die Langeweile des Mannes verstehen.

Das Gespräch wurde vermittelt. Als die Clanmore-Vermittlung in London den Anschluß mit Osgood Morris herstellte, verließ Bruder höflich den Raum und schloß die Tür hinter sich.

»Gute Nachrichten?« fragte Morris verdrossen, als er Lairds Stimme hörte. »Ich habe eben Ihr Telegramm gelesen. Ich brauche mehr als einen Zwischenbericht, bevor ich zum Direktor gehe.«

Laird grinste. Osgood Morris' Beziehungen zum Direktor boten Anlaß für pausenlose interne Witzeleien. Der Leiter der Abteilung Seeversicherung wollte befördert werden, und Gerüchten zufolge hatte er sich Schwielen an den Knie zugezogen, um dieses Ziel zu erreichen.

»Es gibt eine Möglichkeit, Osgood«, sagte Laird und kam zu dem Punkt, von dem er wußte, daß er Schmerzen bereiten würde. »Aber das kostet.«

»Bestechung?« Es klang wie ein Stöhnen. »Das muß diskret über die Bühne gehen. Der Direktor schätzt so etwas nicht.«

»Er schätzt es auch nicht, wenn wir dran sind«, sagte Laird offen heraus. »Außerdem besteche ich nicht, ich kaufe Informationen.«

»Wer braucht Informationen?« jammerte Morris, während es in der Leitung knisterte und rauschte. »Wir wollen das verdammte Schiff – das ist alles.«

»Richtig.« Laird ließ ihn zur Ruhe kommen. »Ich sehe da nur zwei Möglichkeiten. Entweder den Marokkanern bezahlen, was sie verlangen, oder ihnen den Laden, diese Firma Alda-Tryst, auf dem Tablett servieren.«

»Wir sprechen vom zweiten?« fragte Morris.

»Ja.«

»Wieviel?«

»Soviel, daß jemand rasch das Land verlassen kann, den Hauptbetrag, sobald wir uns überzeugt haben, daß zutrifft, was er sagt. Er redet von US-Dollars – für den Anfang fünftausend.«

Morris seufzte.

»Einzelheiten?«

»Kann ich nicht geben. Noch nicht. Aber es sieht echt aus.«

Es blieb eine Weile still, dann sagte Morris mißmutig: »Ich schicke jemanden mit dem Flugzeug, der das Geld bringt. Das ist sicherer. Aber ich brauche vierundzwanzig Stunden.«

»Und kein Kontakt mit mir«, warnte Laird. »Das Geld soll bei Bruder abgeliefert werden, der hier das Büro der Verbander-Linie leitet.« Er wartete, bis Morris knurrend seine Zustimmung gab, dann fragte er: »Und was gibt es in London?«

»Nicht viel«, sagte Morris grimmig. »Wir versuchen das Außenministerium dafür zu interessieren, diplomatischen Druck auszuüben, aber man ist nicht gerade begeistert. Die Eigner der ›Aurelia‹ stehen vor einem gemeinschaftlichen Nervenzusammenbruch, und Leute, die Fracht an Bord haben, werfen mit Ankündigungen um sich, daß sie Schadenersatzansprüche stellen wollen.« Er machte eine Pause und fügte sarkastisch hinzu: »Abgesehen davon steht alles zum besten.«

Laird gab einen Brummlaut von sich. Diesmal mußte er die Haltung der Geschäftsleitung von Clanmore billigen, obwohl seine Sympathien der anderen Seite galten. Die Zahlung von zwei Millionen Dollar hätte der Gesellschaft Ruhe verschafft und die Freigabe der ›Aurelia‹ bewirkt. Nach den Maßstäben der Seeversicherung war das kein Betrag, der merklich zu Buch schlug.

Aber die Clanmore Alliance konnte das nicht tun – sie wagte es nicht, da das auf die Schaffung eines Präzedenzfalles hinausgelaufen wäre, auf den zu viele Leute sich berufen hätten, was in der ganzen Seeversicherung zu einem Chaos führen würde.

»Der Knabe stand auf dem brennenden Deck«, murmelte er.

»Was sagten Sie?«

»Nichts.« Laird schnitt eine Grimasse. »Machen Sie sich einen schönen Tag. Der morgige könnte schlimmer werden.« Er legte auf. Als Klaus Bruder zurückkam, erläuterte er ihm, was er vereinbart hatte, und der blonde Deutsche war einverstanden, wirkte aber nicht gerade glücklich.

Laird verabschiedete sich. Er rechnete damit, daß der Mann mit der Sonnenbrille irgendwo zu sehen sein würde, machte sich aber nicht die Mühe, Ausschau nach ihm zu halten. Er ging durch den Hafen, winkte ein vorbeifahrendes Taxi heran und ließ sich zum Hotel zurückbringen.

Es war vereinbart, daß man ihn um zehn Uhr zu seinem Gespräch mit Kapitän Kilpatrick abholen würde. Genau eine Minute vorher hielt ein kleiner, blauer Fiat-Sportwagen. Natalie Cordelle stieg aus.

Laird kam ihr entgegen, als sie die Hotelhalle betrat. Sie trug eine lange Hose und eine graue Bluse, ihr langes schwarzes Haar wurde hinten von einem roten Seidenband zusammengehalten, und sie begrüßte ihn eher vorsichtig.

»War es schön gestern abend?« fragte Laird unvermittelt.

»Nicht besonders.« Sie wurde rot, als sie seinem Blick begegnete. »Und ich wußte nicht, daß Sie dort sein würden.«

»Klar.« Er grinste und hob die Hände, um seine Kapitulation anzuzeigen. »Wer war Ihr Freund?«

»Pilot bei Air Maroc.« Ihre Stimme nahm einen maliziösen Ton an. »Sie wirkten auch sehr beschäftigt – gefällt Ihnen die Welt der Jachtfahrer?«

»Ich beklage mich nicht«, gab er zurück.

Sie lachte leise.

»Die große Frau sieht aus, als brauchte sie Nummernschilder. Die jüngere –«

»Müssen wir nicht los?« fragte er betont.

Natalie Cordelle ging belustigt voran zum Fiat. Als sie eingestiegen waren, ließ sie den Motor an und brauste los, daß die Reifen quietschten. Sie fuhr schnell, aber geschickt, summte leise vor sich hin und warf Laird ab und zu einen Seitenblick zu.

»Achmed Sharif hat gestern nacht mit Ihnen gesprochen.« Es war eine Feststellung, keine Frage. Sie drehte das Lenkrad nach links, überholte einen ratternden, überfüllten Omnibus und achtete nicht auf das zornige Hupen des Fahrers. »Er hofft, daß Sie mit ihm zusammenarbeiten.«

»Sind Sie deshalb hier?« Laird zuckte zusammen, als sie sich im Abstand von Millimetern an einem schweren Lastwagen vorbeizwängten. »Nachbehandlung?«

»Warum nicht?« Sie achtete auf den Verkehr und steuerte den Fiat an einer stark befahrenen Kreuzung um eine Kurve. »Wenn dieser Botha auftaucht –«

»Ich helfe anderen Leuten gerne«, sagte Laird trocken. Er lehnte sich zurück und beobachtete sie. Sie verließen Safi in Richtung Osten, auf einer landeinwärts führenden Straße. Die Landschaft vor ihnen war flach, nur in der Ferne sah man undeutlich blaue Berge.

»Wie weit ist es?« fragte er.

»Ein paar Kilometer – bei Bouguedra gibt es eine kleine Gefängnisfarm. Kapitän Kilpatrick wurde dort hingebracht, weil es angenehmer ist als in einer *Gendarmerie*-Zelle.« Sie sah ihn wieder von der Seite an. »Doktor Kassar läßt mitteilen, daß für eine Person dort immer noch Platz sei.«

»Ihr Chef hat eine heitere Art«, meinte Laird. »Ich habe aber meine eigenen Pläne.«

Sie fuhren weiter. Am Rand von Safi blieben ein paar zerfallende Gebäude aus Lehmziegeln und windschiefe Hütten zurück, dann erreichten sie offenes Gelände, armseliges Ackerland, meist war es kaum mehr als steiniger Boden und Gestrüpp. Hier und dort arbeitete ein Bauer mit Kamelen oder Ochsen vor einem Pflug.

Rollender Verkehr war kaum zu sehen, aber auf der Straße gingen viele Leute – jung und alt, zumeist schwer beladen, ihr Ziel war so ungewiß wie ihre Herkunft.

Der Fiat hatte fünfzehn Kilometer zurückgelegt, als vor ihnen einstöckige Gebäude auftauchten. Natalie bog in eine Nebenstraße ein, die darauf zuführte.

Der Fiat holperte über den unebenen Boden, parallel zu einem

Stacheldrahtzaun. Auf der anderen Seite hörten kleine Gruppen von in Drillich gekleideten Strafgefangenen mit dem Jäten und Hacken auf den Feldern rund um das Gefängnis auf und beobachteten sie, froh um die Ablenkung.

Die Fahrspur endete an einem Tor, wo ein bewaffneter Posten die Schranke hob. Natalie fuhr hindurch, brachte den Fiat vor einem Verwaltungsgebäude mit Flachdach zum Stehen und legte die Hand auf Lairds Arm, während sie nach dem Türgriff tastete.

»Sie haben eine halbe Stunde unter vier Augen«, sagte sie. »Haben Sie ihm etwas mitgebracht?«

Laird nickte.

»Zigaretten.«

»Gut. Und vermutlich kann er das hier auch gebrauchen.« Sie klappte das Handschuhfach auf und zog einen kleinen, mit Bindfaden verschnürten Stapel Bücher heraus.

Laird griff danach und warf einen Blick auf die Titel. Es waren Bücher in englischer Sprache, zumeist Wild-West-Romane, schon zerlesen.

»Von Ihnen?« Er zog ungläubig die Brauen hoch.

»Mein Air Maroc-Pilot hatte sie.« Sie ging nicht näher darauf ein.

Sie betraten das Verwaltungsgebäude, das kühl, spartanisch eingerichtet und von einem Geruch nach Desinfektionsmitteln erfüllt war. Der Gefängnisleiter, ein kleiner, verdorrter Mann, begrüßte sie in seinem Büro, wartete, bis sie saßen, und behandelte Natalie mit beträchtlichem Respekt, während sie sich kurz auf arabisch unterhielten. Dann drückte er auf einen Rufknopf an seinem Schreibtisch.

»Sie gehen allein«, sagte Natalie zu Laird.

Ein Gefängniswärter erschien und führte Laird durch einen Flur. Sie blieben vor einer Tür stehen, der Wärter sperrte sie auf und trat zur Seite, um Laird in ein kleines, nacktes Sprechzimmer eintreten zu lassen. Es gab einen kleinen Schreibtisch und zwei Stühle, und als die Tür zugeworfen wurde, hob der Mann auf dem Stuhl an der Wand den Kopf.

»Und wer, zum Teufel, sind Sie?« fragte Kapitän Howard Kilpatrick ergeben.

Er war ein beleibter, erkahlender Mann mit rundem, wettergegerbtem Gesicht, trug einen Drillichanzug, nickte unbeeindruckt, als Laird sich vorstellte, ließ sich Zigaretten und Bücher geben und lehnte sich zurück.

»Wann komme ich hier raus?« fragte er scharf.

Laird schüttelte den Kopf.

»Was ist mit meinem Schiff?«

Laird berichtete, und der Kapitän der ›Aurelia‹ grinste schwach, als er von der Rauferei an Land hörte.

»Dieser Dickschädel Campbell – er muß natürlich dabei sein.« Er zündete sich eine Zigarette an, und sie unterhielten sich. Kilpatrick zeigte sich beherrscht und ruhig. Er werde gut behandelt, erzählte er, brauche nicht zu arbeiten, und seine Hauptklagen beträfen die Langeweile und das Essen.

Wie Laird schon vermutet hatte, konnte er aber nicht von Nutzen sein, als die Rede auf die drei leeren Container kam, die man ausgeladen hatte. Sie seien versiegelt an Bord gebracht worden und hätten sich noch in diesem Zustand befunden, als sie entladen wurden – und damit aus.

»Ich habe durch den Konsul von meinen Eignern gehört.« Kilpatrick drückte seinen Zigarettenstummel vorsichtig aus und verstaute ihn in einer Tasche. »Ich bin eine Art Geisel, bis jemand bezahlt, ja?«

»Oder bis sich etwas tut«, verbesserte Laird.

»Mag sein«, sagte Kilpatrick spöttisch. Er befeuchtete die Lippen und ließ einen Augenblick lang erkennen, wie mühsam er seine Selbstbeherrschung aufrechterhielt. »Mister, ich habe Frau und Kinder. Ich – ach, verdammt, Sie wissen, was ich meine.«

Laird nickte.

Sie schüttelten sich zum Abschied die Hände. Der Wärter führte Laird wieder zum Büro des Gefängnisdirektors, ein anderer nahm den Kapitän der ›Aurelia‹ mit.

Natalie war aufbruchsbereit. Sie dankten dem Direktor, gingen hinaus zum Fiat, und Laird atmete tief ein und seufzend aus, als der kleine Wagen durch das Haupttor fuhr und sie in die normale Welt zurückkehrten.

»Kassar hat Medizin studiert, sagten Sie?«

Sie nickte.

»In Paris, aber –«

»Seine Freizeit verbrachte er in Psychologieseminaren.« Laird hieb mit der Faust zornig auf das Armaturenbrett. »Kilpatrick sitzt da fest, spielt den rauhen Seebären und kommt wahrscheinlich um vor Angst. Wenn Kassar gehofft hat, ich würde das Gefühl bekommen, mich am liebsten verkriechen zu sollen, hat das gewirkt.«

»Es tut mir leid.« Natalie biß sich auf die Unterlippe und konzentrierte sich auf die Straße. Sie erreichten die Hauptstraße, und der Fiat wurde schneller, die Nase wieder auf Safi ausgerichtet. »So habe ich das nicht gesehen.«

»Nein.« Nach einer Pause streckte er die Hand aus und berührte ihre Rechte, die auf dem Ganghebel lag. »Und ich bin manchmal jähzornig. Ist Ihr Freund von Air Maroc heute abend auch noch da?«

Sie schüttelte den Kopf.

»Was würden Sie dann davon halten, sich heute abend mit dem Feind auf ein Glas und eine Mahlzeit zusammenzusetzen?«

Sie schwieg einen Augenblick und starrte auf die Straße hinaus. Laird bereitete sich schon auf eine Absage vor, als sie plötzlich nickte und lächelte.

»Gern«, sagte sie nur.

»Gut.« Laird wunderte sich darüber, wie groß seine Freude war. »Soll ich Sie in Ihrem Hotel abholen?« Er zog die Brauen zusammen. »Oder stört Sie das –«

»Nein.« In ihren Augen funkelte es. »Gegen acht Uhr. Außer Dienst führe ich mein eigenes Leben.«

In stillschweigender Übereinkunft sprachen sie danach nur über belanglose Dinge, aber bis die Küste auftauchte, an deren Rand sich Safi klammerte, wußte Laird ein bißchen mehr über die Frau an seiner Seite.

Natalie Cordelles Eltern hatten sich kennengelernt, als ihr Vater, von Beruf Tiefbauingenieur, in Rabat tätig gewesen war, wo ihre an der Universität ausgebildete Mutter als Dolmetscherin gewirkt hatte. Ihr Vater war in Marokko geblieben, und das Paar lebte jetzt im Ruhestand in einem Vorort der Hauptstadt. Als die jüngere ihrer beiden Töchter – die andere lebte im Ausland – besuchte sie die Eltern regelmäßig.

Sie war seit drei Jahren als Mitarbeiterin von Mohammed Kassar beschäftigt. Vorher hatte sie nach Abschluß ihrer Ausbildung zwei Jahre in Europa gearbeitet und war nach ihrer Rückkehr zu einer UNO-Organisation gegangen – wo Kassar sie gefunden hatte.

»Haben Sie sich schon einmal überlegt, ob Sie von ihm weggehen sollten?« fragte Laird.

»Zwei- oder dreimal in der Woche«, gab sie zu, dann schüttelte sie den Kopf. »Aber wer könnte ihn sonst ertragen?«

Sie erreichten den Stadtrand, und als der Fiat in stärkeren Verkehr geriet, wurde es für Laird Zeit, vorauszudenken. Er schaute auf die Uhr. In knapp einer Stunde sollte er sich zu seiner zweiten Begegnung mit Alain Botha an dem Platz mit dem abgestellten Brunnen einfinden. Wenn er sich von Natalie zum Hotel zurückbringen ließ, bestand Gewißheit, daß der Mann mit der Sonnenbrille zur Stelle sein würde, um die Verfolgung wieder aufzunehmen.

Laird wartete noch einige Minuten, bis der Wagen fast die Stadtmitte erreicht hatte und er sich einigermaßen zurechtfand. Als der Fiat hinter einem Omnibus halten mußte, griff er nach dem Türverschluß.

»Ich steige hier aus«, sagte er beiläufig.

»Aber –« Das Mädchen wirkte überrumpelt.

»Touristenspaziergang«, erklärte er, als er die Tür öffnete. »Es macht Ihnen nichts aus?«

Sie schüttelte stumm den Kopf.

»Dann sehen wir uns um acht.«

Laird zwinkerte ihr fröhlich zu, war ausgestiegen, hatte die Tür zugeworfen und ging davon, bevor sie antworten konnte. Im nächsten Augenblick fuhr der Omnibus an, und der Fiat rollte davon. Natalie wirkte immer noch verwirrt.

Laird hielt sich bewußt an die überfülltesten Einkaufsstraßen. Auf halbem Weg sah er den Stand eines Silberschmieds, hinter dem der Besitzer arbeitete. Ein kleiner Junge stand am Ladentisch und bewachte die ausgestellten Schmuckstücke, aber der Silberschmied, ein magerer, dunkelhäutiger Mann, der Jeans und einen Lederschurz trug, trat an seine Stelle, als Laird sich einige der feingearbeiteten Anhänger und Armbänder auf dem Ladentisch ansah.

Nach fünf Minuten Feilschen und Handeln – der Silberschmied hielt nichts von festen Preisen – bekam Laird, was er wollte. Es war ein kleiner, silberner Fisch, ausgearbeitet bis zur letzten Flosse und Schuppe, mit Granataugen, der am Maul von einer Halskette hing. Laird bezahlte mit einem dicken Bündel Dirhams, bekam den Fisch, eingewickelt in ein schwärzliches Stück Seidenpapier, überreicht, dann besiegelte der Silberschmied den Handel feierlich, indem er ihm ein zuckerstückgroßes Bonbon überreichte.

Laird kaute das Bonbon, den Silberfisch in der Tasche, und ging weiter, bis er sich in der Nähe des Brunnenplatzes wußte. Er betrat ein Straßencafé, setzte sich an einen Platz, wo er hinter einer jungen Topfpalme fast völlig verborgen war, und bestellte Kaffee.

Er schlürfte den Kaffee und rauchte eine Zigarette, bis seine Uhr ihm sagte, daß es Zeit war, sich auf den Weg zu machen.

Fünf Minuten später hatte er den kleinen Platz erreicht. Er stand in der warmen Sonne, allein bis auf einen mageren, braunen Straßenköter, der neben dem Brunnen schlief, und zwei kleinen Kindern, die im Schatten eines rußigen Hauseingangs gegenüber spielten.

Es wurde Mittag, und er hörte den islamischen Gebetsruf aus den Lautsprechern einer Moschee herübertönen. Er schaute sich um und entdeckte zum erstenmal, daß der Platz einen Namen hatte, Ysif I. Ein Eselskarren ratterte vorbei, und der Hund bellte ihn an, ohne den Kopf zu heben.

Laird wurde ungeduldig und schaute wieder auf die Uhr. Botha hatte sich bereits um zehn Minuten verspätet. Seufzend betrachtete er den Hund, der ihn im Liegen beobachtete, während Fliegen über sein struppiges Fell krabbelten. Ein langer, dünner Schwanz zuckte schwach, als Laird versuchsweise leise durch die Zähne pfiff.

Laird trat lächelnd einen halben Schritt vor.

Das rettete ihm das Leben. Ein Geschoß fetzte hinter ihm in die Mauer, daß Steinsplitter davonflogen, und wimmerte als Querschläger davon.

Der Köter sprang hoch und floh. Laird warf sich nach vorn in den fragwürdigen Schutz des Straßendrecks vor dem Brunnen, als ein zweites Geschoß wie eine zornige Hummel an seinem Kopf vorbeisurrte.

Dann war es still. Die beiden Kinder spielten noch immer unberührt in ihrem Hauseingang, der Hund drückte sich nervös und unsicher im Hintergrund herum.

Das entsprach ganz Lairds Empfindungen. Er hatte keine Schüsse gehört, also war ein Schalldämpfer verwendet worden. Er hatte nur die vage Vorstellung, daß der Schütze sich irgendwo auf seiner linken Seite befinden mußte. Vorsichtig und ganz langsam schob er sich ein wenig hoch und blickte über den Brunnenrand.

Das nächste Geschoß prallte an das eiserne Pferd über ihm und erzeugte ein Geräusch wie einen dumpfen Glockenschlag. Laird warf sich blitzschnell hin und fluchte, dann hörte er überrascht Stimmen und Gelächter hinter sich.

Er drehte den Kopf, als eine Gruppe von Marokkanern den Platz betrat. Sie zögerten unsicher, als sie ihn am Boden liegen sahen. Laird zwang sich ein Grinsen ab und winkte ihnen.

Sie kamen langsam heran. Als sie bei ihm waren, stand er auf, behielt das dumme Grinsen bei und deutete mit pantomimischen Gesten an, daß er hingefallen sei. Die Männer atmeten auf, lachten, und einer deutete pantomimisch an, Laird könnte vielleicht getrunken haben.

Irgendwo in der Nähe sprang ein Motorrad an und fegte mit aufheulendem Motor davon. Laird atmete tief und hoffnungsvoll ein, grinste die Männer an, die ihn ungewollt gerettet hatten, und ging davon.

Nichts geschah. Seine Lippen waren trocken, und er entdeckte, daß er immer noch zitterte, aber wenigstens hatte er keinen Schaden davongetragen.

Als er das Hotel erreichte, erschien es schier unvermeidlich, daß ein Polizeifahrzeug vor dem Eingang stand. Der Mann am Steuer war Major Sharifs Fahrer, und sein Beifahrer, ein uniformierter Sergeant, gebaut wie ein blaugekleideter Gorilla, stieg aus, eine Hand am Kolben seiner Pistole in der Ledertasche.

Er sah Laird kalt an und öffnete wortlos eine der hinteren Türen. Es war die Art von Einladung, die keiner Ausschmückung bedurfte. Laird seufzte, nickte und stieg ein. Die Tür wurde zugeworfen. Der Wagen setzte sich sofort in Bewegung, als der Sergeant saß.

Die Fahrt dauerte nur Minuten und endete auf der anderen Seite der Stadt in einer Straße armseliger Lehmhäuser. Drei Polizeiautos und ein großer, schwarzer Überfallwagen standen wirr durcheinander vor einem Haus, und zwei Polizisten mit Maschinenpistolen über den Schultern hielten eine Gruppe von zerlumpten Zuschauern fern.

Sie stoppten neben den anderen Autos und stiegen aus. Laird folgte dem Sergeant und betrat das Haus durch einen schmalen, bröckelnden Eingang. Das ganze Gebäude schien in Einsturzgefahr zu sein und roch nach schalem Essen, schalen Menschen und Schlimmerem. Ein bewaffneter Polizist trat zur Seite und stieß gleichzeitig eine hagere, grauhaarige Araberin weg.

In den Augen der Frau flackerte Angst, als sie Laird und den Sergeant vorbeigehen und eine abgetretene Treppe zum Oberstock hinaufsteigen sah. Oben gab es einen kleinen Absatz mit zwei Türen. Beide waren offen, und an einer stand Major Achmed Sharif mit ausdruckslosen blauen Augen.

»Hier herein, *M'sieu* Laird«, sagte er kurz und winkte mit dem Finger.

Sie betraten gemeinsam das Zimmer. An einem schmalen Fenster drehte sich eine Gestalt um.

»Danke für Ihr Kommen«, sagte Dr. Kassar ätzend und trat einen Schritt vor. Mit steinerner Miene sah er Sharif an. »Zeigen Sie es ihm.«

Es war ein elender Raum, voller Fliegen. An Möbeln enthielt er nur ein altes Messingbett, einen kleinen, abgenützten Tisch und einen einzelnen Stuhl. Auf dem Boden lag eine zerfranste Strohmatte unbestimmbaren Alters, von der Decke hing eine nackte Glühbirne herab.

Sharif schob Laird vorwärts. Auf der anderen Seite des Bettes ragte ein Männerfuß unter einem schmutzig-weißen Laken hervor. Sharif bückte sich, schlug das Laken zurück und trat auf die Seite.

Alain Botha lag nackt und tot am Boden, eine Einschußwunde in der Brust, einen Knebel zwischen den Zähnen. Seine schmalen Handgelenke waren hinter seinem Rücken mit einer dünnen Schnur gefesselt, und sein Gesicht ragte in das grelle Sonnenlicht, das durch das Fenster hereinflutete, Licht, das seinen sonst jungenhaften Zügen die Wahrheit der Jahre aufprägte.

»Sie kennen diesen Mann?« sagte Kassar tonlos.

Laird antwortete nicht. Er kniete vor dem Toten nieder und berührte ein Lid, dann versuchte er einen der Finger zu bewegen. Die Leichenstarre begann gewöhnlich bei den Augenlidern und erreichte die Extremitäten zuletzt. Beide waren betroffen. Alain Botha war schon seit mehreren Stunden tot.

»Sie kennen diesen Mann?« fragte Kassar noch einmal. Er hatte Laird beobachtet. In seiner Stimme schwang ein neuer, sonderbarer Ton der Neugier mit.

»Ja.« Laird, der immer noch vor der Leiche kauerte, nickte. »Ich habe ihn gestern nacht kennengelernt. Heute hätte ich wieder mit ihm zusammentreffen sollen.«

»Offenkundig sind seine Verabredungen rückgängig gemacht worden«, sagte Kassar trocken. Er saugte an einer Bartsträhne. »Sie kannten seinen Namen?«

»Er hat mir erklärt, er sei Alain Botha.« Laird hörte Major Sharif zornig murmeln und antwortete mit einem Achselzucken. »Er sagte, er wolle mit mir reden – und mit niemand anderem.«

»Jetzt wird er mit keinem mehr reden.« Kassar kam heran und blieb mit gespreizten Beinen stehen. »Sie verstehen etwas von den Toten, Mr. Laird.«

»Ein bißchen«, sagte Laird vorsichtig.

»Ja.« Der Marokkaner nickte. »Wann ist er Ihrer Ansicht nach gestorben?«

»Vor zehn oder zwölf Stunden.«

Kassar nickte wieder.

»Und vorher? Sagen Sie mir, was Sie sehen.«

Laird fühlte sich in den Pathologieunterricht zurückversetzt, als er den Toten betrachtete, während Kassar und Sharif warteten. Dann entdeckte er mehrere winzige, aber unverwechselbare Brandspuren an Alain Bothas Körper, an den Ohrläppchen, zwischen seinen Oberschenkeln, an der Unterlippe, andere –

Er schnitt eine Grimasse und stand auf.

»Genau.« Kassar schien sein Schweigen als Zustimmung zu nehmen. »In kleinen Dosen kann elektrischer Strom sehr überzeugend wirken – stärkster Schmerz, kaum sichtbare Schäden.« Er spreizte die Hände. »Ich bin im Vorteil. Als junger Mann habe ich das einmal mitgemacht – ich war damals politisch unerwünscht, und die Beteiligten waren Fachleute.«

Laird wandte sich, von Übelkeit übermannt, ab und versuchte, nicht daran zu denken, wie das gewesen sein mochte. Er blickte zu der Glühbirne hinauf, deren Fassung die einzige Stromquelle im Zimmer war.

»Nein.« Major Sharif schüttelte den Kopf. »Die Fassung ist so verrostet, daß sie brechen würde.«

»Dann –« Laird vermochte die Alternative kaum zu glauben.

»Sie waren vorbereitet«, murmelte Kassar. »Etwas Einfaches,

Tragbares genügt.« Er atmete tief ein. »Was wollte Botha verkaufen?«

»Alles, was er wußte, und ein Tonband mit aufgezeichneten Telefongesprächen.« Laird betrachtete den schäbigen, muffig riechenden Raum, die wenigen, verstreut herumliegenden Kleidungsstücke und die summenden Fliegen, während Sharif den Toten wieder zudeckte. »Hat er hier gewohnt?«

»Es sieht so aus«, bestätigte Kassar trocken.

»War er allein?« fragte Laird weiter.

Kassar gab einen Brummlaut von sich.

»Nein. Es gibt noch einen zweiten Toten, Mr. Laird. Der – äh – Wirt, ein Mann, den die *Gendarmerie* in den Akten hat, liegt unten in einem Zimmer. Durch den Kopf geschossen. Die Leute, die hier waren, gehen sehr gründlich vor.«

Laird verzog den Mund.

»Wer hat sie dann gefunden?«

»Eine Frau. Sie kam vor etwa einer Stunde zu Besuch – wir haben sie unten«, erklärte Sharif. Er trat ans Fensterbrett und lehnte sich daran, während er mit dem Daumen auf den Toten wies. »Trug Botha ein Medaillon, als Sie mit ihm zusammentrafen?«

»Ein goldenes, an einer Halskette.« Laird zog die Brauen zusammen. »Warum?«

»Wir haben es in ihrer Kleidung versteckt gefunden«, erwiderte Sharif mit einem Anflug eisiger Belustigung. »Und Geld – die Toten zu berauben, ist in diesem Teil der Stadt an der Tagesordnung, *M'sieu* Laird. Und natürlich auch ein paar laute Rufe oder Schreie nach Dunkelwerden. Der kluge Nachbar achtet nicht darauf.«

»Wie auch immer, Botha wurde zum Sprechen gebracht«, warf Kassar ungeduldig ein. »Wenn er ein Tonband hatte, ist es ihm weggenommen worden – wie alles andere auch, das von Bedeutung hätte sein können. Nicht von dieser Frau – sie ist gründlich durchsucht worden. Sharifs Leute sind da sehr tüchtig, wenn auch grob.« Sein rundes, bärtiges Gesicht verfinsterte sich. »Zu den wenigen Dingen, die wir fanden, gehörten Ihr Name und die Rufnummer Ihres Hotels auf der Rückseite einer Zigarettenschachtel. Hatten Sie vor gestern abend von dem Mann gewußt?«

»Nein.« Laird schüttelte den Kopf. »Er rief an, und ich traf mich mit ihm.« Er sah Sharif bedauernd an. »Das war bevor Sie kamen,

Major. Tut mir leid. Aber ich würde es vermutlich wieder so machen.«

»Sie hatten vielleicht sogar recht.« Mohammed Kassar beachtete den verblüfften Knurrlaut Sharifs nicht. »Was können Sie uns sonst noch sagen, Mr. Laird?«

»Vor allem, daß die Nachbarn hier Schüsse nicht hören konnten«, sagte Laird dumpf. »Der Mörder, den Sie suchen, verwendet einen Schalldämpfer.«

Die beiden Männer hörten mit ausdruckslosen Mienen zu, als er berichtete, was ihm am Nachmittag auf dem Platz zugestoßen war. Er wurde allerdings den Eindruck nicht los, daß Kassar und Sharif eher Bedauern darüber empfanden, ihn unverletzt vor sich zu haben.

»Er könnte es noch einmal versuchen, nehme ich an«, sagte Kassar gelassen. Er steckte die Hände in die Taschen. »Das wäre natürlich – äh – peinlich. Wenn er Erfolg hätte, meine ich.« Er befaßte sich einen Augenblick lang offenbar nicht ohne Genuß mit dem Gedanken, trat an das schmutzige Fenster, um hinauszusehen, drehte sich um und sagte sachlich: »Welche Andeutungen hat Botha Ihnen gemacht?«

»Dies und jenes. Nicht mehr, als notwendig war, um zu einer Abmachung zu kommen. Er behauptete, Georgio Massons Kontaktperson mit den Alda-Tryst-Betrügern sei eine Frau gewesen.« Laird sah, daß Kassar mit dem Major einen überraschten Blick wechselte, bevor er in kurzen Sätzen mitteilte, was er sonst noch wußte. Er ließ nichts aus. Etwas anderes schien nun überhaupt keinen Sinn mehr zu haben.

»Interessant«, sagte Kassar schließlich. »Ich fühle mich sogar wohler – denn wenn wir addieren, was wir alle miteinander wissen, zeigt das, daß diese Leute auch Fehler machen. Einverstanden, Major?«

Sharifs schmales Gesicht wirkte beinahe verwirrt. Kassar blickte seufzend auf seine Armbanduhr.

»Die Leute, die hinter der Betrugsaffäre mit der ›Aurelia‹ stehen, wußten von Anfang an über Botha Bescheid, nicht wahr?« fuhr er fort. »So haben sie Georgio Masson erpreßt – als Homosexueller entlarvt zu werden, hätte seinen Ruin bedeutet.« Er runzelte die Stirn und saugte wieder an seinem Bart. »Aus irgendeinem Grund entging ihnen Botha in Marrakesch, als sie Masson beseitigten. Vielleicht rechneten sie nicht damit, daß er in der Nähe sein würde. Sie mußten also warten und –« Er verstummte und starrte Laird plötzlich an, als sei ihm ein Licht aufgegangen. »Vielleicht warteten sie auf Sie – jemand mußte ja kommen und die Verhandlungen führen, was das Schiff anging. Wenn sie über Botha Bescheid wußten, mußten sie hoffen, daß er sich mit Ihnen in Verbindung setzen würde.«

Laird nickte und nahm das Unausweichliche hin. Botha hatte auf ihn gewartet, aber dasselbe galt für die Leute, die Botha hatte fürchten müssen.

»Man beobachtet also Sie, Sie führen die Leute zu Botha, und er wird aus dem Weg geräumt«, meinte Kassar nachdenklich. Er sah Laird beinahe traurig an. »Leider bleibt damit das Problem, wieviel Sie wissen. Vor allem, wenn die so argwöhnisch sind, daß sie glauben, Sie wären jemand, der aus seinen eigenen Gründen etwas für sich behält.« Er drehte sich nach Sharif um. »Was sollen wir Ihrer Meinung nach mit ihm anfangen, Major?«

Sharif schüttelte langsam den Kopf und schwieg.

»Wir können uns darüber unterhalten.« Kassar blickte wieder auf die Uhr und fluchte. »Ich habe eine Verabredung – mit dem spanischen Konsul. Irgendein verdammter Matrose an Bord der ›Aurelia‹ behauptet, spanischer Staatsbürger zu sein. Wir heben die Vereinten Nationen bald zusammen. Jetzt fehlt uns nur noch ein Eskimo als blinder Passagier.« Er ging zur Tür, blieb stehen und lächelte schief. »Das nächstemal muß ich Sie nach Ihren medizinischen Kenntnissen fragen, Mr. Laird – das interessiert mich sogar noch mehr als Ihre Tätigkeit im Versicherungsgewerbe. Immer vorausgesetzt, Sie bleiben am Leben, versteht sich.« Er verließ das Zimmer, und sie hörten ihn die Treppe hinunterlaufen. Einen Augenblick später sprang draußen ein Automotor an, und das Fahrzeug fegte davon.

»Ein schwieriger Mann.« Major Sharif sagte das mit Nachdruck, als er sich aufrichtete. Er betrachtete Laird und schnitt eine traurige Grimasse. »Zur Zeit meines Großvaters –«

»Das haben Sie mir erzählt«, erinnerte ihn Laird. Er wies mit dem Kopf auf die zugedeckte Leiche am Boden. »Müssen wir hierbleiben?«

»Nein.« Sharif wirkte selbst ein wenig erleichtert, als er zur Tür ging. Sie stiegen hinunter ins Erdgeschoß, wo die grauhaarige Araberin immer noch bewacht wurde. Sharif blieb stehen und zeigte zur

Rückseite des Hauses. »Der andere Mann, der getötet wurde, liegt hinten. Wenn Sie ihn –«

»Ich brauche keinen Rundgang«, sagte Laird tonlos.

Sie traten hinaus ins Freie, in den grellen Glast der Sonne. Sharif zog Zigaretten heraus, bot Laird eine an, und sie rauchten gemeinsam.

»Ich kann Ihnen Schutz anbieten«, sagte Sharif nüchtern. Er ließ den Rauch langsam aus der Nase dringen. Sein Gesicht wirkte aufrichtig besorgt. »Aber leicht ist das nicht.«

»Danke.« Laird schüttelte den Kopf. »Vielleicht ist es jetzt vorbei, oder sie wollten mir einen Schrecken einjagen.« Er grinste. »Das ist ihnen gelungen. Ich gehe kein Risiko ein, glauben Sie mir.«

»Wenn Sie es sich anders überlegen –«, begann Sharif zweifelnd.

»Gebe ich Ihnen Bescheid«, versprach Laird. »Versuchen Sie es nur nicht wieder mit einem Manöver wie heute morgen.«

»Heute morgen?« Sharif sah ihn erstaunt an.

»Der Mann, von dem Sie mich beobachten ließen.« Laird verstummte, als er sah, wie verständnislos ihn Sharif anblickte. »Soll das heißen, daß das keiner Ihrer Leute war?«

Sharif nickte.

»Heute morgen habe ich Ihnen noch halbwegs vertraut, *M'sieu* Laird.«

Er ging zu einem der Polizeiautos und wies den Fahrer an, Laird zum Hotel zurückzufahren.

Kapitel 4

Den muffigen Geruch des Hauses, in dem zwei Tote lagen, schien Andrew Laird nicht losgeworden zu sein, als das Polizeiauto ihn vor dem Siya absetzte. Er lief durch die Halle, nahm das rasche, freundliche Lächeln des Empfangschefs kaum wahr, und ging hinauf zu seinem Zimmer.

Er hatte noch Telegrammformulare, suchte sie heraus, goß Whisky in ein Glas und leerte es zur Hälfte, bevor er ein kurzes Telegramm an die Clanmore Alliance in London verfaßte, um Osgood Morris mitzuteilen, daß die Zahlung sich erübrige. Geheimhaltung war nun nicht mehr nötig.

Mit seinem Glas ging er auf den kleinen, in der Sonne schmorenden Balkon hinaus und blickte auf den ummauerten Garten hinunter. Die fleischigen Kakteen und das schattige Grün der Palmen schienen ihn zu verhöhnen.

Er war als Werkzeug benützt worden. Er war in dem Glauben nach Marokko gekommen, zwar nicht allzuviele Möglichkeiten nutzen zu können, aber doch in der Lage zu sein, das Durcheinander um die in Arrest genommene ›Aurelia‹ und ihren verhafteten Kapitän etwas lichten zu können. Statt dessen war er die ahnungslose Marionette der Alda-Tryst-Verbrecher gewesen, der Köder, auf den sie gewartet hatten, um Alain Botha ins Freie zu locken, damit man ihn fassen und umbringen konnte.

Es blieben nur die wenigen Andeutungen, die Botha ihm gemacht hatte – das, und die Aussicht, daß eine Kugel auf ihn wartete. Laird schnitt bei dem Gedanken eine Grimasse. Es war ihm plötzlich klargeworden, daß er hier auf dem Balkon die ideale Schießscheibe darstellte.

Falls er noch von Bedeutung war. Inzwischen würden die Leute, die draußen irgendwo warteten, schon wissen, daß er mit Kassar und Sharif gesprochen hatte.

Er kehrte achselzuckend ins Zimmer zurück, leerte sein Glas, verließ den Raum und ging wieder in die Halle hinunter. Er übergab das Kabel dem Empfangschef und wandte sich ab, als dessen Telefon läutete. Einen Augenblick später rief der Mann ihn zurück und gab ihm den Hörer.

»Andrew?« Es war Natalies Stimme. Sie klang sehr besorgt und betroffen. »Ich habe schon gehört, was geschehen ist. Es tut mir leid.«

»Mir auch.« Laird warf einen Blick auf den danebenstehenden Empfangschef, der den Wink verstand und sich entfernte. »Was geschieht jetzt?«

»Achmed Sharif hat alle verfügbaren Leute eingesetzt, um den Versuch zu unternehmen, Bothas Wegen nachzuspüren. Aber dabei kommt nichts heraus.« Sie zögerte. »Sie interessieren mich mehr. Brauchen Sie Hilfe?«

»Geben Sie mir nur Bescheid, wann Kassar Sie auffordert, einen Ausweisungsbefehl zu schreiben«, erklärte Laird trocken. »Wie ist es mit heute abend? So, wie die Dinge stehen, wenn Sie lieber einen Rückzieher machen –«

»Nein.« Es klang empört, dann folgte ein leises Lachen. »Aber vielen Dank für die Überlegung. Ich muß jetzt gehen.« Sie verabschiedete sich und legte auf. Laird ließ den Hörer auf die Gabel sinken und verließ das Hotel mit einem etwas besseren Gefühl.

Eine gewisse Halsstarrigkeit veranlaßte ihn, durch die Stadt zum Hafen zu Fuß zu gehen. Soviel er erkennen konnte, wurde er nicht beschattet, aber bei dem Gedränge und Lärm auf dem Markt und dem starken Verkehr gab es keine Gewißheit.

Es war lange her, seitdem er etwas gegessen hatte. Laird kaufte bei einem zerlumpten Händler, dessen Fingernägel jedem westlichen Gesundheitsbeamten sofort zu einem Herzanfall verholfen hätten, ein paar kleine, feste Mandarinen und aß sie im Gehen. Er gelangte zum Hafen, blieb stehen, um einen langen Zug von mit Phosphaten beladenen Waggons auf den Verladekai rumpeln zu sehen, dann hörte er, wie sein Name gerufen wurde.

Laird drehte sich um und zwang sich ein Lächeln ab, als er auf der anderen Straßenseite Bernice Edwards winken sah. Ihr Bruder war bei ihr, und im nächsten Augenblick kam sie herübergestürzt, ohne den Verkehr zu beachten, Jody Oland im Schlepptau.

Ein Omnibus kam mit quietschenden Reifen zum Stehen. Ein Taxifahrer, der die große, blonde Frau um Zentimeter verfehlte, brüllte im Vorbeifahren Schimpfworte zum Fenster hinaus.

»Aufgeregte Leute«, sagte sie fröhlich, als sie bei Laird ankam. Dem resignierten Ausdruck auf Olands magerem, bleichem Gesicht zufolge hieß es stets gefährlich zu leben, wenn man öfter mit seiner Schwester zusammen war. Sie fügte jedoch völlig ungerührt hinzu: »Ich hatte gehofft, daß wir Sie noch sehen – wir haben sonst keine Gelegenheit mehr.«

»Sie fahren?« Laird ließ seine Überraschung erkennen.

»Noch diese Stunde«, bestätigte Oland. Er trug einen blauen Blazer mit schwarzen Knöpfen zur grauen Hose, ein Hemd mit offenem Kragen, und wirkte ausgeruhter und gesünder als beim letztenmal. »Ben Hamilton möchte die Flut nutzen. Es steht schönes Wetter bevor, also nützen wir das.«

»Darauf haben wir nur gewartet.« Bernice wies mit einer Abschiedsgeste auf die Stadt. Die Brillanten an ihren Fingern glitzerten in der Sonne. »Adieu, Safi – Ben schätzt, daß wir morgen um diese Zeit vor den Kanarischen Inseln kreuzen.«

Laird nickte. Bei gutem Segelwetter war die Fahrt hinüber zu den Kanarischen Inseln für eine Ketsch wie die ›Banshee Raider‹ kein großes Problem. Hamilton hatte die Wahl, entweder direkt nach Südwesten zu fahren oder an der Küste entlang nach Kap Juby zu segeln, um von dort aus auf dem offenen Atlantik die kürzere Strecke von etwa siebzig Seemeilen nach Westen zurückzulegen.

»Wo fahren Sie von dort aus hin?« fragte er.

»Vielleicht nach Teneriffa – ich fahre dahin, wohin man mich bringt«, erwiderte Oland achselzuckend. »Ich weiß nur, daß das Spanier sind.«

Bernice lachte so laut, daß die Knopflöcher der grünen Bluse zu zerreißen drohten, die sie in eine enge, weiße Hose gestopft hatte.

»Wir haben in der Stadt ein bißchen eingekauft«, erklärte sie. »Sandra ist an Bord geblieben, um Ben und seiner Besatzung bei den Vorbereitungen für die Fahrt zu helfen.« Sie sah Laird schief an. »Wie wär's, Andrew? Warum schwänzen Sie nicht und fahren mit? Vielleicht hätten Sie das nicht zu bedauern.«

»Mag sein«, murmelte Laird. Ein winziger Zweifel, der mit dem Angebot nichts zu tun hatte, tauchte in ihm auf und verblüffte ihn. Er schob ihn als unsinnig beiseite. »Aber das geht auf keinen Fall. Ich muß meine Arbeit hier abschließen.«

»Sie haben noch zu tun?« sagte Oland und blinzelte. »So, wie Sie gestern abend gesprochen haben, dachte Bernice, Sie wären praktisch fertig –«

»Bin ich noch nicht.« Der Zweifel tauchte wieder auf und verschwand, als Laird auf das blasse, gänzlich unschuldige Gesicht des Mannes blickte. »Danke für das Angebot.«

»Schade«, meinte Bernice versonnen, dann hellte sich ihr Gesicht auf. »Na, rings um Teneriffa sollte allerhand los sein. Die Hauptsportart dort besteht darin, Touristinnen in den Hintern zu zwikken, nicht?«

»Man hält mehr davon als vom Händeschütteln«, bestätigte Laird ernsthaft.

Oland räusperte sich bedeutsam und blickte auf seine Armbanduhr.

»Besuchen Sie uns einmal in London«, sagte er.

Bernice verabschiedete sich mit einer kurzen, kräftigen Umarmung, dann entfernten sie sich und brachten den Verkehr erneut völlig durcheinander, als sie auf die andere Straßenseite zurückkehrten.

Laird sah ihnen nach, dann drehte er sich auf dem Absatz um und ging weiter. Nach einigen Schritten zog er die Brauen zusammen und hieß sich im stillen einen Dummkopf. Der Zweifel war wieder aufgetaucht – aber warum sollte die ›Banshee Raider‹ nicht jetzt schon auslaufen?

»Du leidest langsam an Wahnvorstellungen, Laird«, sagte er laut.

Ein Zuhälter, der ihn herankommen sah, hörte in murmeln, warf einen Blick auf sein Gesicht und entschied sich dagegen, die Attraktionen anzubieten, die er in einem Gebäude hinter dem nahen Lagerhaus wußte. Er duckte sich tiefer in seinen weiten Mantel, sah Laird vorbeigehen und kam zu dem Schluß, daß seine Entscheidung richtig gewesen war.

Männer, die so aussehen, brachten Ärger von der Sorte, die schlecht war fürs Geschäft. Er konnte es sich leisten, zu warten – ein griechischer Frachter war mittags eingelaufen, und die Besatzung würde bald an Land kommen.

Laird erreichte das Büro der Verbander-Linie zur selben Zeit, als Klaus Bruder von der Mittagspause zurückkam. Der blonde Deutsche war erstaunt, ihn zu sehen, führte ihn aber in sein Bürozimmer.

»Ärger?« sagte er, als er die Tür schloß.

»Diversen«, bestätigte Laird. »Er betrifft aber nicht Sie. Ich brauche Sie nicht mehr als Briefkasten zu benützen.«

Bruder wirkte beinahe enttäuscht.

»Kann ich sonst etwas für Sie tun?«

»Nein.« Laird zögerte und überlegte es sich anders. »Oder doch – vielleicht. Können Sie mir den neuesten Wetterbericht für das Gebiet von hier bis zu den Kanarischen Inseln verschaffen – und die Wetterbedingungen in der vergangenen Woche?«

»Ich denke schon.« Bruder nickte ein wenig erstaunt. »Das dauert aber ein bißchen.«

»Ich komme wieder.«

Er ging von dort aus zu dem Kai, wo er am Vortag ein Boot gemietet hatte. Der einäugige Araber faulenzte in der Hitze und stichelte nur manchmal an einem Fischernetz herum. Er ließ das Netz liegen, als Laird Geld herauszog. Zwei Minuten später steuerte er seine alte Barkasse mit Laird an Bord zum Hafen hinaus, der ›Aurelia‹ entgegen.

Außerhalb der Mole herrschte mäßiger Seegang, und das alte Boot wurde ein paarmal von Gischt übersprüht, bevor sie die windabgewandte Seite des Frachters erreichten und erschöpft zum Fallreep schwankten.

Man hatte ihr Kommen bemerkt. Bis Laird die letzten Sprossen hinaufgestiegen war und das Schiffsdeck erreicht hatte, war dort eine kleine Gruppe von Matrosen versammelt. Die Männer wirkten unruhig und argwöhnisch. Sie traten auseinander, als Campbell, der Bootsmann, sich hindurchzwängte.

»Regt euch ab, der ist auf unserer Seite«, knurrte Campbell, als er Laird erkannte. »Verschwindet.« Er kam heran, als sie auseinanderstoben, eine mächtige, unrasierte Gestalt mit einem blauen Auge, aufgeplatzter Lippe und ein wenig hinkend. Trotzdem grinste er. »Entschuldigen Sie die Begrüßung. Wir hatten mit den Leuten an Land gewissermaßen eine Meinungsverschiedenheit.«

»Soviel ich gehört habe, gab es einen kleinen Krieg«, meinte Laird. »Wieviel hat er an Schadensersatz gekostet?«

»Allerhand.« Campbell zog die Schultern hoch. »Das war es aber wert. Ein paar von uns hätten vor Langeweile fast den Verstand verloren.« Er sah Laird hoffnungsvoll an. »Haben Sie eine Nachricht für uns?«

Laird schüttelte den Kopf.

»Nur, daß ich bei Kapitän Kilpatrick gewesen bin – es geht ihm gut, aber zumute ist ihm ähnlich wie Ihnen.« Er schaute sich um. »Wo ist der Erste Offizier?«

Campbells zerschlagenes Gesicht zuckte.

»In seiner Koje. Er sagt, er hätte Bauchbeschwerden – wahrscheinlich geht ihm der Arsch auf Grundeis.«

Laird grinste. Als Diagnose war das vermutlich durchaus zutreffend.

»Wenn er sich erholt, sagen Sie ihm, daß ich hier war«, erklärte er. »Ich – nun, ich komme vielleicht nicht wieder. Aber das bedeutet nicht, daß Sie vergessen werden.«

»Nicht vergessen.« Campbell ging zur Reling und spuckte mit der unbeschädigten Seite seines Mundes aus. »Ja, das hab' ich schon auf ein paar Grabsteinen gelesen.«

Laird blickte auf das Deck hinaus. Zwei Matrosen dösten im Schatten eines Rettungsbootes, aber die anderen waren verschwunden.

»Was ist mit Ihren anderen Offizieren?« fragte er.

»Sie spielen in der Kajüte des Ersten Maschinisten rund um die Uhr Poker«, erwiderte Campbell. »Soll ich einen holen?«

»Beim Kartenspiel darf man nicht stören«, erklärte Laird geistesabwesend. Seine Aufmerksamkeit richtete sich auf zwei Masten, die hinter der Hafenmole in Bewegung waren. Augenblicke später tauchte die ›Banshee Raider‹ auf, unterwegs zum offenen Meer. Die Ketsch fuhr mit Motorkraft, aber an Deck waren Gestalten zu sehen. Großsegel und Klüver wurden am Vormast gesetzt, kurz danach schwollen Besan und Toppsegel am Kreuzmast.

Die Ketsch legte sich auf die Backbordseite, ihr scharfer Clipperbug durchschnitt das Wasser, und das Boot gewann rasch an Fahrt. Es lief nach Südwesten – Ben Hamilton hatte sich offenbar zum direkten Weg entschlossen.

»Da sagt noch jemand Adieu«, meinte Campbell düster und zeigte hinüber. Eine Gestalt im Cockpit der ›Banshee‹ winkte herüber. »Wissen Sie, was das Schlimmste daran ist, hier festzusitzen? Nichts zu tun zu haben – noch ein paar Tage, und es gibt Ärger mit der Besatzung. Dann können Sie erst was erleben.«

»Im Gefängnis wäre es für die Leute noch schlimmer.« Laird beobachtete die Ketsch, deren Segel sich immer stärker blähten. Der Zweifel, der an ihm nagte, tauchte wieder auf, und er seufzte.

»Ich habe es mir anders überlegt. Können Sie Ihren Funker vom Pokern loseisen?«

Der Bootsmann entfernte sich. Ein paar Minuten später kam er mit dem Funkoffizier der ›Aurelia‹ zurück, einem jungen, frischen Holländer namens van Elden. Van Elden hatte beim Spiel verloren und war froh um eine Pause. Ja, bestätigte er, der Sender auf dem Schiff sei zwar demontiert worden, aber der Empfang von Funkverkehr sei immer noch möglich.

»Dann wäre ich für eine Gefälligkeit dankbar«, sagte Laird. »Ich möchte, daß Sie in den nächsten vierundzwanzig Stunden die gängigen Schiffsfrequenzen abhören.« Er wies mit dem Kopf auf die Ketsch, die zu einem kleinen weißen Fleck geschrumpft war. »Ich möchte über jeden Funkspruch von oder zur ›Banshee Raider‹ Bescheid wissen – vermutlich handelt es sich um Funkverkehr Bord–Land.«

Der junge Holländer blinzelte.

»Darf ich fragen, warum?«

»Nein«, sagte Laird mit ausdruckslosem Gesicht.

»Okay.« Van Elden zog die Schultern hoch. »Und wenn ich etwas höre?«

»Verständigen Sie mich auf irgendeine Weise an Land. Notfalls über Sharif, den Polizeimajor.«

Van Elden nickte.

»Worauf wollen Sie hinaus, Mr. Laird?«

»Das weiß ich selbst nicht«, gab Laird ehrlich zu. »Aber machen Sie das – und worüber sie sprechen, ist mir ganz egal.«

Er kehrte bald danach an Land zurück und suchte wieder die Verbander-Linie auf. Klaus Bruder war unterwegs, auf einem Frachter im Hafen, hatte seiner Sekretärin aber einen Briefumschlag für Laird gegeben.

Er öffnete ihn und zog die beiden Bogen heraus, die er enthielt. Er überflog den Text in der sauberen, kleinen Handschrift des Reedereiagenten und preßte die Lippen immer fester zusammen.

Ihm war erzählt worden, die ›Banshee Raider‹ sei in Safi eingelaufen, um dem Schlechtwetter zu entgehen, und sie segle, weil die Bedingungen sich sehr verbessert hätten.

Die zusammengefaßten Wetterberichte für die beiden vergangenen Wochen zeigten, daß das Seegebiet zwischen Madeira, den Kanarischen Inseln und der nordafrikanischen Küste in dieser Zeit ruhiges Wetter erlebt hatte. Die Vorhersage für die nächsten achtundvierzig Stunden deutete jedoch auf starken Schwell und vereinzelte Gewitterstürme.

Entweder logen Bernice Edwards und ihr Bruder, oder Hamilton hatte sie getäuscht.

In seiner jetzigen Stimmung hätte Laird sich für keine der beiden Möglichkeiten zu entscheiden gewußt.

Es konnte einen Grund geben, der mit ihm oder dem Fall ›Aurelia‹

nichts zu tun hatte – sogar viele Gründe. Und ob das Abhören von Funksprüchen mehr sein konnte als Zeitverschwendung, stand im Zweifel.

Aber im Augenblick gab es kaum andere Möglichkeiten.

Er faltete die Blätter zusammen und steckte sie ein. Bruders Sekretärin beobachtete ihn. Sie war ein schlankes, keckes Mädchen mit guter Figur, sehr hübsch, was sie auch wußte.

»Sagen Sie Mr. Bruder, daß es das war, was ich wollte«, sagte Laird. Er machte eine Pause. »Helfen Sie mir bei einem anderen Problem. Sagen Sie mir ein gutes Lokal, in das ich heute abend jemanden ausführen kann.«

»Ist das eine ganz besondere Person, *M'sieu* Laird?« Das Mädchen lächelte vielsagend, als er nickte. Sie schrieb etwas auf einen Zettel und gab ihn ihm. »Da müssen Sie hin, ins ›El Romano‹. An der Küste, außerhalb der Stadt.« Sie sah ihn prüfend an. »Ja, ich glaube, das ›El Romano‹ ist genau das, was Sie suchen.«

Er bedankte sich, verließ das kleine Büro und fuhr mit dem Taxi vom Hafen zu seinem Hotel zurück. Bis er sein Zimmer erreichte, fühlte er sich müde und war verschwitzt.

Er zog Jacke und Krawatte aus, legte sich aufs Bett, rauchte eine Zigarette und blickte eine Weile stirnrunzelnd an die Decke, während er nachzudenken und zusammenzufassen versuchte, was er wußte. Es war nicht viel. Ohne zu wissen, warum, gingen seine Gedanken zu dem Gespräch mit Alain Botha. Es kam ihm vor, als sei da etwas gewesen, das er vergessen hatte, eine Kleinigkeit vielleicht, aber sehr wichtig.

Sie wollte sich nicht einstellen. Schließlich griff er nach dem Telefon, rief bei der Polizei an und verlangte Major Sharif.

Der Major war da. Seine Stimme klang kühl und argwöhnisch, als er sich meldete.

»Sie ersparen mir einen Anruf«, sagte Sharif ohne lange Vorrede. »Haben Sie schon entschieden, wann Sie abreisen?«

»Noch nicht.« Laird schnitt eine Grimasse. »Setzen Sie mir eine Frist?«

»Nein.« Sharif unterbrach sich, um mit einer anderen Person an seinem Ende der Leitung ein kurzes, gemurmeltes Gespräch zu führen. »Aber zuerst brauche ich von Ihnen eine protokollierte Aussage.« Er taute ein wenig auf. »Bis jetzt scheint alles zu stimmen, was

Botha Ihnen erzählt hat – zum Beispiel sind in der Maschine nach Rom zwei reservierte Plätze nicht eingenommen worden.«

»Und was geschieht nun?«

»Meine Männer verdienen sich ihr Geld«, erwiderte Sharif. »Warum geben Sie sich damit nicht zufrieden – und mit der Tatsache, daß Sie noch am Leben sind, *M'sieu* Laird?«

»Ich soll mich um meine eigenen Angelegenheiten kümmern?«

»Ja«, sagte Sharif. »Die Leute, die Botha getötet haben, sind meine Sorge. Sie haben fast mit Gewißheit Safi schon verlassen. An Ihrer Stelle würde ich mich lieber erholen.« Er lachte trocken. »Eine Dame äußerte die größte Sorge um Ihre Sicherheit. Sehen Sie sie heute abend?«

»Ja, aber ich würde sagen, das ist meine Sache«, antwortete Laird.

»Gewiß. Ich möchte nur wissen, wo Sie sein werden – zur Vorsicht.«

Laird seufzte.

»In einem Lokal namens ›El Romano‹, wo ich keine zusätzliche Gesellschaft brauche.«

»Das weiß ich.« Sharif schien beeindruckt zu sein. »Können Sie das auf Spesen verrechnen?«

»Ich kann es versuchen.« Laird atmete tief ein. »Major, möglicherweise habe ich etwas für Sie. Eine vage Sache –«

»Nicht jetzt«, unterbrach ihn Sharif entschieden. »Wir haben unsere eigenen Spuren, *M'sieu* Laird. Geben Sie sich zufrieden.« Er legte auf.

Laird folgte seinem Beispiel. Er ließ sich auf das Bett zurücksinken und fluchte, konnte Sharif seine Einstellung im Grunde aber nicht einmal verdenken. Selbst wenn der Major bereit gewesen wäre, ihn anzuhören, was hätte er anzubieten gehabt? Eine leichtgewichtige Reihe von Umständen und schwer begründbare Verdächtigungen, das ergab nicht viel.

»Zum Teufel damit«, sagte er zur Decke hinauf.

Die ›Banshee Raider‹ mußte vielleicht warten, bis er Safi verließ, bis er dort war, wo die Verbindungsleute der Clanmore Alliance eingesetzt werden konnten. Er nahm sich vor, es bei Sharif vorher noch einmal zu versuchen, und gab für den Augenblick auf.

*

Es wurde dunkel, als Laird das Hotel verließ. Er hatte sich geduscht und umgezogen, der kleine, silberne Anhänger in Fischform lag in einer Tasche, und mit Rücksicht auf Sharifs Warnung hatte er am Empfang noch ein paar Reiseschecks eingelöst.

Er fuhr mit dem Taxi zum Sordello. Es lag im neuesten Teil von Safi, die Art von achtstöckigem Glas- und Beton-Luxusbau, wo ein Portier mit weißen Handschuhen heransprang, um die Autotür aufzureißen, als das Taxi hielt.

Laird betrat das Hotel, ging durch die große Halle mit dem Mosaikboden und wartete am Empfang, während das Mädchen hinter dem Schalter ein älteres amerikanisches Ehepaar abfertigte. Dann bat er sie, bei Natalie Cordelle anzurufen. Sie benützte den Apparat neben sich, murmelte seinen Namen in die Muschel, hob lächelnd den Kopf und gab Laird den Hörer.

»Andrew?« Natalies Stimme tönte klagend aus der Muschel. »Ich bin noch nicht lange zurück. Eigentlich erst auf dem Weg in die Dusche. Doktor Kassar hat mich solange festgehalten, hol ihn der Teufel.«

»Es wundert mich, daß er Sie nicht weggesperrt hat«, meinte Laird trocken. »Ich warte hier unten.«

»Nein, kommen Sie herauf – Zimmer 630«, sagte sie. »Ich lasse die Tür unversperrt.«

»Darf ich Ihnen den Rücken abseifen?« fragte er harmlos.

»Das schaffe ich selbst«, erwiderte sie mit einem leisen Lachen und legte auf.

Er tat dasselbe, dankte der Empfangsdame, die ihn anzuzwinkern schien, dann fuhr er mit einem der Aufzüge nach oben.

Zimmer 630 lag auf halbem Weg an einem der mit dicken Teppichen ausgelegten Korridore. Er klopfte, drückte die Klinke nieder, die nachgab, und öffnete. Er schaute ins Zimmer, hörte Wasser rauschen und rief ihren Namen.

»Komme gleich«, erwiderte ihre gedämpfte Stimme. »Nehmen Sie sich etwas zu trinken. Irgendwo liegen auch Zigaretten.«

Laird schloß die Tür hinter sich. Die Badezimmertür stand offen, und er blieb kurz stehen und sah ihren schlanken, nackten Umriß hinter dem Mattglas der Duschkabine.

»Und Sie?« fragte er.

»Wermut pur«, rief sie. »Machen Sie schon.«

Er tat es grinsend. Das Zimmer war doppelt so groß wie das seine. Auf einem kleinen Tisch am Balkonfenster standen Flaschen und Gläser. Er goß sich einen Whisky ein, schüttete Wasser aus einem Krug dazu, trank, dann füllte er Natalies Glas mit Wermut, bevor er sich umschaute.

Ein dunkelgrüner Seidenkaftan, mit Silber bestickt, lag neben hingeworfenen Kleidungsstücken auf dem Doppelbett ausgebreitet, daneben eine schwarze Abend-Handtasche, zugeklappt, aber ausgebeult. Laird trat ans Bett, tastete die Tasche ab und nahm die unverwechselbaren Umrisse einer kleinen Pistole wahr.

Er hob eine Schulter, ging zum Fenster und schaute hinaus. Unter den sechs Stockwerken lagen die Lichter von Safi ausgebreitet wie ein funkelnder Teppich. Grelles Scheinwerferlicht bezeichnete den Hafen, wo ein Schiff beladen wurde. Andere Lichtpunkte weiter draußen waren Fischerboote, die zum Fang hinausfuhren.

Während die ›Aurelia‹ weiter draußen lag. Er stand immer noch am Fenster und versuchte das Frachtschiff auszumachen, als das Rauschen im Badezimmer verstummte. Er hörte Natalie ein Lied summen und drehte sich ungefähr eine Minute später um, als sie hereinkam.

Noch feucht vom Duschen, in einem weißen Frotteemantel, der die sanfte Wölbung ihrer Brust nicht verhüllte, hatte sie ihre langen, schwarzen Haare zurückgebürstet und mit einem Band zusammengebunden. Ihre kleinen, hübschen Füße waren nackt, ihre Augen funkelten.

»Na, Sie haben doch gewartet.« Sie zog die Nase ein bißchen hoch und griff nach ihrem Glas. »Wir hatten beide einen schweren Tag. Auf einen schöneren Abend.«

Laird nickte und hob sein Glas. Er konnte den Blick nicht von ihr abwenden.

»Ich hoffe nur, daß das eine gute Idee war«, sagte er langsam. »Man könnte auch behaupten, ich wäre eine gefährliche Begleitung.«

Sie schüttelte den Kopf.

»Nicht, wie die Dinge jetzt stehen. Hat Achmed Sharif Ihnen das nicht gesagt?«

»Er hat mir nur gesagt, ich sollte meine Nase aus den Dingen heraushalten«, sagte Laird.

Sie lachte kurz und wurde ernst.

»Man hat jetzt etwas Konkretes. Ein Auto, das gestern nacht in der Stadt gestohlen worden war, ist heute am späten Nachmittag in der Nähe des Flughafens Marrakesch verlassen aufgefunden worden. Es entspricht dem Fahrzeug, das in der Nähe der Stelle gesehen wurde, wo Alain Botha umkam.«

»Das hilft weiter.« Es warf auch seine bisherigen Überlegungen und Zweifel über den Haufen. Er zögerte, dann nickte er widerstrebend. »Also –«

»Also wird es jedem, der von dort abfliegen will, schwerfallen, sich abzusetzen«, sagte sie entschieden. »Doktor Kassar und Achmed Sharif sind beide der Meinung, daß der Fall hier damit beendet ist.« Sie küßte ihn plötzlich leicht auf die Lippen. Einen Augenblick lang preßte sich ihr warmer Körper an den seinen, dann trat sie zurück. »Aber vielen Dank, Andrew. Ich bin fertig, bis Sie ausgetrunken haben.«

Sie griff nach dem Kaftan, hob ein Paar kleine Sandaletten auf und ging zum Badezimmer. Laird setzte sich auf die Bettkante und ließ den Whisky in seinem Glas kreisen.

»Was gibt es sonst Neues?« fragte er.

»Einen weiteren Protest von den Eignern der ›Aurelia‹ – sie drohen mit dem Internationalen Gerichtshof«, erwiderte sie aus dem Bad. »Und der Dachverband der Seeleute-Gewerkschaften droht mit ähnlichen Schritten.« Sie schwieg kurze Zeit und schien sich anzustrengen. »Diese Reißverschlüsse hat der Teufel erfunden. Einer Frau fiele etwas Besseres ein – Andrew?«

»Ja.«

»Bitte.« Sie streckte den Kopf zur Tür heraus. »Vergessen wir Ihr verdammtes Schiff und alles andere. Nur für heute abend, ja?«

»Gut.« Laird wies mit dem Daumen auf die Handtasche, die noch auf dem Bett stand. »Aber ich bin neugierig. Nehmen Sie immer eine Schußwaffe mit, wenn Sie eingeladen werden?«

»Sie fühlen sich wie zu Hause, nicht?« Sie seufzte reumütig. »Ich habe einen Waffenschein. Er gehört mit zu meiner Stellung – und Sie scheinen Ärger auf sich zu ziehen. Stört Sie das?«

»Nicht, solange sie bleibt, wo sie ist«, sagte er knapp, lachte über ihr finsteres Gesicht, das sie ihm zeigte, bevor sie den Kopf zurückzog.

In einer hölzernen Dose auf dem Tisch lagen Zigaretten. Er nahm sich eine heraus, zündete sie mit einem Streichholz an und sog nachdenklich den Rauch ein.

Sharif mochte sich von einem gestohlenen Auto viel versprechen, aber hatte er damit wirklich recht? Laird erinnerte sich genau an das Motorrad, dessen Motor nach dem Attentatsversuch auf dem Platz mit dem Brunnen aufgeheult hatte. Ein Motorrad ließ sich auf einer Jacht wie der ›Banshee Raider‹ leicht verstauen – er brach den Gedankengang ab und beschimpfte sich innerlich dafür, daß seine Überlegungen ihn immer wieder in diese Richtung zogen.

Er hatte die Zigarette zu Ende geraucht, als Natalie wieder erschien. Die grüne Seide und silberne Stickerei des Kaftans wellten sich, als sie auf ihn zukam. Ihr Haar fiel lose herab, zurückgebürstet, bis es in der Beleuchtung des Zimmers schimmerte, und sie zeigte ihm ein Lächeln, das verriet, wie sehr sie wußte, daß sie gut aussah, und daß ihr das eine echte, beinahe kindliche Freude bereitete.

»Da fehlt etwas«, sagte er ruhig.

Sie blinzelte und sah ihn verwirrt an.

»Bleiben Sie stehen.« Laird ging um sie herum, nahm den Fischanhänger aus der Tasche und befestigte die dünne Kette um ihren Hals. Er legte die Hände auf ihre Schultern und drehte sie zu sich herum.

»Na?«

Natalie blickte auf den Anhänger hinunter, lächelte überrascht und schob ihn zwischen ihren Brüsten zurecht. Dann sah sie zu ihm auf, legte den Finger an ihre Lippen und führte ihn an seinen Mund.

»Gehen wir«, sagte sie heiser. »Wenn die Menschen lieb zu mir sind, ist mir manchmal zum Weinen zumute – und das ist ganz schlecht für meine Lidschatten.«

Laird zog sie näher heran und spürte, wie ihre Schultern sich versteiften. Sie schüttelte den Kopf.

»Ich weiß, Sie haben Hunger«, sagte Laird resigniert und ließ sie los.

Sie lachte und griff nach seinem Arm.

Natalies kleiner, blauer Fiat stand auf dem Parkplatz vor dem Hotel. Sie gab Laird die Schlüssel und stieg auf der anderen Seite ein.

Er mußte den Fahrersitz zurückschieben und den Rückspiegel

verstellen. Nachdem er sich das Armaturenbrett kurz angesehen hatte, ließ er den Motor an, legte den Gang ein und fuhr los.

Sie verließen Safi auf der Küstenstraße. Das Mädchen, das so verlockend nah neben ihm saß, wies ihm den Weg. Sie summte dazwischen leise vor sich hin. Das Lied schien ihm seltsam vertraut, ohne daß er es erkannt hätte. Schließlich fragte er danach.

»Es ist sehr alt, Andrew.« Ihre Augen glitzerten ein wenig spöttisch, als er sie ansah. »Es geht zurück auf die Mauren und handelt von einer Frau, die einem Mann begegnet und –« Sie schüttelte kurz den Kopf. »Ein solches Lied kommt weit herum. Es mag sich verändern, aber es geht nie unter.«

Laird nickte und mußte sich wieder ganz auf die Straße konzentrieren, als die Scheinwerfer eine kleine, unbeleuchtete Kolonne von schwerbeladenen Eselskarren erfaßte. Der Araber, der neben dem ersten Esel herging, winkte beiläufig mit seinem Stock, als das Auto vorbeifuhr. Offenbar schien er von einer Gefahr nichts gespürt zu haben.

Das Lied. Laird hörte, wie Natalie es wieder vor sich hinsummte. Die Töne regten eine Erinnerung an, aber trotzdem wurde ihm nicht klar, was sie zu bedeuten hatte.

Er gab es auf, spürte, wie sie sich neben ihm bequemer zurechtkuschelte, und achtete auf die Straße.

Aber es fiel nicht leicht.

Auf einem Schild stand nur ›El Romano‹, mit einem Pfeil zu einer schmalen Nebenstraße, die zum Ufer hinunterführte. Die Scheinwerfer erfaßten es nach einer halben Stunde Fahrt. Laird bremste, schaltete herunter und bog in die Nebenstraße ein.

Er hatte nicht gewußt, was ihn erwartete. Natalie hatte nichts verraten wollen. Als sie um eine kleine Anhöhe herumfuhren, sah er plötzlich im Mondlicht eine Reihe hoher, majestätisch schlanker Steinsäulen vor sich, manche davon halb zerfallen.

Kurz danach sah er das übrige und dankte im stillen dem Mädchen im Reedereibüro. ›El Romano‹ war ein langes, niedriges, einstöckiges Gebäude im arabischen Baustil nah an der Atlantikküste, geschützt durch einen Palmenwald. Es gab einen Parkplatz, sanfte Beleuchtung und ein langes Panoramafenster, das fast eine ganze Seitenwand des Restaurants einnahm.

Die Fensterwand war nach Süden gerichtet, auf den eigentlichen

Anlaß für ihr Vorhandensein, die riesige, weiße Stufenschale eines alten römischen Amphitheaters, das wie eine Trotz bietende Geistererscheinung in der Dunkelheit lag. Stufen, verwittert und geborsten durch den Einfluß der Jahrhunderte, aber in ihrer herrischen Schlichtheit unbesiegt. Einer der Steinbogen war noch unbeschädigt und rahmte mit seinen Säulen den Mond ein.

»Nun?« sagte Natalie leise, als sie ausstiegen. Sie sah Lairds Gesicht, nickte und lächelte. »Das Essen ist auch gut.«

So war es.

Der volle Parkplatz war ein Zeichen für die Beliebtheit des ›El Romano‹. Im Inneren zog der Geschäftsführer, der ein Seidenhemd trug, die Braue hoch, als sie zugaben, keinen Tisch reserviert zu haben. Er ließ sich jedoch erweichen, winkte einem Kellner, und sie bekamen wie durch Hexerei einen Tisch für zwei Personen, der vom großen Fenster nicht weit entfernt war.

Die Küche war französisch, der Wein algerisch, und auch sonst besaßen die Besitzer des Restaurants Geschmack genug. Es gab an den Wänden keine Plastikrömer, nicht einmal einen Legionärsadler auf der Speisekarte. Die Musik wurde von einem jungen Araber in Khakihemd und Jeans geliefert, der leise Gitarre spielte und keinen Verstärker brauchte.

Als sie bestellt hatten, schaute Laird sich um. Alle Tische schienen besetzt zu sein, und er bemerkte ein paar anerkennende Blicke in Natalies Richtung. Seine Augen verirrten sich zu einem blonden, hellhäutigen Mädchen in einem kornblumenblauen Kleid, dann bekam er einen Tritt ans Schienbein.

»Haben Sie eine Vorliebe für Blondinen?« fragte Natalie mit unbewegtem Gesicht.

»Ich bin da ganz offen«, sagte er lakonisch. »Es heißt, daß man von Dunkelhaarigen mehr hat.«

Er bekam den nächsten Tritt.

Das ›El Romano‹ war auf Meeresfrüchte spezialisiert. Nach den Austern zum Anfang bekamen sie ›Sole Amandine‹, perfekt zubereitet, und danach einen Salat aus frischen Früchten, auf kurze Metallspieße gesteckt.

Sie aßen ohne Hast, entspannt, im Gespräch einander ein wenig erkundend. Laird ertappte sich dabei, daß er Fragen beantwortete, die er nicht erwartet hatte, auf eine Weise, die ihn erstaunte. Er erzählte von seiner Vergangenheit und ließ die Schranke erst heruntergehen, als er zu dem einen Entschluß kam, der so vieles verändert hatte.

Nach der Mahlzeit wurde der Kaffee auf einer offenen Veranda serviert, wo auf den winzigen Tischen Kerzen leuchteten. Ein paar harmlose Insekten surrten, es roch salzig nach dem Meer, und der Blick hinaus in die Nacht ging wieder auf die geisterhafte weiße Schale des alten Amphitheaters.

Es hatte eine Zeit gegeben, in der die römischen Legionen fast ganz Nordafrika beherrscht hatten, dachte Laird. Die verfallenen Kastelle konnte man heute noch in den einsamsten Gegenden der Sahara finden, zerbröckelnde Monumente eines untergegangenen Reiches. Aber es war ihm nie vorher so klar zum Bewußtsein gekommen, was diese Leistung bedeutete.

»Wir können es uns aus der Nähe ansehen«, meinte Natalie, die ihn stumm beobachtet hatte.

Er winkte einem Kellner, bezahlte eine Rechnung, die in seiner nächsten Spesenabrechnung unterzubringen schwer sein würde, und sie verließen die Veranda.

Ein Weg aus Steinplatten führte zum Amphitheater. Hand in Hand gingen sie zwischen den verschatteten Steinterrassen dahin, vorbei an umgestürzten Säulen, die halb überwuchert waren von wildem Wein. Das blasse Mondlicht übergoß die Szenerie wie mit einem fremdartigen Zauber.

Der Bann war gebrochen, als auf einer der höheren Stufen Leute auftauchten und jemand Blitzaufnahmen zu machen begann. Es gab aber außerdem noch einen Steinplattenweg, der zum Strand hinunterführte.

Sie entschieden sich für ihn und betraten festen Sand, der noch warm von der Hitze des Tages war, während die Brandung vom Atlantik hereindonnerte und sich an der Tidenlinie mit weißen Schaumkronen brach.

Er drehte sich in der Dunkelheit zu Natalie herum. Sie blickte zu ihm auf und sagte nichts, aber als ihre Lippen sich berührten, stieg tief aus ihrer Kehle ein schwacher Laut auf.

Sie brauchten nicht zu sprechen. Während der harte Rhythmus der See hinter ihnen pochte, gingen sie weiter am Strand entlang, bis sie völlig allein waren.

Lange nach Mitternacht gingen sie zurück. Auf dem Parkplatz des Restaurants war es stiller geworden, aber noch immer standen Fahrzeuge dort, als sie zu Natalies blauem Fiat gingen. Sie ging wieder barfuß, schwang in der einen Hand ihre Sandaletten und summte wieder vor sich hin.

»Du klingst glücklich«, sagte Laird, der sich ebenso fühlte.

»Ich bin es«, sagte sie entschieden. »Andrew –«

Plötzlich verklang ihre Stimme, und sie packte instinktiv Lairds Arm. Eine schattenhafte Gestalt war hinter einem der anderen Autos hervorgetreten und kam auf sie zu. Laird erstarrte, dann begann er verärgert zu fluchen, als er zuerst die Uniform und dann ihren Träger erkannte. Es war Major Sharif. Er stapfte heran, die Brauen zusammengezogen.

»Ich habe auf Sie gewartet«, sagte Sharif mit einer Mischung von Verlegenheit und Ungeduld. »Es geht mich wohl nichts an, wo Sie gewesen sind?«

»Gar nichts«, sagte Laird. »Warum?«

»Die Dinge laufen schlecht.« Sharif schob die Unterlippe vor und sah Natalie an. »Er hat mir gesagt, daß Sie hierhergehen. Als ich anrief, erfuhr ich, daß Sie schon fort waren – aber als ich auf dem Parkplatz nachsehen ließ, sagte man mir, daß Ihr Fiat noch da sei. Darum fuhr ich hierher.«

»Ärger?« fragte Laird mit einem dumpfen Gefühl der Unruhe.

»Vielleicht.« Sharif zögerte. »Ich – zum Teil war ich um Ihre Sicherheit besorgt.«

Natalie blickte verwirrt von Laird zu Sharif.

»Aber Sie sagten doch –«

»Ich sagte, wir hätten eine Spur: den gestohlenen Wagen«, bestätigte Sharif mit gepreßter Stimme. »Wir haben die Diebe festgenommen, zwei kleine Gauner, die einem reichen Touristen Schmuck entwendet hatten.« Er wandte sich an Laird. »Nachdem ich das heute abend erfahren hatte, kam ein Matrose von der ›Aurelia‹ an Land und bestand darauf, mit mir zu sprechen. Er sagte, Sie hätten das verlangt.«

»Ich habe um das Abhören von Funksprüchen gebeten«, erklärte Laird mit einem Nicken.

»Auf dem Boot Ihres Freundes Hamilton.« Sharif schüttelte grimmig den Kopf. »Man hat einen Funkspruch abgefangen, und zwar einen, der für mich nicht viel Sinn ergibt. Ich bin aber schon von Anfang an an dem Boot interessiert gewesen und habe heute abend noch etwas darüber erfahren.« Er blickte auf das Leuchtzifferblatt seiner Uhr und schnitt eine Grimasse. »Meine Frau schläft zu Hause, und jeder vernünftige Mensch läge neben ihr. Aber ich möchte, daß Sie mit mir nach Safi zurückfahren. Der Matrose von der ›Aurelia‹ wartet in meinem Büro, und ich möchte die Sache durchsprechen.«

Laird nickte.

»Wo ist Ihr Wagen?«

»Dort drüben.« Sharif zeigte mit dem Daumen auf die andere Seite der Parkfläche. »Sie können hinter mir herfahren.«

»Wir kennen den Weg«, sagte Natalie mit Betonung.

Sharif begleitete sie, als sie zum Fiat gingen. Natalie hatte die Schlüssel und sperrte die Fahrertür auf. Sie setzte sich ans Steuer, beugte sich hinüber und entriegelte die Beifahrertür. Ihre Tür stand noch offen, und Sharif lehnte sich daran, als sie den Schlüssel ins Zündschloß steckte.

»Ich sage es dir lieber«, meinte er unsicher. »Doktor Kassar wird im Büro sein.«

»Mit ihm werde ich fertig«, erwiderte Natalie kühl. »Ich bin nicht sein Eigentum, Andrew.«

Laird nickte und ging um das Fahrzeug herum.

Er befand sich hinter dem Wagen, als er hörte, wie Natalie auf den Anlasser trat.

Schlagartig schien die ganze Welt zu explodieren. Ein Hammerhieb von ohrenzerreißendem Lärm und unvorstellbarer Heftigkeit riß ihn wie ein Orkanwind von den Füßen.

Er wußte undeutlich, daß der Fiat in die Luft geflogen war und er am Boden lag. Er konnte Schreie hören, aber sie kamen nicht aus dem verbogenen Metall, das einmal ein Auto gewesen war. Er versuchte Natalies Namen zu rufen, brachte aber keinen Laut hervor.

Alles wurde zur Qual, zu unerträglichem Schmerz, der einer wirbelnden, barmherzigen Schwärze Platz machte.

Kapitel

5

Alpträume haben viele Masken. Die schlimmsten sind jene, bei denen das Opfer nicht ganz schläft und nicht ganz wach ist, sondern sich im nebelhaften Schwebezustand zwischen den beiden befindet, der Wirklichkeit beraubt und nicht gewiß, ob er sie wiedererlangen kann.

So ging es Andrew Laird.

Manchmal herrschte Dunkelheit, manchmal strömte grelles, fast blendend-weißes Licht herein. Er hörte Stimmen und andere Geräusche, die heranfegten wie aus einem langen Tunnel und ebenso schnell zurückwichen. Schmerz vermischt mit Bewegung, dann das Gefühl, als versänke er in etwas Weiches, Tiefes, Bodenloses, wo alles ein Ende hatte.

Er kam langsam zu sich, darauf vorbereitet, daß alles von vorne anfing, aber er lag auf einem Bett. Durch die Lamellen einer Jalousie drang Sonnenlicht herein, und er sah undeutlich und verschwommen ein Zimmer, das klein und kühl und für ihn völlig fremd war.

Laird bewegte sich versuchsweise, zuckte zusammen, als ein sengender Stich durch Kopf und Brust ging, und blieb ruhig liegen. Er hörte ein Rascheln, dann beugte sich ein Mädchen in Schwesterntracht über ihn. Sie lächelte schwach, nickte dann und verschwand wieder.

Er hörte Schritte und Stimmengemurmel, dann trat kurz ein junger Arzt im weißen Kittel an die Stelle der Krankenschwester. Laird wurde sich langsam eines engen Verbandes um seinen Brustkorb bewußt, dann setzte das Gedächtnis wieder ein. Er versuchte verzweifelt, sich zu bewegen, der Arzt gab ein paar beruhigende Laute von sich, dann spürte Laird einen Stich im Arm und glitt zurück in die Leere.

Als er wieder erwachte, war die Sonne fort und das Zimmer von einer Tischlampe schwach erhellt. Er fühlte sich immer noch schwach, aber seine Gedanken waren klarer, sein Blick zeigte nicht mehr Verschwommenes. Neben dem Bett standen Blumen.

Einen Augenblick lang glaubte er, allein zu sein. Dann hörte er einen Brummlaut, schwere Schritte, und das breite, bärtige Gesicht Mohammed Kassars beugte sich über ihn.

»Gut«, sagte Kassar leise. Er beugte sich tiefer herab. »Sie liegen in einem Krankenhaus in Marrakesch. Man hat kleinere Operationen ausführen müssen, und sie sind gut verlaufen. Sie brauchen jetzt nur Ruhe.«

Laird nickte, befeuchtete die Lippen und versuchte zu sprechen.

»Noch nicht.« Kassar schüttelte den Kopf. »Später.«

»Natalie?« Laird sprach ihren Namen heiser aus, mit großer Mühe, und versuchte sich aufzurichten. »Natalie und Sharif – ich will es wissen.«

Das bärtige Gesicht verkrampfte sich. Kassar blickte zu einer anderen Person im Zimmer hinüber und nickte.

»Sharif überlebt vielleicht«, sagte er ernst. »Natalie –« Er schüttelte schwach den Kopf. »Es tut mir leid. Sie war sofort tot.«

Laird starrte zu ihm hinauf, während die Erinnerungen und das Entsetzen, die Ungläubigkeit in ihm zusammenflossen. Er nahm den neuen Stich im Arm kaum wahr.

»Ich habe sie auch gemocht«, sagte Dr. Kassar schlicht.

Und es gab nichts, was Laird tun konnte, als die strudelnde Dunkelheit zurückkehrte.

Es war wieder später Vormittag, als er erwachte. Zwei Ärzte und eine Reihe von Krankenschwestern kamen und gingen. Er wurde gewaschen, erhielt ein leichtes Frühstück, wurde von Kissen im Rücken gestützt. Obwohl das Personal seine Fragen entweder höflich überhörte oder so tat, als verstehe man kein Englisch, konnte er sich ein ungefähres Bild über seine Verletzungen machen.

Die Art, wie sein Brustkorb verbunden war, deutete auf Rippenbrüche. Eine tiefe Wunde an seinem Kopf war genäht worden, ein Verband bedeckte eine weitere Wunde an seinem rechten Oberschenkel, und sein Blick verschwamm manchmal noch, wurde aber rasch wieder klar.

Dazu genommen eine allgemeine Zerschlagenheit, und er konnte von Glück sagen. Er las aber Mitgefühl aus dem Lächeln, das ihm Ärzte und Schwestern zeigten, und jedesmal, wenn es vorkam, fiel ihm ein, woran es lag.

Er ließ sich mit halbgeschlossenen Augen auf die Kissen zurücksinken und dachte daran, wie es mit Natalie gewesen war. Ihr Lachen und ihre Augen, der Klang ihrer Stimme, die Wärme ihres

Körpers an dem seinen – es war unmöglich, zu glauben, daß sie tot war.

Wenn nicht das andere Bild gewesen wäre, das sich seinem Gehirn eingebrannt hatte, das Bild des explodierenden Autos, als er am Heck vorbeigegangen war, zerreißendes Metall und zersplitterndes Glas.

Es war Nachmittag, und man hatte ihn ungefähr eine Stunde alleingelassen, als die Tür zu seinem Zimmer aufging. Er hob den Kopf und rechnete damit, wieder eine Krankenschwester vor sich zu haben, aber es war Mohammed Kassar.

»Man hat mir gesagt, daß es Ihnen besser geht.« Kassar betrachtete ihn kurz, holte einen Stuhl ans Bett, setzte sich und zeigte auf die Blumen. »Die sind von ihrem Freund bei der Verbander-Linie. Irgendwo steht ein Korb Obst von der Besatzung der ›Aurelia‹ – die Schwestern werden es schon gegessen haben.« Er rutschte unruhig hin und her. »Fühlen Sie sich so gut, daß Sie reden können?«

Laird nickte.

»Wie geht es Sharif?«

»Immer noch in kritischem Zustand. Er hat die Operation überlebt, was ich nicht erwartet hatte.« Dr. Kassar zupfte an seinem kurzen, grauen Bart. »Immerhin, nach mehr als zwei Tagen –« Er bemerkte Lairds Überraschung und nickte. »Sie haben eine schwere Gehirnerschütterung davongetragen, mein Lieber. Bis die Röntgenaufnahmen vorlagen, dachte man ernsthaft an einen Schädelbasisbruch. Das übrige –« Er sah Laird prüfend an. »Ich glaube, Sie können Ihre eigene Diagnose stellen. Gebrochene Rippen heilen rasch. Sonst war es bei Ihnen nicht so schlimm.«

»Ich hatte Glück«, sagte Laird dumpf.

»Bei einer Explosion kann die Druckwelle die merkwürdigsten Dinge bewirken. Jemand in der Nähe kann unverletzt sein, eine Person, die weiter entfernt ist, sterben.« Kassar seufzte. »Es gibt keine festen Regeln.« Kassar seufzte. »Natalie hat den Motor angelassen?«

»Ja.«

»Und Major Sharif?«

»Stand an der Fahrertür.«

»Danke.« Kassar nickte langsam. »Wir haben die Reste einer kleinen Gelatinedynamit-Bombe am Zündsystem gefunden. Haben Sie jemanden gesehen oder irgend etwas gehört?«

»Nein.« Laird ballte die Fäuste auf dem Laken. »Sie war nicht die Zielscheibe.«

»Wir haben unsere eigenen Fehler gemacht«, sagte Kassar rauh. »Sie haben im narkotisierten Zustand ein bißchen geredet. Ich – sagen wir, ich weiß, daß wir beide die Leute fassen wollen, die sie getötet haben.« Er schwieg kurze Zeit, sah Lairds Ausdruck und sagte leise: »Die ›Banshee Raider‹ kreuzt immer noch vor den Kanarischen Inseln. Das ist spanisches Gebiet, aber man behält sie für uns im Auge.«

»Und das ist alles?« fragte Laird rundheraus.

Kassar zog die Schultern hoch.

»Überlegen Sie. Die Jacht lief an jenem Nachmittag aus. Der Wagen flog Stunden später in die Luft – nachdem Ihnen jemand bis zum ›El Romano‹ nachgefahren war. Wir haben nichts von einem Zeitzünder gefunden, nur Drähte. Die Bombe muß also auf dem Parkplatz angebracht worden sein.«

»Als die ›Banshee Raider‹ weit entfernt war«, ergänzte Laird bitter. »Sie hätten jemanden zurücklassen können, sie hätten den Mann später aufnehmen können, irgendwo an der Küste –«

»Einverstanden.« Dr. Kassar lehnte sich zurück und legte unter dem bärtigen Kinn die Fingerspitzen aneinander wie zum Gebet. »Wir haben keine Beweise – und Major Sharifs Kollegen sind nicht untätig gewesen.« Er hob den Kopf. »Dieser Hamilton war angeblich Ihr Freund. Wieso hat sich das geändert?«

Laird fühlte sich bereits erschöpft. Bis er das wenige, was es zu sagen gab, erzählt hatte, fühlte er sich wie ausgelaugt und war sich der Dürftigkeit der Schlußfolgerungen nur um so deutlicher bewußt. Aber wenn der Marokkaner das auch so sah, ließ er es sich nicht anmerken.

»Sie wissen, daß ein Funkspruch von der ›Banshee Raider‹ abgefangen wurde?«

»Vom Funker der ›Aurelia‹«, sagte Laird. »Sharif meinte, er ergäbe nicht viel Sinn.«

»Ein abgesprochener Code«, erwiderte Kassar mit einem Achselzucken. »Der Funkspruch wurde bestätigt von einer anderen Station, die kein Rufzeichen nannte. Ihr Funker-Freund meint, die Signalstärke deute auf einen Ort um Gibraltar.« Er schob die

Unterlippe vor. »Drei Worte – ›Großwimpel sagt Rover‹.«

Laird starrte ihn verwirrt an.

»Das war alles?«

»Zunächst«, erwiderte Kassar tonlos. »Viel später, als Sie hierhergebracht wurden, kam ein zweiter Funkspruch, der von derselben Station bestätigt wurde. Auch nicht besser – nicht mehr als fünf Worte.« Er gab einen ächzenden Laut von sich und stand auf. »›Großwimpel sagt Treffen bei Hummer.‹ Das ergibt für mich keinen Sinn, und weitere Funksprüche blieben aus.«

Laird fuhr mit der Zunge über die trockenen Lippen.

»Sharif hat mir erzählt, er hätte noch einen Grund, um sich für das Boot zu interessieren – er hätte noch etwas anderes erfahren.«

»Richtig.« Kassar blickte zerstreut auf seine Uhr. »Jachtsegler sind manchmal auch maskierte Schmuggler. Die *Gendarmerie* hatte sich routinemäßig für Hamiltons Boot interessiert. Als Achmed Sharif erfuhr, daß Sie Hamilton kannten, erneuerte er dieses Interesse –«

»Warum?« Laird sah ihn erstaunt an.

Kassar seufzte.

»Der Fall ›Aurelia‹. Ich hatte ihm erklärt, ich argwöhnte eine Absprache, das Schiff zu retten. Sharif sah sich die Polizeiakte über das Boot noch einmal an. Es war etwas übersehen worden, nämlich das Datum von Hamiltons letztem Besuch in Safi, mit anderen Passagieren.«

»War das wichtig?« fragte Laird ergeben.

»Sharif war dieser Meinung. Ich dachte genauso«, sagte Dr. Kassar. »Es war der Tag, an dem Georgio Masson nach Marrakesch fuhr, weil er glaubte, bezahlt zu werden; statt dessen brachte man ihn um. Am nächsten Morgen lief die ›Banshee Raider‹ wieder aus.« Er sah Laird scharf an und runzelte die Stirn. »Sie sehen müde aus. Ich muß gehen, aber es wartet ein anderer Besuch auf Sie. Vielleicht hätte ich –«

»Nein.« Laird fühlte sich erschöpft, und in seinem Schädel begann es zu pochen, aber diesmal wollte er nicht nachgeben. »Mann, Frau oder Tier, herein mit dir.«

»Also, auf ein paar Minuten.« Dr. Kassar ging zur Tür, öffnete sie und schaute sich um. »Können Sie noch definieren, was eine Gehirnerschütterung ist, Mr. Laird?«

Laird verzog den Mund und antwortete beinahe automatisch, wie er es seinerzeit gelernt hatte.

»Traumatisch bedingte, reversible Schädigung des Gehirns, die unmittelbar nach der Verletzung am stärksten auftritt. Soll ich fortfahren?«

»Nein.« Kassar grinste schief. »Eine englische Universität?«

»Eine schottische«, sagte Laird tonlos.

»Ein Volk von Dickschädeln.« Kassar nickte. »Vergessen Sie aber den anderen Aspekt nicht. Traumatische Lähmung von Nervenfunktionen, die von unterschiedlicher Dauer sein kann. Überlassen Sie es anderen, sich die Köpfe zu zerbrechen.« Er ging hinaus. Laird ließ sich zurücksinken, als er draußen Gemurmel hörte. Kurz danach näherten sich Schritte, und die Tür fiel zu.

»Guten Tag, Andrew«, sagte eine Stimme, bei der er seinen Ohren nicht traute.

Er hob den Kopf. Osgood Morris stand ein wenig verlegen am Bettfuß und nickte ihm zu.

»Fühlen Sie sich – äh – einigermaßen?« fragte Morris unsicher.

»Es geht.« Laird sah ihn argwöhnisch an. Der Leiter der Seeversicherung bei Clanmore Alliance verließ London selten, gleichgültig, was vorgehen mochte. Im Schreibsaal ging das Gerücht, seine Angst sei zu groß, in seiner Abwesenheit könnten dem Direktor die Teebeutel ausgehen. »Was, zum Teufel, machen Sie hier?«

»Das war die Sorge um Sie. Jedenfalls zum Teil.« Morris, ein schmaler, kleiner Mann mit Hakennase und kleinen, flinken Augen ließ sich auf Kassars Stuhl nieder und zog die Hosenbeine an den Bügelfalten hoch. Er trug, wie immer, einen dunkelblauen Anzug mit weißem Hemd und dunkler Krawatte. Seine einzige Konzession an marokkanische Verhältnisse war, daß er den obersten Westenknopf geöffnet hatte. »Ich bin seit gestern hier, aber man hat mich nicht hereingelassen.«

»In London muß nicht viel los sein«, meinte Laird trocken.

»Doch.« Osgood Morris schien die Ironie nicht zu bemerken und saugte besorgt an seinen Zähnen. »Aber als der Direktor – äh – davon erfuhr, war er der Ansicht, daß die Gesellschaft ihre Besorgnis zum Ausdruck bringen sollte. Er schickt natürlich die besten Genesungswünsche.«

»Danken Sie ihm.« Zu jeder anderen Zeit wäre Laird überaus belustigt gewesen, aber die innere Bitterkeit ließ das nicht zu. »Und weiter?«

»Das hat Zeit.« Osgood bewegte unbehaglich die Schultern. Er spürte die Hitze. An seiner Nase lief ein Schweißtröpfchen herunter. »Andrew, ich – ein großes Unglück, das mit dem Mädchen.«

»Unglück?« Laird preßte die Lippen zusammen. »Das war brutaler, hundsgemeiner Mord.«

»Ja.« Morris zog ein Taschentuch heraus, wischte sich den Schweiß ab und schneuzte sich gleich noch. »Die Beerdigung war gestern. Ich – äh – bin hingegangen. Ihre Familie war anwesend. Nette Leute.«

»Gestern?« Laird schloß kurz die Augen.

»Das ist hier üblich.« Morris räusperte sich. »Ich habe zwei Kränze geschickt, einen von Ihnen, einen von der Firma.«

»Danke.« Es war alles so geschehen, es war Wirklichkeit, und trotzdem kam es ihm immer noch so vor, als habe er damit nichts zu tun, als stehe er wie ein fremder Beobachter neben sich. Er sah, daß Morris sich noch immer unbehaglich zu fühlen schien. »Ich meine das wirklich ernst. Also, was weiter?«

Morris verzog den Mund.

»Ich sagte, das hat Zeit. Ich bin mindestens noch einen weiteren Tag hier –«

»Nein. Jetzt gleich.« Laird schob sich zornig auf die Ellenbogen. »Hören Sie, Sie sind aus einem bestimmten Grund hergekommen, soviel steht fest. Sie haben mit Kassar gesprochen – gut. Aber was ist, wenn Sie morgen wiederkommen und erfahren, daß ich in der Nacht eine subdurale Blutung hatte?«

Wenn das eintreten sollte, würden ein paar Ärzte höchst überrascht sein, aber Morris nahm die Worte ernst, zögerte und nickte dann halb erleichtert.

»Also gut. Wir haben hier den ersten echten Hinweis auf die Verbrecher«, erklärte Morris. »Wir wissen auch ganz genau, daß das nicht ihr erstes Unternehmen war. Sie haben andere Namen verwendet, die anderen Coups liefen etwas anders ab, aber es gibt gemeinsame Züge.«

»Etwa die exakte Planung«, bestätigte Laird geduldig. »Und?«

»Denken Sie nach«, sagte Morris und beugte sich vor. »Eine Gruppe, die von Land zu Land zieht. Bis jetzt erfuhren wir von den

Betrugsfällen immer erst dann, wenn sie passiert waren, wie bei der ›Aurelia‹. Aber wir können das zurückverfolgen und uns eine Vorstellung davon machen, welche Zeitspannen in Frage kommen. Die Überlappung –«

»Überlappung?« Laird runzelte die Stirn und bereute das sofort, als sich die Nähte in seiner Kopfhaut bemerkbar machten.

»Überlappung«, wiederholte Morris. »Die Mannschaft Ihres Freundes Hamilton plant weit voraus. Der letzte Betrugsfall, der den Stempel dieser Leute trug, betraf elektronische Geräte, die ab Amsterdam verschifft wurden, und nahm neun Monate in Anspruch. Das Unternehmen ›Aurelia‹ wurde eingeleitet, bevor die Sache von Rotterdam abgeschlossen war.«

»Wenn Sie auf etwas Bestimmtes hinauswollen, dann kommen Sie endlich zur Sache.« Laird befeuchtete die Lippen und starrte den anderen an. »Haben Sie etwas in Erfahrung gebracht?«

Morris nickte.

»Ein Gerücht – aufgefangen von der Hafenpolizei in London, über eine verläßliche Kontaktperson. Keine Namen, aber als nächstes sollen die Franzosen an die Reihe kommen, und unter anderem heißt es, ein Unterwasser-Sprengmeister hätte einen Brocken von der ›Aurelia‹-Beute als Vorschuß auf künftige Dienstleistungen bekommen.«

»Aha.« Lairds Gedanken begannen fieberhaft zu arbeiten. Das Bild einer Zeitzünder-Haftmine an einem Schiffskiel drängte sich auf. »Sie sprachen von Hamilton.«

»Sie wollten ihn überprüft haben.« Osgood Morris gab einen Laut von sich, den man als Kichern deuten konnte, und bleckte seine Zähne auf eine Weise, daß ein Kaninchen erschrocken wäre. »Haben wir gemacht. Er ist ganz kurz vor einer gerichtlichen Untersuchung in Hongkong aus der Königlich Britischen Marine ausgeschieden – er hatte Nachschubgüter in großen Mengen an irgendwelche Chinesen verhökert. Er kehrte nach England zurück, schwieg von Hongkong und kam nach langem Hin und Her zu einem Posten bei einer Seeversicherung.«

»Ein Offizier und Gentleman braucht keine Referenzen«, sagte Laird sarkastisch.

»Er kannte die Tochter irgendeines leitenden Herrn«, gab Morris zurück. »Vielleicht wollte er anfangs ehrlich bleiben – seinen Beruf lernte er jedenfalls sehr rasch. Der springende Punkt ist, daß er sich ganz besonders mit der Untersuchung von Betrugsfällen befaßte –«

»Um dann auszusteigen und die Seiten zu wechseln.« Laird ließ sich wieder zurücksinken. »Beweise?«

»Keine. Allerdings fingen die Betrügereien kurz nach seinem Ausscheiden an, seine verdammte Charterjacht-Firma mußte mit Geld aufgebaut werden, das von irgendwoher kam, und sie bringt kaum genug Gewinn, daß er sich über Wasser halten kann.« Morris verstummte und sah Laird von der Seite an. »Ich habe Doktor Kassar unterrichtet. Ich bat ihn, nichts – äh – Voreiliges zu unternehmen. Wir – die ganze Versicherungswirtschaft und die Polizei in mehreren Ländern – möchten mehr schnappen als nur Hamilton allein. Wir wollen das ganze Netz auffliegen lassen. Wenn dazu erforderlich ist, ihn in dem Glauben zu lassen, er sei völlig ungefährdet, wenigstens für eine Zeit – Sie verstehen?«

Laird nickte.

»Lassen Sie ihn in der Sonne kreuzen, vergessen Sie das Begräbnis, bei dem Sie gestern waren, einen Mann namens Sharif, der vielleicht nicht durchkommen wird – ja?«

»Vorübergehend.« Morris schoß das Blut ins Gesicht. »Herrgott noch mal, Andrew, das ist doch sinnvoll.«

»Findet Doktor Kassar das auch?«

Morris zögerte.

»Er hat Vorbehalte.« Er atmete tief ein und fügte gestelzt hinzu: »Er hat natürlich gar keine andere Alternative. Darauf habe ich ihn hingewiesen, ebenso darauf, daß, falls die marokkanischen Behörden mitspielen, die Clanmore Alliance gesonnen sein könnte, eine – äh – gewisse moralische Verantwortung für den Verlust dieser medizinischen Güter zu übernehmen.«

Es ergab Sinn, und trotzdem widerte es Laird an. Der Gedanke, warten zu müssen, war ihm so sehr verhaßt wie die Erschöpfung, die ihn schon wieder erfaßte.

»Wie soll es dann weitergehen?« fragte er dumpf.

»Sie tun gar nichts, Sie versuchen, so schnell wie möglich gesund zu werden. Ich habe London telegrafisch um Einzelheiten über Hamiltons Passagiere gebeten, diese Edwards und die anderen. Ich kläre hier noch einiges, fliege nach London zurück und erstatte dem Direktor Bericht.« Er nickte Laird zu, beruhigend, wie er meinte.

»Machen Sie sich keine Sorgen. Hier läßt keiner locker.«

Laird spürte, wie seine Lider schwer wurden, mühte sich aber darum, wach zu bleiben.

»Diese beiden verschlüsselten Funksprüche –«

Morris erwiderte achselzuckend: »›Großwimpel‹ ist ganz klar. Der Präsident eines Jachtklubs setzt stets einen Großwimpel – unser Direktor ist voriges Jahr Präsident in seinem Klub gewesen. Dergleichen würde Hamilton Spaß machen. Das übrige gibt mir Rätsel auf.«

»Jachten.« Eine beharrliche Erinnerung regte sich in Lairds Gehirn, eine, die er schon früher festzuhalten versucht hatte. Aber sie setzte sich nicht durch. Er war zu müde, zu schwach.

»Ich dachte, das wird Sie interessieren.« Osgood Morris zog einen Briefumschlag aus der Tasche. »Eine Liste von Betrugsfällen im Zusammenhang mit Schiffen im Lauf der letzten zwei Jahre – und zwar diejenigen, bei denen man Hamiltons Mannschaft im Hintergrund vermutet. Die gesamte See-Versicherungswirtschaft arbeitet zusammen, in Verbindung mit der Polizei –« Er verstummte.

Laird war eingeschlafen.

Morris wischte sich ein wenig verärgert mit dem Taschentuch den Schweiß von der Stirn, legte den Umschlag auf den Nachttisch, griff in eine andere Tasche und zog eine Schachtel Zigaretten heraus. Selbst Nichtraucher, war ihm schon allein der Kauf schwergefallen. Aber er hatte Filterzigaretten mit niedrigem Nikotingehalt genommen, und eine Geste mußte manchmal sein.

Er legte die Zigaretten auf den Umschlag, schaute sich im Zimmer um, nahm sich vor, in Erfahrung zu bringen, was es am Tag kostete, und ging.

Andrew Laird schlief unruhig, aber dennoch fast die ganze Nacht hindurch.

Wieder kamen die Träume. Einmal war Natalie bei ihm. Er schien fast wach zu sein, sie saß neben ihm, sie streckte sogar die Hand aus, um sein Gesicht zu berühren. Das blieb ihm, aber es gab andere, vage Ansätze, die ihn zurückführten zu den Bergungsschleppern, sogar nach Hause in die schottischen Berge, die sich auf unerklärliche Weise mit einem völlig fremdartigen Meer und Himmel zusammenfügten.

Als er endlich wach wurde, war wieder früher Morgen. Zwei Gestalten standen an der Tür, eine Krankenschwester und eine kleine, dickliche, gutgekleidete Araberin um die Dreißig, die ihn traurig ansah.

Sie drehte sich um und ging. Die Schwester blieb und stützte ihn mit Kissen, als er sich aufsetzte. Sie sprach ein wenig englisch.

»Die Frau, die bei Ihnen war –« Er mußte es zweimal wiederholen, bevor sie begriff. »Wer war sie?«

»Die Frau von Major Sharif.« Die Schwester, ein junges Mädchen schüttelte energisch die Kissen, aber ihre Augen wurden feucht. »Sie läßt ihn kaum allein, *M'sieu* Laird. Aber sie wollte Sie sehen.«

Laird atmete mühsam ein und nickte.

»Wie geht es ihm?«

»Nicht gut«, sagte sie nur.

Er fühlte sich kräftiger, sein Denken war klar, die Schmerzen in seinem Körper waren geringer und hatten sich auf bestimmte Stellen zurückgezogen. Der marokkanische Arzt, der ihn später untersuchte, lächelte breit und nickte zufrieden.

Man gab ihm zu essen, und er entdeckte, daß er Hunger hatte. Ein dunkelhäutiger Pfleger, ständig einen Kaugummi im Mund und pausenlos auf arabisch plaudernd, rasierte ihn mit einem blinkenden Rasiermesser.

Als er gegangen war, bemerkte Laird zum erstenmal die Schachtel Zigaretten und den Umschlag. Sein Feuerzeug und andere persönliche Dinge waren in eine Schublade im Nachttisch gelegt worden, und er zündete sich eine der Zigaretten an, die wir sterilisierte Watte schmeckte, und riß den Umschlag auf.

Die eng betippten Seiten verwunderten ihn zunächst, bis er zu lesen begann. Er pfiff leise durch die Zähne, legte sich bequemer zurecht und konzentrierte sich auf den Text.

Osgood Morris hatte mehrere der neuesten Betrugsfälle im Schiffsverkehr aufgeführt, allesamt noch unaufgeklärt. Der höchste Wert betraf einen Fall in England mit einem Verlust von sechs Millionen Pfund Sterling in Stahl, der verrückteste Fall eine amerikanische Firma, die Kaffee aus Brasilien gekauft zu haben glaubte, der in Wahrheit aber aus Bolivien stammte – der Kaffee wurde jedenfalls gestohlen, wiederverkauft, noch einmal gestohlen und erneut verkauft, und hinter dem ganzen Unternehmen steckte ein und dieselbe

Verbrecherbande.

Der Fall mit den elektronischen Geräten in Rotterdam und drei andere, die man der Alda-Tryst-Bande zuschrieb, waren mit schwarzer Tinte unterstrichen.

Ein Schiff mit 12000 Tonnen Zement aus Spanien legte in der Türkei an. Drei verschiedene ›Eigner‹ beanspruchten die Fracht, jeder ausgerüstet mit Dokumenten, die bewiesen, daß sie dafür bezahlt hatten. Und einen spanischen Bankier fand man ertrunken in seinem Swimmingpool auf.

Achttausend Tonnen Butter hatten nach Indien gehen sollen, ausgehend von der Bundesrepublik Deutschland. Achthundert Tonnen kamen an. Jemand hatte echte Frachtbriefe geändert und andere gefälscht und die Bezahlung für die gesamte Menge eingesteckt, abgesichert durch ein Akkreditiv bei einer Bank in Hamburg. Kurz nach der Auszahlung des Geldes war ein Reedereibeauftragter in Hamburg von einer Rangierlokomotive im Hafen überfahren und getötet worden.

Noch seltsamer war der Bericht über eine Ladung Büchsenfleisch im Wert von eineinhalb Millionen Dollar, ausgehend von Belgien, erwartet in Ostafrika.

Der ostafrikanische Käufer wußte, daß eine geringere Menge verschifft wurde. Das Ganze gehörte zu einem ausgeklügelten Steuerhinterziehungsmanöver, und die Fehlmenge sollte gedeckt werden durch einen Lagerhaus-Einbruch nach Anlandung der Fleischbüchsen. Die Wachleute im Lagerhaus waren bestochen worden.

Ein Raubüberfall fand statt, aber nicht derjenige, den der Käufer erwartet hatte. Am nächsten Tag beging er dann scheinbar Selbstmord.

Laird drückte seine Zigarette aus, steckte die Blätter wieder in den Umschlag und blickte an die Decke. Wenn es um eine eiskalte Analyse ging, hatte Osgood Morris immer recht. Es gab bei den Fällen Unterschiede im Detail, aber viele gemeinsame Züge... nicht zuletzt die Art, auf welche ein wichtiger Außenstehender stets zum Schweigen gebracht wurde, sobald man das Unternehmen abgeschlossen hatte.

In jedem Fall war die Planung fehlerlos gewesen, die Unterlagen verrieten die Hand von Experten.

Laird schnitt eine Grimasse und addierte im stillen den Fall ›Aurelia‹ dazu, ergänzt durch die Gerüchte über das nächste Unternehmen der Bande.

Sie waren geschickt, sie waren skrupellos und geschäftstüchtig. Ben Hamilton und die Besatzung der ›Banshee Raider‹ mußten dazugehören, auch wenn Hamiltons Rolle noch immer ungeklärt war und die Männer auf der Ketsch wohl nicht mehr waren als Mietlinge.

Aber wie war das mit seinen drei Passagieren? Laird schüttelte schwach den Kopf. Es mochte reiner Zufall sein, daß Bernice Edwards, ihr Bruder und ihre Tochter Charterpassagiere an Bord des Bootes waren. Bernice, in jeder Beziehung überlebensgroß, war eine beinahe zu auffällige Figur. Jody Oland machte ganz den Eindruck, ein schwerkranker Mann zu sein, und auch Sandra Myles schien, obwohl sie nicht nur hübsch, sondern offenbar auch eigenwillig war, nicht recht zu passen.

Aber eine Frau hatte sich als Kontaktperson der Bande betätigt – und er, Laird, hatte schon einmal den Fehler begangen, Ben Hamilton zu vertrauen.

Laird starrte finster an die Decke, dann warf er die Bettdecke zurück, setzte sich auf, verzog das Gesicht, schwang die Beine über die Bettkante und atmete tief ein, als seine Füße wieder den Boden berührten.

Der nächste Schritt war schwerer. Er stand auf, schwankte, ging auf unsicheren Beinen zum Fenster. Er hielt sich am Rahmen fest. Seine Knie schienen aus Gummi zu sein. Er blickte kurz auf einen leeren Innenhof hinunter, drehte sich entschlossen um und ging einmal im Zimmer herum.

Er hatte es fast geschafft, als die Tür aufging.

»Was soll denn das?« sagte jemand barsch. »Sind Sie übergeschnappt oder was?«

Ein Stuhl stand ganz in der Nähe. Laird sank darauf nieder und grinste den breitschultrigen, blonden Bootsmann der ›Aurelia‹ schwach an. Campbell hatte sich landfein gemacht. Auf seinem Gesicht waren immer noch die Spuren der Schlägerei zu sehen. Er kam herein und schloß die Tür.

»Üben«, sagte Laird. Er fuhr mit der Hand über sein frischrasiertes Kinn, während Campbell sich vorsichtig auf der Bettkante niederließ. »Ich dachte, Sie dürfen nur in einem Käfig an Land.«

»Das hat sich gebessert.« Campbell griff in die Tasche, zog eine kleine Flasche Whisky heraus und schob sie unter Lairds Kissen. »Medizin.« Er sah ihn verlegen an. »Wie geht's denn so?«

»Glasgow hat an einem Samstagabend schon schlimmere Dinge gesehen«, gab Laird zurück. »Gibt's einen Grund für Ihr Kommen?«

»Nein.«

Eine Weile blieb es still. Die beiden schwiegen, wie nur zwei Schotten das in einem fremden Land fertigbringen und als normal ansehen.

»Wollte schon immer mal nach Marrakesch«, sagte Campbell schließlich. Er schüttelte ungläubig den Kopf. »Die Bullen in Safi stellten mir ein Auto zur Verfügung. Mal was andres, statt in Handschellen in 'ner Grünen Minna zu sitzen.«

Laird lächelte.

»Da muß sich wirklich etwas geändert haben.«

»Sicher. Der Alte wird aus dem Gefängnis entlassen. Es heißt, er soll mit einer Rumpfbesatzung an Bord bleiben, während die anderen heimfliegen dürfen.« Der Bootsmann kratzte sich unterm Arm. »Soll mir nicht leid tun.«

»Das ist gut.« Osgood Morris schien sich eifrig betätigt zu haben. »Das Schiff bleibt hier?«

»Wie ein neues Nationaldenkmal.« Campbell runzelte die Stirn. »Die Bullen wollten nicht so recht raus mit der Sprache, was mit Ihnen passiert ist. Sie sagten nur was von einer Bombe im Auto – der Haufen, der uns die Fracht geklaut hat, wollte Sie ausschalten.«

»So ungefähr«, sagte Laird leise.

»Hm.« Campbell fuhr mit dem Fingernagel dem Muster der Bettwäsche nach. »Geht mich aber nichts an. Brauchen Sie irgendwas?«

Laird schüttelte den Kopf.

»Nur einen Entlassungsschein von hier. Aber vielen Dank.«

Der andere gab einen verlegenen Brummlaut von sich und stand auf.

»Wenn ich nicht wiederkomme, fragen Sie mal in Glasgow nach mir, wenn Sie hinkommen. Bei der Partick Street, am besten bei dem Buchmacher am Cross, ja?«

»Bestimmt«, sagte Laird.

Campbell grinste ihn an und ging zur Tür. Sie öffnete sich, als er sie erreichte, und Doktor Kassar stand vor ihm. Er sah Campbell nach, betrat das Zimmer und zog die Brauen zusammen, als er Laird auf dem Stuhl sitzen sah.

»Ihre Idee?« fragte er.

Laird nickte.

»Ich bin Verwaltungsbeamter, nicht Ihr Arzt«, sagte Kassar achselzuckend. Er zeigte mit dem Daumen zur Tür. »Ihr Besucher hat Ihnen Bescheid gesagt über das Schiff?«

»Ja.«

»Ein sehr überzeugender Mensch«, meinte Kassar. Er lächelte schwach. »Er erschien bei der Polizei in Safi und verlangte ein Auto hierher. Der Rest ist – äh – unklar.«

»Kann ich mir vorstellen.« Laird versuchte die Zigaretten auf dem Nachttisch zu erreichen. Kassar brachte sie ihm, gab ihm eine Zigarette, nahm sich selbst eine und benützte Lairds Feuerzeug. Laird sah ihn stirnrunzelnd an. »Was ist mit der ›Banshee Raider‹?«

»Immer noch auf Kreuzfahrt.« Kassar seufzte schwer. »Außerhalb der marokkanischen Hoheitsgewässer, leider. Natürlich sind andere Dinge im Gange. Interpol prüft einige Fragen für uns, und Ihr Kollege Morris ist auch eifrig am Werk.« Er schnitt eine Grimasse. »Ich bin so ungeduldig wie Sie –«

»Aber man hat Ihnen ein Angebot gemacht?«

»Nein. Meine Regierung ist um Zusammenarbeit gebeten worden. Anschließend, ohne Präjudiz –« Kassar verstummte und schien nicht ganz zufrieden zu sein. Er starrte die Zigarette in seiner Hand an. »Schmeckt Ihnen die Sorte?«

»Morris hat sie mitgebracht.«

»So schmecken sie auch.« Kassar verzog den Mund und drückte die Zigarette in einem Aschenbecher aus. »Immerhin hat er Zugang zu Informationen, die amtlich zu erhalten schwerfallen würde.« Er ging zum Fenster. »Hamilton hat nichts von seinen weiteren Plänen verlauten lassen?«

»Nein. Aber wenn alles andere zutrifft, hatte er einen Grund dafür, zu den Kanarischen Inseln zu fahren.«

Kassar nickte.

»Kennen Sie die Inseln?«

»Ich bin mal dort gewesen, das ist alles.«

»Die meisten Leute glauben, sie hätten ihren Namen von dem Vogel«, meinte Kassar zerstreut. »Das ist falsch – die ersten Seeleute, die dort ankamen, stießen auf eine Unmenge Hunde. ›Kanarisch‹ kommt vom lateinischen ›canis‹ für ›Hund‹.« Er zuckte die Achseln. »Unwichtiges Zeug, entschuldigen Sie.« Er verstummte und sah, daß Laird ihn anstarrte. »Ist etwas?«

»Nein.« Laird schluckte. Sein Gehirn arbeitete wie unter Überdruck, eine Möglichkeit schälte sich heraus, die Erinnerung an etwas Vergessenes wurde plötzlich klar. »Sie haben dem ersten Funkspruch von Hamilton gerade Sinn verliehen.«

»Ich?« sagte Kassar verblüfft.

»›Großwimpel sagt Rover.‹« Laird nickte mehrmals. »Mit dem Großwimpel ist der Jachtpräsident gemeint, der Anführer. Rover heißen viele Hunde –«

»Aha.« Kassar war weniger beeindruckt, aber doch interessiert. »Er teilte dem Empfänger der Nachricht also mit, daß er unterwegs sei zu den Kanarischen Inseln. Aber –«

»Versuchen Sie es mit demselben Schlüssel beim zweiten Funkspruch«, sagte Laird nachdrücklich.

»›Großwimpel sagt Treffen bei Hummer‹, meinen Sie?« Kassar sah ihn zweifelnd an. »Das soll Sinn ergeben?«

»Vielleicht. Weil mir etwas eingefallen ist, das Jody Oland betrifft.«

»Oland?« Kassar blinzelte ein paarmal, dann nickte er. »Der Bruder von dieser Edwards. Was ist mit ihm?«

»Als ich ihn das letztemal sah, trug er einen Blazer, der schwarze Knöpfe hatte.« Laird sah, daß Mohammed Kassar ihm nicht zu folgen vermochte, aber langsam argwöhnisch zu werden schien. »Keine Angst, ich drehe nicht durch. Mein Gehirn fängt wieder an zu arbeiten.«

»Das freut mich«, sagte Kassar tonlos.

»Eine alte Tradition«, erläuterte Laird. »In den meisten Teilen der Welt wird sie bei den Jachtleuten aufrechterhalten. Wenn man an einem Blazer schwarze Knöpfe trägt, heißt das, daß man Bootseigner ist. Jody Oland gehört zu den Leuten, die alles ganz genau nehmen.«

Kassar riß die Augen auf.

»Aber –«

»Wenn Oland selbst ein Boot besitzt, warum war er auf der ›Banshee Raider‹? Aber nehmen wir an, er hat wirklich eines. Angenommen, das Boot trägt den Namen –«

»Hummer oder etwas Ähnliches?« Kassars bärtiges Gesicht begann zu strahlen. »Dann könnte Oland die Schlüsselfigur sein, der ›Großwimpel‹ –«

Laird nickte grimmig.

»Und er möchte, daß die anderen Angehörigen der Bande sich auf seinem Boot treffen.«

»Ja.« Kassar seufzte befriedigt. »Wie können wir uns vergewissern und feststellen, wo sich sein Boot jetzt befindet?«

»Über Osgood Morris«, gab Laird zurück. »Jachten müssen registriert und versichert sein – setzen Sie ihn darauf an.«

»Gut.« Zum erstenmal seit seinem Erscheinen wirkte Kassar glücklich. »Ich habe Morris ein Büro mit Telefon im Polizeigebäude zur Verfügung gestellt. Er wird jetzt dort sein – er sagte, er könnte Sie heute vermutlich nicht besuchen. Sonst noch etwas?«

»Vielleicht.« Laird schloß kurz die Augen und dachte nach, während die Zigarette zwischen seinen Fingern verglühte. »Wir wissen, wo die ›Banshee Raider‹ segelt. Wissen wir wirklich, wer sich jetzt dort an Bord befindet?«

Kassar verdaute das stumm, dann nickte er langsam. Seine Miene verhärtete sich.

»Vielleicht können wir das klären«, sagte er nur. Er ging zur Tür. Als er vorbeiging, packte Laird ihn am Arm.

»Wie steht es mit Major Sharif?« fragte er. »Wird er durchkommen?«

»Vielleicht.« Kassar schob die Lippen vor. »Ich bezweifle es. Seine Frau ist bei ihm.« Nach einer Pause fügte er nüchtern hinzu: »Alles andere liegt in den Händen Allahs. Adieu, Mr. Laird.«

Bevor er ging, sprach Kassar irgendwo mit jemandem. Ein Arzt und drei Krankenschwestern stürmten kurz darauf in Lairds Zimmer, um ihn auszuschimpfen, ihn wieder ins Bett zu verfrachten, seinen Pulsschlag und die Temperatur zu messen und mit einem Gemisch von empörtem Arabisch und mühsamem Englisch Warnungen auszustoßen, bevor sie alle wieder gingen.

Nicht lange danach brachte ihm ein Pfleger, den er noch nicht kannte, das Mittagessen. Inzwischen war Laird klargeworden, daß er sich so erschöpft fühlte, als hätte er einen ganzen Tag lang schwer gearbeitet. Kopf und Körper schmerzten in wechselseitiger Sympathie.

Er aß etwas, dann legte er sich auf die Kissen und dachte über sein Gespräch mit Kassar nach.

Er kam auf einen anderen Gedanken, als er an das Zusammentreffen mit Alain Botha dachte, an dessen letzte Warnung, bevor sie sich getrennt hatten – vor einem erschreckenden Gespenst, das ihn zuerst fassen mochte.

Botha hatte recht gehabt. Botha war tot.

Aber hatte der Mann die Worte bewußt gebraucht, um Laird einen Hinweis zu geben – oder war das nur ein Zufall gewesen?

Ben Hamilton nannte seine Ketsch ›Banshee Raider‹. In den Volkssagen der keltischen Überlieferung war ein ›Banshee‹ ein ganz eigenartiges Gespenst – ein Geist, der erschien, um vor dem nahenden Tod zu warnen.

Tod durch die Hand skrupelloser Mörder. Sie hatten Natalie umgebracht, Sharif lag im Sterben.

Aber Laird wußte, daß *er* ihr Ziel gewesen war – und sie waren gescheitert. Sein Denken wurde wieder träge, und er argwöhnte, daß man ihm ein Beruhigungsmittel ins Essen getan hatte.

Während seine Augen sich schlossen, verzog er den Mund und nahm sich etwas vor.

Keine Rache. Er wollte nur dafür sorgen, daß Hamiltons Mörderbande und seine Hintermänner aus dem Verkehr gezogen wurden, damit kein Mensch mehr von ihnen geschädigt oder getötet werden konnte.

Das nahm er sich vor. Er versuchte daran zu glauben.

Aber die ganze Zeit über sah er ein Mädchen vor sich, das beim Autofahren vor sich hingesummt hatte, ein Mädchen, das seinen silbernen Anhänger am Hals trug.

Rache hin, Rache her, so würde es kommen...

In dieser Nacht schlief er fest und konnte sich später an keine Träume erinnern. Es war Vormittag, als er wach wurde, der vierte Tag nach der Explosion, und nach dem Frühstück erlaubte man ihm offiziell, aufzustehen und sich in einem Sessel niederzulassen.

Von Osgood Morris kam eine rasch hingekritzelte Mitteilung. Der Abteilungsleiter war in der Klinik gewesen, hatte Laird schlafend vorgefunden und ihn nicht wecken wollen.

›Fliege vormittags nach London‹, stand auf dem Zettel. ›Gehe Ihrer Vermutung nach, daß Oland eine Jacht besitzt und gebe über Dr. Kassar Bescheid. Unsere Krankenversicherung deckt Klinikkosten bei Vorlage aufgeschlüsselter Rechnungen.‹

Osgood hatte mit den Initialen gezeichnet und noch eine Nachbemerkung angefügt.

›Major Sharif heute früh gestorben.‹

Die Nachricht traf Laird schwer. In der kurzen Zeit, seit er Sharif gekannt hatte, war er ihm ans Herz gewachsen, der hagere, blauäugige Berber mit seinem trockenen Humor und der grimmigen Gründlichkeit.

Er machte seinem Zorn Luft, indem er sich zum Aufstehen zwang und im Zimmer herumging. Es fiel leichter, als er erwartet hatte, und er machte grimmig weiter, bis die Wunde an seinem Oberschenkel pochte und auch seine Brust zu schmerzen begann.

Aber sein Kopf blieb klar, und als eine Krankenschwester hereinkam und empört auf ihn einredete, grinste er sie an, vermochte distanziert zu würdigen, wie sie ihr weißes Kleid ausfüllte, und wußte nun ganz gewiß, daß er sich körperlich auf dem Weg der Besserung befand.

Der marokkanische Arzt, der nach dem Essen Visite machte, schien derselben Meinung zu sein. Er untersuchte die abheilende Wunde an Lairds Schenkel, ließ einen leichteren Verband anlegen, drückte an den Rippen herum, zog die Brauen bei der genähten Kopfplatzwunde zusammen und setzte sich dann für eine halbe Stunde auf die Bettkante, um mit Laird eine Reihe von Koordinationsübungen abzuhalten. Laird bewegte die Zehen, rechnete im Kopf und ließ seine Sehfähigkeit prüfen.

»Alles scheint in Ordnung zu sein«, hieß es am Ende. Der Arzt, ein älterer Mann, nickte zufrieden. »Noch ein paar Tage Ruhe und Abheilung –«

»Bedaure«, sagte Laird grimmig. »Ich habe zu tun.«

Der Arzt zog die Schultern hoch.

»Vor Ihrem Zimmer steht ein Polizist. Zu Ihrem Schutz, *M'sieu* Laird. Notfalls vor Ihnen selbst. Sie bleiben.«

Er ging. Nach einigen Minuten stand Laird auf, ging zur Tür, öffnete sie und begegnete einem grinsenden Kopfschütteln des breitschultrigen, freundlich wirkenden Polizisten, der im Flur auf einem Stuhl saß.

Laird schloß die Tür und gab auf.

Eine Weile kam niemand, dann gewann er den Eindruck, daß sich irgendwo jemand hatte erweichen lassen. Ein Pfleger brachte einen Rollstuhl, und er wurde durch den Korridor geschoben, während der Polizist ihnen folgte. Die Fahrt endete im Garten, auf einer kleinen Wiese, die umgeben war von einer dürren Hecke.

Eine Lustfahrt war es nicht. Mohammed Kassar wartete dort auf einer Bank. Pfleger und Polizist zogen sich außer Hörweite zurück.

»Zeigen Sie mir, wie Sie gehen können«, sagte Kassar beinahe barsch.

Laird stand auf und ging auf dem Gras hin und her, bemüht, nicht zu hinken. Kassar gab einen gepreßten Laut von sich und wies ihn in den Rollstuhl zurück.

»Zufrieden?« sagte Laird, als er wieder saß.

»Die Klinikleitung hat für morgen Ihre Entlassung vorgesehen«, sagte Kassar und starrte finster auf den Boden. »Das ist aber nicht der Grund meines Hierseins.«

»Ich habe von Achmed Sharif erfahren«, begann Laird. »Es tut mir leid. Ich –«

Kassar nickte kurz.

»Er stammt aus einem Dorf in den Bergen. Seine Witwe bringt den Toten dorthin zurück.« Er hob den Kopf. Sein breites, bärtiges Gesicht wirkte starr. »Hamilton und seine Leute haben uns genarrt.«

»Wie das?« Laird starrte ihn an.

»Sie hatten die Möglichkeit angedeutet.« Kassar zuckte die Achseln. »Heute nachmittag gingen spanische Polizisten an Bord der ›Banshee Raider‹, auf mein Ersuchen hin. Die Jacht ankerte in einer Bucht an einer der Kanarischen Inseln.« Er schwieg kurze Zeit. »Die Spanier hatten sich einen Vorwand einfallen lassen, aber er wurde nicht gebraucht. Es war niemand auf dem Schiff. An Land fand man einen Fischer, der erklärte, er hätte Geld dafür bekommen, ein paar Tage auf die Jacht aufzupassen – höchstens eine Woche.«

Laird fluchte leise und verbissen.

»Wo sind sie dann?« sagte er, halb zu sich selbst. »Wenn man die Besatzung mitrechnet, waren das sieben Leute –«

»Ich bin noch nicht fertig«, knurrte Kassar. »Dem Fischer war erklärt worden, die Jacht hätte einen Maschinenschaden. Der Maschinist der Spanier sagt, das stimme nicht. Die spanischen Behörden können uns nur sagen, daß Hamiltons drei Passagiere vermutlich vor zwei Tagen nach London geflogen sind.«

»Vermutlich?«

»Man achtet da nicht so sehr auf die genaue Prüfung von Pässen und solche Nebendinge«, sagte Kassar resigniert. »Die Kanarischen Inseln versinken vielleicht noch eines Tages unter der Last der eintreffenden Touristen, die nach einigen Wochen wieder abreisen.« Er schüttelte den Kopf. »Sieben Personen? Die Flughäfen dort sind schon zufrieden, wenn sie die Flugzeuge zählen können. Passagiere sind nur Schüttgut mit Kreditkarten.«

Laird blieb stumm. Kassar hatte recht – und das galt für viele Flughäfen. Die meisten Länder brachten ein gewisses Interesse für Einreisende auf, aber wenn diese Ausländer wieder abflogen, kümmerte sich kaum jemand darum. Er konnte sich fast nicht erinnern, daß sein Flugticket je mit dem Namen in seinem Paß verglichen worden wäre.

»Ich habe Interpol verständigt und Ihrem Kollegen Morris in London ein Telex geschickt«, fügte Kassar hinzu. Er stand auf und legte die Hand auf Lairds Schulter. »Bis morgen sieht es vielleicht besser aus.«

»Darauf möchte ich mich nicht verlassen«, erwiderte Laird ätzend.

Er sah Kassar nach, als dieser ging und der Polizist zusammen mit dem Pfleger zurückkam, um ihn abzuholen.

Mal verlieren, mal gewinnen – damit konnte er sich abfinden, aber diesmal schien ihm das Pech an den Händen zu kleben. Genau in dem Augenblick, in dem sich alles zu ändern schien, ließ ihn das Glück wieder im Stich.

Zornig stand er auf, bevor der Pfleger den Rollstuhl erreichte.

»Ich gehe zu Fuß«, sagte er mit zusammengebissenen Zähnen.

Der Pfleger und der Polizist wechselten einen Blick. Der Uniformierte nickte, der Pfleger zog die Schultern hoch, und sie gingen wie bei einer kleinen Prozession hinter ihm her.

Bis Laird in sein Zimmer zurückkam, schmerzte sein Bein höllisch, aber er fühlte sich trotzdem wohler.

Kapitel

6

Andrew Lairds Position hatte sich verändert. Als er am nächsten Morgen wach wurde, gab es kein Frühstück. Er durfte sich allein waschen und rasieren, und sein Koffer, den er zuletzt im Hotel in Safi gesehen hatte, stand neben seinem Bett.

Wieder in der eigenen Kleidung, steckte er die kleinen Gegenstände in die Taschen und schloß den Koffer, als zwei Krankenschwestern hereinkamen. Eine davon, eine große, magere Frau mit einem nicht zu übersehenden Schnurrbart, entfernte rasch und geschickt die Nähte aus seiner Kopfwunde, die andere gab ihm eine kleine Flasche mit Schmerztabletten.

Er wurde einem Pfleger übergeben, der den Koffer aufhob und voranging. Laird folgte ihm durch Korridore, die nach Desinfektionsmitteln rochen, manchmal auch weniger angenehm, vorbei an überfüllten Behandlungsräumen und großen Krankenstationen, und eine Treppe hinunter zum Haupteingang der Klinik.

Draußen stand ein Polizeiauto. Der Fahrer nahm Laird und seinen Koffer in Empfang und fuhr los.

Vom Krankenhaus waren es zwanzig Minuten Fahrt in das Stadtinnere von Marrakesch. In der mittleren Entfernung war der Minaretturm der großen Koutoubia-Moschee im Sonnenlicht ein rosarotes Wahrzeichen der Stadt. Der Wagen fuhr um den überfüllten, lärmenden Altstadtsektor des Araberviertels herum und rollte auf breiten Straßen dahin, an denen Palmen und Springbrunnen aufgereiht waren. Von Pferden gezogene Kutschen schlängelten sich zwischen Limousinen und Motorrädern hindurch. Der Baustil hatte sich verändert, wie beim Überschreiten einer unsichtbaren Grenze. Schlagartig, ohne jeden Übergang, wirkte alles europäisch – von Bürogebäuden aus Glas und Stahlbeton bis zu Villen, die umgeben waren von Rosensträuchern und Orangenbäumen.

Das Polizeiauto hielt schließlich vor einem kleinen, modernen Hotel, das von der Hauptstraße zurückgesetzt war. Lairds Fahrer trug den Koffer hinein, und an der Tür wartete Dr. Kassar.

»Sie sehen hungrig aus«, sagte Kassar zur Begrüßung. Er wies den Fahrer an, Lairds Koffer einem Hoteldiener zu übergeben, schickte den Mann mit einem Nicken fort und wandte sich Laird wieder zu.

»Ich habe für uns beide Frühstück bestellt. Mein Tag hat früh angefangen, für ein paar Leute in London auch.«

»Fortschritte?« sagte Laird hoffnungsvoll.

»Ja.« Über Kassars Gesicht huschte der Anflug eines Lächelns. »Aber ich spreche nicht gern über dienstliche Dinge, wenn mein Magen knurrt.«

Er war nicht zu überreden. Sie fuhren mit dem Lift zum obersten Stockwerk des Hotels hinauf. Auf dem Balkon eines großen, sonnenhellen Zimmers war für zwei Personen gedeckt. Ein Kellner servierte Orangensaft, Omeletts, Kaffee und Brötchen. Laird mußte seine Ungeduld bezähmen und essen.

»Die meisten Fehler im Leben werden bei leerem Magen begangen.« Kassar rülpste ein wenig, lehnte sich zurück und schickte den Kellner fort. Er zündete sich eine Zigarette an, schob Schachtel und Streichhölzer zu Laird hinüber und fragte: »Bereit?«

Laird nickte.

»Dieser zweite Funkspruch ... ›Treffen bei Hummer‹. Ich glaube, wir wissen jetzt, was er besagt.« Kassar nahm die Zigarette zwischen Zeigefinger und Daumen und gebrauchte sie wie einen Zeigestab. »Sie hatten recht mit Oland und den ulkigen schwarzen Knöpfen. Er besitzt wirklich ein Boot. Ihr Kollege Morris teilt mit, daß Oland der eingetragene Besitzer einer Segeljacht namens ›Mooncat‹ ist. Sie liegt an der englischen Küste bei Plymouth.« Er lächelte schwach. »Aber Sie haben sich geirrt, was die Bedeutung von ›Hummer‹ angeht – das heißt, Sie lagen nicht ganz richtig.«

»Ich beanspruche nicht, Rekordhalter zu sein.« Laird zog die Brauen zusammen und griff nach einer Zigarette. »Was haben Sie in Erfahrung gebracht?«

»Daß gestern früh zwei Männer in dem Jachthafen erschienen, in dem die ›Mooncat‹ liegt. Sie brachten eine Vollmacht von Oland mit und liefen mit der Jacht aus.« Kassar sah Lairds Gesichtsausdruck und hob beschwichtigend die Hand. »Wir glauben zu wissen, wohin sie fährt. Morris meint, das sei Ihrem Direktor zu verdanken, den er zu Rate gezogen habe – der Mann scheint ein ausgesprochener Segelnarr zu sein.«

»Kann er sich leisten.« Laird nickte ungeduldig, bildete sich aber ein, daß Morris seinen Beförderungsaussichten dabei nicht geschadet hatte. »Und?«

»Das Rätsel war ›Hummer‹«, fuhr Kassar fort. »Aber wenn wir dieselbe Logik zugrunde legen wie beim ersten Funkspruch, suchen wir nach einer doppelten Bedeutung. Hummer ist eine Meeresfrucht. Sie gehört zu dem Begriff, den die Franzosen *›les fruits de mer‹* nennen.« Er funkelte Laird an. »Das ist zufällig der Name eines internationalen Jachtrennens mit dem Zielort Benodet in der Bretagne. Die Regatta soll in zwei Tagen dort zu Ende gehen.«

»Das ist es!« Laird atmete tief ein, ohne an seine Rippen zu denken, erfüllt von einer tiefen, eisigen Befriedigung. »Wie viele Boote?«

»Über hundert, aus mehreren Ländern.« Kassar nickte. »Ideal für ein Treffen – und denken Sie an das Datum. Das Rennen geht am Donnerstag zu Ende, also am 13. Juli. Am nächsten Tag, dem 14., feiert Frankreich den Tag der Erstürmung der Bastille.« Er zuckte mit den Schultern. »Soviel ich mich erinnere, ist der Bastille-Tag einer, an dem die Menschen nicht viel von dem wahrnehmen, was rings um sie vorgeht.«

»Wie maßgeschneidert.« Laird rieb sich das Kinn und dachte angestrengt nach. Eine kleine Armada von Jachten, die am Vorabend eines nationalen Feiertags eintraf, die Besatzungen gingen an Land, während überall festliche Stimmung herrschte – eine Situation, in der es schwerfiel, Genaues zu beobachten. »Ist etwas über Oland oder Hamilton bekannt?«

»Nichts«, sagte Kassar. »Der britischen Polizei zufolge ist die Edwards in London gewesen. Sie erschien kurz in ihrer Werbeagentur, um Post abzuholen, dann verschwand sie wieder – sie war in Begleitung ihrer Tochter. Aber sonst ist nichts bekannt – und die Werbeagentur scheint ein legitimes Unternehmen zu sein.«

»Ganz klar«, sagte Laird trocken. Er blickte auf die Zigarette zwischen seinen Fingern, die immer noch nicht brannte. »Also gut, wenn ›Hummer‹ ein Zusammentreffen bei Benodet bedeutet, die nächste Frage. Werden die Franzosen mittun?«

»Die dortige Polizei ist unterrichtet.« Kassar zögerte. »Es gibt natürlich Probleme –«

»Etwa, was die Beweise angeht.« Laird schnitt eine Grimasse und sah Kassar prüfend an. »Sie haben mit Osgood Morris darüber gesprochen, nicht?«

Kassar nickte zurückhaltend.

»Und?«

Der Marokkaner schwieg, was Antwort genug war.

»Wie rasch können Sie mir Platz in einer Maschine nach Paris verschaffen?« fragte Laird kurz angebunden.

»Ihnen?«

»Mir. Das hat Morris doch vorgeschlagen, oder?«

»Ja.« Kassar zog die Brauen zusammen. »Aber –«

»Wie bald?«

Kassar seufzte und griff in seine Brusttasche. Er zog einen Briefumschlag heraus und legte ihn auf den Tisch.

»In der nächsten Air France-Maschine nach Paris ist ein Platz für Sie reserviert. Von dort fliegen Sie weiter zum nächstgelegenen Flugplatz bei Quimper. Dort werden Sie abgeholt. Danach –« Er zog die Schultern hoch.

»Danke.« Laird griff nach dem Umschlag, sah sich die Flugkarten und den Flugplan an. Er nickte. »Was hat Osgood noch vorgeschlagen?«

»Daß meine Regierung die Flugkarten bezahlt«, sagte Kassar traurig.

Wenn Andrew Laird noch einen weiteren Hinweis dafür brauchte, daß sich sein Glück gewendet hatte, ergab er sich aus der Art, wie gut die Anschlüsse klappten – etwas, das er nach seiner bitteren Erfahrung als kleines Wunder betrachtete.

Allein gelassen im Hotel, vertrieb er sich eine Stunde lang die Zeit, dann fuhr er mit dem Taxi zum Flughafen. Als er am Air France-Schalter eincheckte, belagerte eine fröhlich lärmende Gruppe von Reisenden den Schalter von British Airways, wo der nächste Flug nach London abgefertigt wurde.

Die Besatzung der ›Aurelia‹ reiste ab. Er sah kurz Campbells Kopf zwischen den anderen auftauchen, ging dem bulligen Bootsmann aber aus dem Weg. Seeleute, die etwas zu feiern hatten, ließ man am besten links liegen – oder man beneidete sie aus sicherer Entfernung.

Die französische Caravelle war halbleer, der Flug verlief glatt. Laird hatte einen Fensterplatz und keinen Nebenmann. Die meiste Zeit saß er still da und blickte auf das weiße Wolkenmeer unter sich, dachte manchmal an das, was bevorstand, während er bei anderen

Gelegenheiten versuchte, diese Gedanken wegzuschieben.

Zweimal ertappte er sich dabei, daß er leise vor sich hinsummte. Es war Natalies Lied, und es tat weh, während es gleichzeitig irgendeine Erinnerung anzuregen versuchte, ihn an ein anderes Lied erinnerte, das der Heimat näher zu sein schien. Es war traurig und glücklich zugleich, soviel wußte er.

Die Caravelle landete fünf Minuten früher als vorgesehen auf dem Flughafen Orly. Vierzig Minuten danach saß Laird wieder in einer Maschine. Sie war kleiner und voll und flog nach Quimper in der Bretagne. Dem Anschein und den Gesprächsfetzen nach waren seine Mitflieger zumeist Geschäftsleute auf dem Rückflug von Paris.

Eng auf seinem Sitz zusammengezwängt, betrachtete er die wenigen Frauen in der Kabine ein wenig belustigt. Die meisten schienen Ehefrauen zu sein, die sich als Sekretärinnen ausgaben, damit sie auf Geschäftskosten mitfliegen konnten. Die Steuergesetze hatten viel Schuld auf sich geladen, sogar in Frankreich. Er fragte sich, wie die Sekretärinnen dazu standen, daß jetzt sie diejenigen waren, die zu Hause bleiben mußten.

Der Flug war unbequem, aber erfreulich kurz. Die Maschine ruckte über einer weitläufigen Stadt rund um einen Dom dahin, überquerte einen schlammig aussehenden Fluß, ging über dem Dach eines riesigen Einkaufsmarktes in die Kurve und landete unsanft.

Es regnete, als Laird ausstieg, und die marokkanische Sonne schien plötzlich sehr weit weg zu sein. Er fühlte sich müde und hatte Kopfschmerzen. Bevor er seinen Koffer in dem kleinen Flugplatzgebäude abholte, schluckte er verstohlen eine Tablette.

»*M'sieu* Laird?« Ein unauffällig gekleideter, schmal gebauter Mann vertrat ihm den Weg, als er das Gebäude verlassen wollte. Er lächelte als Laird nickte, zeigte kurz einen Dienstausweis und ließ ihn wieder verschwinden. »Paul Briand – Inspektor bei der *Sûreté*. Ich bin gebeten worden, Sie abzuholen.«

Sie tauschten einen Händedruck. Briand schien etwa vierzig Jahre alt zu sein, hatte kurze, eisengraue Haare, eine knappe Sprechweise und wirkte ein wenig müde. Sein grauer Anzug war zerknittert, und er trug ein ausgewaschenes blaues Hemd mit einer schmalen, unordentlich geknoteten Krawatte.

»Ich habe einen Wagen draußen.« Briand nahm Laird den Koffer ab. »Spülen wir erst einmal Ihren Reisestaub hinunter.«

»Die Franzosen sind eben ein zivilisiertes Volk«, meinte Laird ernsthaft.

Der Polizeiinspektor grinste und ging voran durch das Gedränge zu einem dunkelgrünen Peugeot-Kombi, der in der Wagenreihe vor dem Gebäude stand. Sie stiegen ein, und Briand warf Lairds Koffer auf den Rücksitz, bevor er sich ans Steuer setzte.

Sie fuhren an, als Laird das Mädchen sah. Sie kam gerade aus dem Flughafengebäude, und ihre Blicke begegneten sich kurz. Dann wandte sie sich rasch ab und war verschwunden.

Er schluckte mühsam und verdrehte den Hals, konnte sie aber nicht wieder entdecken.

»Haben Sie etwas vergessen?« fragte Briand und nahm den Fuß vom Gaspedal.

»Nein.« Laird atmete tief ein und blickte wieder nach vorn.

Aber einen Augenblick lang war es wie die Begegnung mit einer Geistererscheinung gewesen. Eine Geistererscheinung mit Natalies schlanker Figur und den langen, schwarzen Haaren, denselben feingeschnittenen Zügen und der honigfarbenen, gebräunten Haut. Sie trug einen leichten Regenmantel und eine Schultertasche.

Er fluchte im stillen vor sich hin, als Briand Gas gab und die Scheibenwischer einschaltete. Hier und da würde das vorkommen. Vielleicht hatte Kassar nicht zu Unrecht darauf verwiesen, welche Vorspiegelungen einem die Folgen einer Gehirnerschütterung einbringen konnten.

Sie erreichten die Ausfahrt und rollten in Richtung Stadt. Laird blickte noch einmal nach hinten.

»Ich glaube, ich könnte wirklich einen Schluck vertragen«, sagte er dumpf.

Die Fahrt nach Quimper dauerte nur einige Minuten, und Inspektor Briand beschränkte seine Konversation auf ein paar beiläufige Bemerkungen über das Wetter und den Ort.

Quimper war eine alte Stadt, zumeist aus grauem bretonischem Granit erbaut, mit einigen Überresten der alten Stadtmauer. Die auffallende Kathedrale mit den Doppeltürmen stammte aus dem 13. Jahrhundert. Sie fuhren nah daran vorbei. Man sah viele Touristen, die bei Frauen in bretonischer Tracht Spitzen kauften. Die übrigen waren nach Briands Worten Bauern, die zum Markt in die Stadt kamen. Ansonsten gäbe es Brauchtumsfeste, die Geld brächten, und ein bißchen Leichtindustrie. Der Fluß, der mitten durch die Stadt strömte, hieß Odet. Als der Peugeot auf einer Brücke an einer Ampel halten mußte, sah Laird, daß das Wasser klar und seicht genug war, um erkennbar werden zu lassen, daß es im Fluß viele dicke, träge Fische gab.

Sie hielten einige Minuten später vor einem kleinen Bistro. Der Blick ging auf einen Platz, wo man eine Tribüne aus Stahlrohren errichtet hatte.

»Für den Bastille-Tag«, sagte Briand trocken, als sie ausstiegen. »Kapellen, Umzüge, alles, bis auf Madame Guillotine – obwohl ich mir ein paar hiesige Kandidaten für sie vorstellen könnte.«

Sie betraten das Lokal, in dem es schwarze Eichenbalken, ein paar schmutzige Tische und an den Wänden eine Reihe von Fotos der Tour de France gab. Eine Gruppe von alten Männern hockte in einer Ecke beisammen, die einzigen Gäste außer ihnen. Briand bestellte zwei Schnäpse, und dann setzten sie sich mit den Gläsern an einen Tisch.

»Salut.« Briand trank einen Schluck aus seinem Glas und grinste über Lairds Gesicht, als dieser ebenfalls trank. »Calvados – Apfelbranntwein, hier aus der Gegend. Nicht das schwache Zeug, das man abgefüllt bekommt, sondern direkt aus einem Faß in einem Bauernhaus.«

»Ich glaube es Ihnen«, sagte Laird höflich, während er sich erholte. »Wann ist er gebrannt worden – vorige Woche?«

»Schön möglich«, erwiderte Briand gelassen. »Ich bin mit dem Getränk aufgewachsen.« Er stellte sein Glas auf den Tisch und kratzte sich am Kopf. »*Eh bien* – wo fangen wir an? Ich gehöre zum Betrugsdezernat in Paris, ich kenne die Gegend hier – und ich weiß, weshalb Sie hier sind. Ich bin heute nachmittag auch in Benodet gewesen. Die ›Mooncat‹ ist eingetroffen.«

»Sie haben die Jacht gesehen?« Laird beugte sich vor.

Der Polizeibeamte nickte.

»Sie hat an einem Schwimmsteg in der Nähe des Jachtklubs einen Liegeplatz gefunden. Die beiden Männer, die an Bord waren, gingen an Land – das war noch vor meiner Ankunft.« Er zog die Brauen ein wenig zusammen. »Es ist Ihnen klar, daß die Leute, für die Sie sich interessieren, in Frankreich keine Straftat begangen haben, daß kein ausländisches Gericht ihre Auslieferung beantragt hat.«

»Aber Sie sind interessiert?« gab Laird zurück.

»Dafür werde ich bezahlt.« Briand schien beinahe verletzt zu sein. »Aber die *Flics* hier wissen nur, daß ich da bin und Ermittlungen anstelle – nichts über den Grund.« Er trank einen Schluck. »Sie gibt es nicht.«

»Das ist mir nur recht.« Laird hatte nichts anderes erwartet. »Sonst noch Regeln?«

»Sie finden, was oder wen Sie suchen – aber dann übernehmen wir.« Briands träge Art hatte sich nicht verändert, aber seine Stimme klang warnend. »Ich habe den Auftrag, im vernünftigen Rahmen Unterstützung zu leisten. Aber Sie haben keine Sonderrechte. Wenn Sie eine Art Privatkrieg anfangen wollten –«

»Verstanden.« Laird atmete tief ein und fragte sich, was man Briand über ihn erzählt haben mochte. »Was wissen Sie über die ›Mooncat‹ noch?«

»Nicht viel«, gab der Inspektor zu. »Sie nimmt am ›Fruits de Mer‹-Rennen nicht teil, aber das besagt wenig. Jede große Regatta zieht viele Zuschauer in Booten an. Die ersten Regattateilnehmer sollten morgen früh in Benodet eintreffen.«

Laird nickte.

»Erzählen Sie von Benodet.«

»Die schlechten Nachrichten.« Briand verzog den Mund. »Ein kleiner Ferienort an der Atlantikküste, wo der Odet ins Meer fließt – ungefähr eine halbe Autostunde von hier entfernt. Im Winter leben dort nur ein paar tausend Menschen. Im Augenblick sind sie weit in der Minderzahl gegenüber den *en vacances* – ein Gewimmel von Campingplätzen, Wohnwagenstädten und Motels.«

»Und Jachten.«

»Und Jachten«, bestätigte Briand düster. »Von überall her strömen die Leute heran, am 14. Juli wird alles aus den Nähten platzen.« Er leerte sein Glas und wies mit dem Kinn auf Lairds Getränk. »Noch einen?«

»Nein, danke.« Laird schaute auf die Uhr.

Briand seufzte.

»Auf nach Benodet?«

»Laird grinste ihn an und schob seinen Stuhl zurück.

Eine breite Autostraße führte zur Küste und nach Benodet. Unterwegs schlug das Wetter um, wie das in der Bretagne so häufig vorkommt. Der Regen hörte auf, der Himmel wurde klar, die Sonne schien auf die nassen Straßen und trocknete sie. Es herrschte starker Verkehr in ihrer Richtung, zumeist Autos mit Familien – und je kleiner der Wagen, um so vollgepferchter mit Kindern, Hunden und Ferienausrüstung schien er zu sein.

Man hatte das als Hinweis auf die künftigen Probleme zu nehmen. Laird hing seinen eigenen Hoffnungen nach, die sich um die ›Mooncat‹ drehten, aber wenn er sich irrte, stand er vor dem Chaos eines Urlaubsortes auf dem Höhepunkt der Saison, und diese Aussicht machte ihm zu schaffen.

Sie blieben im Verkehrsstrom und rollten durch eine sanfte Landschaft von Feldern und Obstgärten, durchsetzt mit kleinen Dörfern. In den Raststätten gab es Wasserbälle und Gummiboote, Mietzelte, Gas in Flaschen und Lebensmittel, während Benzin und Motoröl beinahe in den Hintergrund zu treten schienen.

Laird erhaschte einen kurzen Blick aufs Meer, und einige Minuten später erreichte der Peugeot den Stadtrand. Benodet war klein und sauber, mit einer typisch französischen breiten Durchgangsstraße, aber alle Nebenstraßen waren eng und vollgestopft. Briand verfluchte den stockenden Verkehr, bog auf die Uferstraße ein, schlängelte sich dort vorbei an überfüllten Stränden hin zur Altstadt und hielt auf einem kleinen, geteerten Parkplatz.

Sie befanden sich am Jachtklub, einem eindrucksvollen Gebäude mit Flaggenmast, Funkantennen und einer ganzen Anzahl abgestellter teurer Autos. Der Blick ging auf die Odet-Mündung hinaus, eine weite, sandige Bucht, aus der mit der Zeit ein breiter, schlammiger Trichter stromaufwärts wurde, wo eine lange, hohe Straßenbrücke hinüberführte.

Und überall lagen Jachten. Große und kleine, Familiendickschiffe und riesige Luxusboote, schmale Rennjachten – manche tanzten an Bojen, andere waren an Schwimmstegen vertäut. Viele segelten draußen in der Bucht zwischen einigen heulenden Motorbooten mit Wasserskifahrern. Das war noch nicht alles. Das blaue, sonnenbeschienene Wasser weit vor der Bucht war übersät mit winzigen Segeln in allen Formen und Farben.

»Ihre ›Mooncat‹.« Briand griff ins Handschuhfach und gab Laird ein Fernglas. »Der dritte Schwimmsteg von hier – das Boot mit dem schwarzen Rumpf.«

Laird blickte durch das Glas, verstellte die Schärfe und preßte unwillkürlich die Lippen zusammen. Die ›Mooncat‹, den Namen in goldenen Buchstaben am Heck, lag vor Anker, die Segel gerefft, das Cockpit leer. Ein Motorsegler mit einer Länge von ungefähr zehn Metern, übliche Konstruktion. An der blinden Rahe steuerbords war die übliche französische Flagge aufgezogen, am Heck hing schlaff die britische Handelsflagge.

»Noch keiner zu Hause.« Briand lehnte sich mit behaglichem Brummen zurück. »Glauben Sie, die Leute, die Sie suchen, werden auftauchen?«

»Sie müssen«, erwiderte Laird.

Der Inspektor zuckte mit den Schultern.

»Vielleicht morgen, hm?« Er griff nach dem Zündschlüssel. »Ich habe in Quimper zwei Hotelzimmer bestellt. Der Geschäftsführer dort ist mein Vetter.«

»Ich bleibe hier.« Laird drehte den Kopf und sah Briand an. »Auf eigene Verantwortung, Inspektor.«

»Wie? Aber –« Briand verstummte und sah Laird scharf an, dann blickte er zur ›Mooncat‹ hinüber. »Nein, ich frage nicht, ich will nichts wissen. Aber wenn Sie in Schwierigkeiten kommen sollten –«

»Das sagten Sie bereits«, murmelte Laird.

»Bon.« Briand saugte die Lippen nach innen. »Man hat mir gesagt, daß Sie in Marokko schlimme Dinge erlebt haben. Der Polizeibeamte, mit dem Sie zusammen waren –«

»Kam ums Leben.«

»Das hat man mir auch gesagt. Und daß Sie heute früh erst aus dem Krankenhaus gekommen sind.« Briand fluchte halblaut vor sich hin, dann griff er wieder nach dem Zündschlüssel. »Also gut, bis morgen. Aber Sie brauchen ein Bett, und die Hotels hier sind alle überfüllt. Eine Bekannte von mir betreibt einen Caravan-Platz – sie ist mir die eine oder andere Gefälligkeit schuldig.«

Eine halbe Stunde später war alles geregelt. Der Wohnwagen-Platz lag am Südende des Ortes, direkt am Ufer. Ein Gewirr von mehr als zweihundert großen Wohnwagen und ebenso vielen Zelten erstreckte sich in langen Reihen über eine Folge kleiner Felder, die unterbrochen wurden von hohen Hecken und den Betonkästen vereinzelter Wasch- und Duschhäuschen.

Briands Bekannte war eine dicke, ältere Frau, die er als Madame Marie vorstellte. Sie umarmte Briand freudig, blickte stirnrunzelnd auf einen Plan in ihrem Büro, dann brachte sie den Schlüssel zu einem Miet-Wohnwagen am Nordrand des Platzes. Bevor sie auseinandergingen, besorgte sie auch noch einen Mietwagen.

»Das ist alles, was ich tun kann«, sagte Briand, als sie das Büro verlassen hatten. Er schaute sich mit säuerlicher Miene auf dem überfüllten Campingplatz um und sah Laird an. »Sind Sie sicher, daß Sie es so haben wollen?«

»Auf eigene Faust«, sagte Laird bekräftigend. »So kann ich besser arbeiten, Inspektor.«

»Sagen Sie Paul zu mir«, gab Briand seufzend zurück. »Wenn das ein Fehler war, sitzen wir alle beide in der Tinte. Ich komme morgen früh wieder.« Er grinste schief. »Wollen Sie meinen Feldstecher?«

Laird nickte. Er begleitete Briand zum Peugeot, ließ sich das Fernglas geben und schaute dem Franzosen nach, als er davonfuhr.

Im Einkaufsmarkt des Campingplatzes konnte man Barschecks einlösen. Laird kaufte eine große Tüte Lebensmittel, eine Seglermütze, eine Sonnenbrille und einen blauen Seemannspullover. Dann ging er zu seinem gemieteten Wohnwagen, wobei er sich bewußt war, daß er wieder hinkte.

Es war ein stationärer Wohnwagen, groß genug, um zwei Schlafräume aufzuweisen, einen Aufenthaltsraum, Küche und Duschkabine. Seine nächsten Nachbarn waren ein französisches Ehepaar mit einem ganzen Schwarm kleiner Kinder und ein junges, blondes Quartett aus Skandinavien, dem ein Volvo mit schwedischem Kennzeichen gehörte.

Bis Laird die Lebensmittel abgestellt und sich eine Kanne Kaffee gekocht hatte, wurde der Mietwagen gebracht. Laird unterschrieb für einen kleinen, ziemlich ramponierten gelben Renault, kehrte in den Wohnwagen zurück und ließ sich auf eines der Betten fallen.

Er ruhte sich ungefähr eine Stunde aus. Inzwischen herrschte draußen graue Dämmerung, und es wurde stiller auf dem Platz, als man sich zum Essen niederließ. Laird stand auf, zog die Fenstervorhänge zu, spritzte sich Wasser ins Gesicht, zog den dunkelblauen Pullover über seinen bandagierten Brustkorb, setzte die Seglermütze auf und betrachtete sich in einem Spiegel.

In dieser Aufmachung konnte er hier kaum auffallen. Er griff nach dem Fernglas, verließ den Wohnwagen, sperrte die Tür ab und stieg in den kleinen Renault.

Aus der Dämmerung wurde Abend, als Laird nach Benodet zurückfuhr. Es war immer noch trocken, aber ein böiger Wind bog das Gras am Straßenrand, und am Himmel zogen vom Meer herein dunkle Wolken auf. In der Nacht würde es regnen.

Er erreichte die Mitte der kleinen Stadt, fuhr vorbei an dem grellbeleuchteten Spielkasino und an den Strandcafés und schloß sich einer dahinkriechenden Autokolonne an, bis er abbiegen und vor dem Jachtklub parken konnte. Es war dieselbe Stelle, an der Briand gehalten hatte, und auf dem Parkplatz standen noch einige andere Autos.

Die Schwimmstege waren von Lampen beleuchtet. Laird griff nach dem Fernglas und fand die ›Mooncat‹. Er lächelte vor sich hin. Auf der Jacht brannte Licht, an den Bullaugen und noch heller dort, wo die nach unten führende Cockpittür offenstand.

Laird schaltete das Autoradio ein, fand einen Sender der Musik brachte, stellte das Gerät leiser und lehnte sich zurück.

Die Zeit verging. Ab und zu fuhr ein Auto auf den Parkplatz oder verließ ihn. Die Lichter auf dem Boot neben der ›Mooncat‹ erloschen nach einiger Zeit, zwei Männer und ein Mädchen kamen an Land und gingen unter lautem Gelächter vorbei.

Er hatte fast eine Stunde gewartet, und es war am Himmel völlig dunkel geworden, die Böen wurden stärker und schüttelten das kleine Fahrzeug ab und zu durch. Dann erloschen auf der ›Mooncat‹ die Lichter. Laird schaltete das Radio aus und rutschte tiefer in den Sitz, als zwei schattenhafte Gestalten auf den Schwimmsteg traten und in seine Richtung gingen.

Zwei Männer, der eine breitschultrig, der andere mager, aber hochgewachsen. Er konnte sie deutlich sehen, als sie unter einer Lampe hindurchgingen. Er griff nach dem Fernglas und hielt es bereit. Als die Männer die nächste Lampe erreichten, gab er einen gepreßten Laut von sich.

Der große Mann war der Matrose, der ihm auf der ›Banshee Raider‹ begegnet war, sein Begleiter der Kerl, der Laird in Safi beschattet hatte. Beide trugen Anzüge.

Sie kamen eine kurze Steinwurfweite vom Renault entfernt vorbei. Laird verdrehte den Hals und sah ihnen nach, als sie die Straße erreichten, stehenblieben und ein vorbeifahrendes Taxi aufhielten. Sie stiegen ein, und das Taxi fuhr davon.

Auf anderen Jachten brannte noch Licht, aber die ›Mooncat‹ schien verlassen zu sein. Laird stieg aus, schloß leise die Autotür, zog seine Seglermütze tiefer in die Stirn, um sich vor dem Wind ein wenig zu schützen, und ging mit gemächlichen Schritten zum Schwimmsteg.

Er hatte ihn beinahe erreicht, als ein Paar aus der Dunkelheit auftauchte und seinen Weg kreuzte. Sie nickten ihm zu und wünschten einen guten Abend. Laird brummte etwas und blieb stehen, bis sie fort waren.

Dann stand er auf dem Schwimmsteg. Auf beiden Seiten schwankten und knarrten die Reihen der vertäuten Jachten in der Dünung. Der Wind heulte durch ihre Takelage, und an einem Boot flatterte klatschend ein Cockpit-Überzug, der sich gelöst hatte.

Er erreichte die ›Mooncat‹, schaute sich noch einmal um, trat auf ihr Vordeck und huschte zum Cockpit. Er ging in die Hocke, während der festgezurrte Großsegelbaum über ihm vibrierte und rasselte, und fand die Tür zur großen Kajüte versperrt.

Es war die Art von billigem Schloß, wie man sie oft auf sonst teuren Booten fand, die Sparmarotte irgendeines Konstrukteurs. Laird zog eine seiner Kreditkarten aus der Brieftasche, schob sie zwischen Tür und Cockpitwand und drückte den Schnapper zurück. Die Tür ging auf.

Er blickte in undurchdringliches Dunkel, zögerte und entdeckte neben den Cockpitinstrumenten in einer Halterung eine Stablampe. Er knipste sie an, leuchtete in die leere Kajüte und stieg die fünf Stufen hinunter, bevor er die Tür hinter sich zuzog. Die Vorhänge an den Bullaugen waren nicht zugezogen. Er knipste die Lampe wieder an, schloß die Vorhänge, fand den Schalter für die Kajütenbeleuchtung, betätigte ihn und pfiff anerkennend durch die Zähne.

Die ›Mooncat‹ war luxuriös eingerichtet, von der Teakholztäfelung und den Messingbeschlägen bis zu den schwarzen Lederpolstern. Beim Vorpiek besaß ein kreisrunder Bartisch, der bezogen war mit schwarzem Leder, oben Vertiefungen für Gläser am Tischrand und für Flaschen und einen Eiskübel in der Mitte. Ein kleines

Fernsehgerät und ein Stereo-Tonbandgerät waren mit Halterungen befestigt, das Deck sogar mit einem dicken Teppich ausgelegt.

Er war nicht hergekommen, um zu staunen. Laird machte sich hastig daran, alles systematisch zu durchsuchen. Ab und zu fluchte er über die Schmerzen an den Rippen.

Die große Kajüte erbrachte nichts. Die Vorpiek-Kabine, die zwei Kojen und eine kleine Toilette enthielt, war leer. Er ging nach hinten, vorbei an einer winzigen Kombüse, und blieb an einem kleinen Karten- und Funkraum stehen.

An einem Haken hing ein Kalender mit nackten Mädchen. Er war im Juli aufgeschlagen, und irgend jemand hatte die Zahlen 27, 46 und 71 an den Rand gekritzelt und sie eingekreist.

Laird drehte sich um, streifte eine Schwimmweste, die an einem Haken hing, stutzte und runzelte die Stirn. Es gab zwei Schwimmwesten von der altmodischen Art mit Leinwand und Korkeinlage. Sie hingen nebeneinander. Auf einer modernen Jacht wie der ›Mooncat‹ wirkten sie wie Fremdkörper.

Er betastete eine der Westen und nahm sie herunter. Das Gewicht stimmte nicht und die Korkeinlagen gaben nach, als er den Finger in die Leinwand bohrte.

Auf dem Kartentisch lag ein kleines, scharfes Messer. Er zertrennte mit der Spitze ein paar Nähte an der Unterseite der Weste und zog ein plastikbezogenes Päckchen von der Größe und Form einer Zigarettenschachtel heraus.

Die Buchstaben ›UGD‹ auf dem Kunststoff sagten alles, auch ohne das Firmenzeichen der Alfred Nobel AG darunter. ›UGD‹ – Unterwasser-Gelatinedynamit, der wirkungsvollste Unterwasser-Sprengstoff, solange der Benutzer nicht an ein Marinearsenal gelangen konnte. Selbst wenn es einige Wochen im Salzwasser lag, zersetzte es sich nicht.

Und es gab zwei Schwimmwesten, jede mit eingenähten Fächern, die Korkeinlagen hätten aufnehmen sollen... zusammen genug Sprengstoff, um den Boden jedes Zehntausendtonners aufzureißen, aber harmlos, bis er gezündet wurde.

Mit grimmiger Miene schob Laird das Päckchen in das Fach zurück, glättete die Leinwand und betrachtete das Ergebnis. Er konnte nur hoffen, daß man vermuten würde, die Nähte wären aufgegangen, wenn jemand etwas bemerkte. Er hängte die Schwimmweste wieder an ihren Haken.

Achtern gab es noch eine kleine Kabine, zu erreichen durch einen schmalen, niedrigen Durchgang, der um den großen Diesel-Hilfsmotor herumführte. In der Kabine gab es zwei Kojen; dem Bettzeug und der herumliegenden Kleidung nach wurden sie von der Besatzung benützt.

Laird ging zurück, schaltete die Beleuchtung aus, zog die Vorhänge zurück und stieg die Stufen zur Cockpittür hinauf. Er öffnete sie, steckte den Kopf in die windige Nacht hinaus und blickte in die Mündung einer Pistole.

»Schön stillhalten«, befahl eine heisere, nervöse Stimme halblaut. Die Gestalt hinter der Waffe wich einen Schritt zurück. »Also, Freundchen. *Comprenez* Englisch? Komm langsam rauf – wenn du dir was einfallen läßt, bist du tot.«

Laird nickte und gehorchte. Er hatte die Stablampe noch in der Hand.

»Laß die fallen«, sagte die heisere Stimme. »Heb die Hände hoch.«

Laird gehorchte, im schwankenden Cockpit stehend, während der Großsegelbaum aus Aluminium neben seinem Kopf vibrierte. Als seine Augen sich an die Dunkelheit gewöhnten, sank ihm der Mut. Der Mann mit der Pistole war der breitschultrige Seemann, den er hatte an Land gehen sehen. Die Waffe in seiner Hand war eine Automatik mit dickem Schalldämpfer.

»So.« Die Stimme klang selbstsicherer. »Schön brav sein.« Der Mann bückte sich, hob die Stablampe auf, trat zurück, schaltete sie ein und hielt den Atem an, als das Licht auf Lairds Gesicht fiel. Die Lampe erlosch. »Sie!«

»Ich«, bestätigte Laird ergeben.

Der Mann fluchte leise. Er roch nach Schnaps.

»Sie sollen doch so gut wie tot sein.«

»Man darf nicht alles glauben, was man hört«, meinte Laird ruhig.

Auf der Jacht gab es zu viele andere Geräusche, als daß er Gewißheit haben konnte, aber er glaubte, hinter sich auf dem Deck ein Rascheln gehört zu haben, vor dem Cockpit. Zwei Männer waren an Land gegangen – das mußte der andere Matrose sein. Aber warum holte der Mann mit der Pistole ihn nicht her?

»Sagen wir, ich hatte Glück – mehr Glück als andere.«

Die Zähne des anderen schimmerten kurz.

»Bomben in Autos sind nicht meine Marke, Laird. Wir warten jetzt. Ein paar alte Freunde von Ihnen werden bald kommen. Deshalb bin ich auf das Boot zurückgegangen – und Sie sind mit dem Licht nicht vorsichtig genug gewesen.«

»Das war mein Fehler«, gab Laird zu. Er wußte nicht, was das zu bedeuten hatte, aber das Rascheln war wieder zu hören gewesen, näher bei ihm, von den Geräuschen, die der Wind hervorrief, fast übertönt. Aber es gab ihm Hoffnung, von einer Art, der er nachhelfen mußte. Er atmete tief und stockend ein, dann packte er mit einer schnellen Bewegung den Großsegelbaum mit der rechten Hand.

»Was, zum –« Der Mann spannte die Muskeln an.

»Kann nichts dafür«, stieß Laird hervor. »Die verdammten Ärzte wollten, daß ich im Dock bleibe.« Er lehnte den Kopf an den Mastbaum, ohne einen Fluch des Seemanns zu beachten, und wies mit einer schwachen Handbewegung auf die Cockpit-Sitze hinter dem Mann. »Hören Sie, ich – entweder kann ich mich setzen oder ich falle um, ja?«

Der Mann fuhr mit der Zunge über die Lippen, dann nickte er.

»Aber keine Tricks.«

Er trat zurück, die Pistole im Anschlag, während Laird an ihm vorbeischlurfte und so tat, als sinke er auf dem Sitz zusammen. Laird hob den Kopf, den Mann noch immer vor sich, nun aber mit dem Rücken zum Bug – und da war wirklich jemand, eine schmale Gestalt, die lautlos zum Cockpit schlich.

»Sie sollten da noch etwas erfahren.« Laird straffte sich mit gespielter Mühseligkeit und taumelte einen halben Schritt vorwärts.

»Das ist nah genug.« Der Matrose wich etwas zurück.

Und die schlanke Gestalt am Cockpit richtete sich auf. Etwas Kleines, Funkelndes und Schweres sauste herab und krachte auf den Schädel des Mannes.

Er gab keinen Laut von sich, zuckte nur, riß den Mund auf, als wolle er etwas sagen, dann fiel er um. Die Pistole flog davon.

Aber Laird starrte seinen Retter ungläubig und verwirrt an. Es war das Mädchen, das er vor dem Flugplatzgebäude in Quimper ganz kurz gesehen hatte. Das Mädchen, das ihn so sehr an Natalie erinnerte, daß sie wie ihre Doppelgängerin aussah – und aus der Nähe änderte sich nichts an dem Eindruck.

»Wer sind Sie?« stieß er hervor, unfähig, den Blick von ihr abzuwenden.

»Wir haben uns immer sehr ähnlich gesehen«, sagte sie leise. »Hat Natalie Ihnen nichts erzählt?«

»Doch.« Laird begriff schlagartig und verspürte gleichzeitig Erleichterung darüber, daß er nicht befürchten mußte, den Verstand verloren zu haben. »Sie sagte, sie hätte eine Schwester. Sie sind –«

»Yvonne. Ich bin Ihnen gefolgt«, sagte sie. Sie biß auf ihre Unterlippe und warf einen Blick auf die schwere, verchromte Winschkurbel, die sie in der Hand hielt, dann richtete sie den Blick auf die regungslose Gestalt zu ihren Füßen. »Das war alles, was ich finden konnte. Ich – habe ich ihn umgebracht?«

Laird kniete vor dem Mann nieder. Selbst im Dunkeln des Cockpits konnte er sehen, wie der Schädel zertrümmert worden war. Er suchte nach einem Puls, fand ihn aber nicht.

»Nun?« flüsterte Yvonne Cordelle.

»Er ist tot«, sagte Laird leise. »Aber er war einer von ihnen. Und wenn Sie nicht gekommen wären –«

»Hätte er Sie umgebracht.« Sie fröstelte kurz, dann fuhr sie mit der freien Hand über den schwarzen Pullover, den sie zur Leinenhose trug. »Was tun wir jetzt? Holen wir die Polizei?«

»Nein.« Laird schüttelte den Kopf. Er stand auf und dachte angestrengt nach. Der Tote hatte erklärt, ›alte Freunde‹ seien auf dem Weg hierher. Das konnte nur eines bedeuten.

»Warum nicht?« fragte sie unsicher.

»Weil das etwas viel Wichtigeres zerstören könnte. Die anderen würden sofort untertauchen.« Wieder fegte eine Bö über das Wasser, und der Aluminium-Großbaum schepperte stark. Laird warf einen Blick auf ihn und kam auf eine Idee. Er nahm ihr die Winschkurbel ab und deutete zum Land. »Ich brauche ein paar Minuten. Geben Sie mir Bescheid, falls jemand kommt.« Er blickte wieder auf den Toten und auf den Baum mit dem festgezurrten Segel. Er wußte jetzt, was er tun mußte.

Wie auf den meisten Jachten wurde der Großbaum durch die Großschot, die über Blöcke lief und von einer Curryklemme im Cockpit fixiert war, mittschiffs gehalten. Auf See konnte ein Rudergänger so mit einer Hand steuern und mit der anderen Hand das Großsegel bedienen.

Aber da gab es manchmal Zwischenfälle. Viele Segler konnten davon erzählen, wie ein im Wind schlagender Großbaum einen Bedauernswerten über Bord gestoßen hatte – oder wie Schlimmeres geschehen war. Viel Schlimmeres.

Selbst auf einer am Schwimmsteg vertäuten ›Mooncat‹ konnte es bei eingeholten Segeln in einer so stürmischen Nacht nach einem derartigen Unglück aussehen.

Ein Matrose, der zuviel getrunken hatte und auf das Boot zurückkam. Ein Stolpern im dunklen Cockpit, mit dem Fuß an die Curryklemme gestoßen. Dann eine starke Windbö, und der Großbaum schnellte herum...

Laird packte den Toten und lehnte ihn behutsam an die Cockpit-Rückwand. Mit dem eigenen Taschentuch tupfte er Blut aus dem zertrümmerten Schädel an die Nock des Großbaums.

Die Winschkurbel war blutverschmiert. Er beugte sich über die Bordwand, spülte die Kurbel ab, robbte über das Deck und ließ die Kurbel in die Leinentasche am Fuß des Mastes hineingleiten.

»Alles ruhig?« flüsterte er, als er ins Cockpit zurückkletterte.

Sie nickte, ohne sich umzudrehen.

»Bin fast fertig«, sagte er leise. »Bleiben Sie unten.«

Er knipste für einen Augenblick die Stablampe an. Auf dem Cockpitdeck war ein Blutfleck zu sehen. Er wischte den Boden sauber, dann beugte er sich wieder über den Toten.

In einer Innentasche steckte ein englischer Paß auf den Namen John Jackson. Laird schob ihn wieder hinein, fand sonst nur Kleingeld, Zigaretten, Schlüssel für das Boot und ein leeres Schulterhalfter.

Laird schraubte den Schalldämpfer von der Pistole, schob die Waffe in die Tragevorrichtung unter der Achsdel, schaute sich ein letztesmal um, bevor er den Schalldämpfer in die Jackentasche des Toten gleiten ließ. Er schloß die Kajütentür, vergewisserte sich, daß das Schloß eingeschnappt war, und klemmte die Lampe wieder in ihre Halterung.

»Gehen wir«, flüsterte er.

Er wartete, bis Yvonne Cordelle auf dem Schwimmsteg stand, dann löste er die Curryklemme für den Großbaum. Der Aluminiumbaum erzitterte einen Augenblick, dann fuhr er im Sturmwind im Kreis herum, so daß Laird schnell den Kopf einziehen mußte.

Alles sah plausibel aus.

Geduckt huschte Laird auf den Schwimmsteg hinaus. Er griff nach Yvonne Cordelles Arm und führte sie ohne jede Eile zum Parkplatz.

Einmal schaute er sich um. Die ›Mooncat‹ war ein dunkler Umriß in der Nacht, ein Schatten, an dem der klappernde Mastbaum hin- und herschwankte.

Auf einem der Boote am nächsten Schwimmsteg fand eine Party statt. Sie hörten Musik, als sie vorbeigingen, und sahen in einer hellerleuchteten Salonkajüte Menschen.

Das war alles. Sie erreichten Lairds Miet-Renault, und er half Yvonne Cordelle in den Wagen. Als er sich ans Steuer setzte und die Fahrertür schloß, war sie zurückgesunken, die langen, schwarzen Haare vom Wind zerzaust, das Gesicht bleich im Schein der nächsten Straßenlaterne.

Laird zog seine Zigaretten heraus, zündete eine an und gab sie ihr. Das Mädchen sog dankbar den Rauch ein und nickte ihm zu. Er zündete sich selbst auch eine Zigarette an und beobachtete sie. Yvonne Cordelles Ähnlichkeit mit ihrer toten Schwester war beinahe unheimlich. Es gab aber doch Unterschiede, kleine Unterschiede an Mund und Augen, und ihr Gesicht wirkte ein wenig voller – gerade genug, nachdem er sich an ihre Gegenwart gewöhnt hatte, um hervorzuheben, daß sie ein Mensch für sich war.

Sie blickte zur Seite, sah ihn die Stirn runzeln und lächelte mühsam.

»Sie erinnern sich nicht?« fragte sie. »Ich bin im Krankenhaus gewesen. Am selben Tag, als die Beerdigung war.«

Die Erinnerung war da, undeutlich, vermischt mit der Unwirklichkeit eines Alptraumes. Oder vielleicht mit der Wirklichkeit. Er sagte nichts.

»Das dachte ich beinahe.« Sie blickte durch die Windschutzscheibe in die Dunkelheit hinaus. »Ich arbeite bei einer Fluggesellschaft in Paris. Als ich das von Natalie erfuhr, flog ich heim und kam gerade noch zur Beerdigung recht. Dort lernte ich Ihren Mr. Morris kennen. Dann –«, sie schüttelte ein wenig den Kopf, »– dann erfuhr ich die ganze Geschichte von Doktor Kassar, oder soviel, wie er wußte. Er – auf seine eigene Art hatte er Natalie sehr gern. Er sagte mir, was Sie tun wollten.«

»Ganz einfach so?« Laird starrte sie an.

»Nach einiger Zeit.« Sie sagte es trocken und achselzuckend. »Ich beschloß, gleich hierherzukommen. Ich wollte Sie am Flugplatz ansprechen, aber da war ein anderer Mann.«

»Paul Briand. Von der Polizei«, sagte Laird vage. Er hielt die Zigarette in der gewölbten Hand und sog heftig daran. »Hören Sie, Yvonne, was Sie auch vorgehabt haben mögen –«

»Jedenfalls bin ich Ihnen gefolgt«, fuhr sie fort, ohne auf seinen Einwurf zu achten. »Zuerst zum Campingplatz, dann hierher. Ich wollte mit Ihnen reden, aber – na ja, ich wollte auch in Erfahrung bringen, was Sie vorhatten.« Sie schnitt eine Grimasse. »Ich wurde im Auto ganz steif, bis ich Sie zum Boot hinuntergehen sah.«

»Und sind mir gefolgt.«

»Sie waren verschwunden. Ich wußte nicht, was vorging. Ich schlich mich an Bord und hielt mich für sehr klug, als ich diesen Mann kommen sah.« Sie atmete tief ein und blickte ihn ernsthaft an. »Ich konnte Sie nicht warnen. Ich konnte nichts tun, bis –« Sie verstummte und schüttelte den Kopf.

»Bis Sie etwas riskierten, das Sie das Leben hätte kosten können«, sagte Laird grimmig. Er beugte sich hinüber und küßte sie kurz auf den Mund. »Das war mein Glück. Sonst hätte es finster für mich ausgesehen.« Er lehnte sich zurück, fuhr mit dem Daumen über sein Kinn und sah sie forschend an. »Jetzt stellt sich die Frage, was mit Ihnen weiter geschehen soll.«

»Natalie war meine Schwester«, sagte sie und hob rasch den Kopf. »Meine kleine Schwester – sie war zwei Jahre jünger. Deshalb bin ich hier, Andrew Laird. Deshalb gehe ich nirgendwo anders hin.«

»Aber –« Laird verstummte und fluchte halblaut, als Scheinwerferstrahlen über den Parkplatz glitten und ein Fahrzeug einbog.

Er griff nach Yvonnes Zigarette, drückte sie zusammen mit der seinen aus und bedeutete ihr, sich zu ducken. Ein weißer Mercedes-Kombi rollte langsam vorbei und kam in einer Parklücke zum Stehen. Als der Motor abgestellt wurde und das Licht erlosch, stiegen vier Leute aus und gingen zum Jachthafen.

Noch bevor er das Fernglas an die Augen hob, wußte Laird, wen er vor sich hatte. Ben Hamilton ging voran, neben sich den schlaksigen Matrosen. Die beiden anderen waren Jody Oland und Hamiltons Steward. Laird sah ihnen nach, als sie den Schwimmsteg entlanggingen, und spürte, wie Yvonnes Hand seinen Arm umklammerte.

»Sind sie das?« zischte sie.

»Fast alle.« Bernice Edwards und ihre Tochter fehlten noch, aber der Instinkt sagte ihm, daß sie nicht weit sein konnten.

Er verzog den Mund. Hamilton und seine Leute hatten eine unangenehme Überraschung vor sich. Was sie daraufhin unternahmen, war die große Frage.

Es war zu dunkel, als daß zu sehen gewesen wäre, wie die vier Männer die ›Mooncat‹ betraten, aber Augenblicke später sah Laird kurz eine Lampe aufleuchten und wieder erlöschen. Zwei oder drei Minuten vergingen, dann kam Hamilton allein auf dem Schwimmsteg zurück. Er blieb am Ufer stehen, schaute sich, unter den Lampen stehend, um und ging mit ruhigen Schritten zur Jacht zurück.

»Ich glaube, sie haben es geschluckt«, sagte Laird leise.

So oder so hatte es den Anschein, als würden Hamilton und Oland nicht losrennen und um Hilfe rufen.

»Warten wir und folgen wir ihnen?« fragte Yvonne Cordelle und rückte ein wenig näher an ihn heran.

Laird schüttelte den Kopf.

»Sie sind hier, das genügt fürs erste.« Er richtete das Fernglas auf den Mercedes. Er trug französische Kennzeichen. »Haben Sie etwas zum Schreiben dabei?«

Sie runzelte die Stirn, suchte in einer Jeanstasche und förderte Lippenstift und Papiertaschentücher zutage. Er nannte ihr das amtliche Kennzeichen.

»Wo wohnen Sie?« fragte er.

»Bis jetzt noch nirgends«, gab sie zu. »Ich habe den Wagen gemietet und –«

Er nickte resigniert. »Kommen Sie lieber mit. In Ordnung?«

»Merci.« Sie lachte leise. »Ich habe schon begeistertere Einladungen gehört. Was ist mit meinem Fahrzeug, und wie kommen wir hier weg?«

»Wie zwei ganz gewöhnliche Autofahrer, die still und sorglos davonfahren.« Er beugte sich hinüber und öffnete ihre Tür. »Sie zuerst. Warten Sie beim Spielkasino auf mich – ich komme in zwei Minuten nach.«

Sie nickte, stieg aus und schloß leise die Tür. Augenblicke später hörte Laird einen Motor anspringen, dann flammten ihre Scheinwerfer auf. Er grinste, als er das Auto anfahren sah. Es war ein gelber Renault, wie der seine.

Auf der ›Mooncat‹ schien sich immer noch nichts zu rühren. Er wartete zwei Minuten, dann ließ er den Motor an und fuhr vom Parkplatz, als ein offener Sportwagen, vollgepfercht mit Männern und Mädchen, hereinfuhr.

Yvonne Cordelles Wagen wartete am Randstein, als er am Kasino vorbeifuhr. Sie folgte ihm den Rest des Weges zum Campingplatz und hielt hinter ihm, als er den Wagen vor seinem Caravan abstellte.

Sie brachte einen kleinen Koffer mit. Er nahm ihn ihr ab, sperrte die Wohnwagentür auf, schaltete das Licht ein und winkte sie herein.

In der Tüte mit den Lebensmitteln befand sich auch eine kleine Flasche Whisky. Laird füllte zwei Gläser, und Yvonne schlürfte langsam, während sie im Wohnwagen herumging und sich wortlos alles ansah.

Als sie zurückkam, saß Laird auf einer Bank und hatte die Beine hochgelegt.

»Natalie hat mir von Ihnen nichts mehr erzählen können«, sagte sie beinahe nachdenklich. »Sie haben sie nur – wie lange, ein paar Tage? – gekannt.«

Laird nickte.

»Mohammed Kassar sagte, sie hätte sehr viel von Ihnen gehalten.« Sie lächelte ihn auf eine Weise an, die ihn stärker denn je an das tote Mädchen erinnerte, und die doch ganz anders war. »Es gibt zwei Schlafräume. Kann ich mir einen aussuchen?«

»Ohne Aufschlag.«

»Ich nehme das hintere Zimmer. Es besitzt einen Spiegel.« Sie griff nach ihrem kleinen Koffer, schien noch etwas sagen zu wollen und schüttelte dann kurz den Kopf, als habe sie es sich anders überlegt. »Gute Nacht, Andrew.«

Einen Augenblick später hörte er ihre Tür zuklappen. Er nahm das Geräusch kaum wahr. Die alte Müdigkeit war zurückgekehrt und durchflutete ihn. Er goß noch Whisky in sein Glas, spülte zwei Schmerztabletten damit hinunter und ging in das andere Schlafzimmer. Er schlief sofort, als er den Kopf auf das Kissen legte.

Kapitel 7

Irgendwann in der Nacht gab es eine Veränderung des Barometerdrucks südlich von Irland. Bis zum Morgen besserte sich das Wetter an der nördlichen Atlantikküste Frankreichs beträchtlich. Der Wind verringerte sich zu einer sanften Brise, und als Andrew Laird erwachte, flutete Sonnenlicht in den Wohnwagen.

Die Vorhänge waren zurückgezogen. Er hörte Geschirr klappern und schnupperte. In einer Pfanne wurde Speck gebraten. Er rieb sich den Schlaf aus den Augen, stand auf, blickte mit zusammengekniffenen Augen auf den blauen Himmel, zog eine Hose an und tappte barfuß hinaus, um nachzusehen.

»Guten Morgen, Andrew.« Yvonne begrüßte ihn mit munterer Stimme, als er in die kleine Küche kam. Sie hatte die schwarzen Haare zu einem Pferdeschwanz zusammengebunden, trug weiße Shorts, eine blau-weiß gestreifte Seglerbluse und Strandschuhe aus Leinen. »Sie haben gut geschlafen. Ich konnte Sie schnarchen hören.«

»Das war ich nicht. Vielleicht die Termiten.« Der Tisch war für zwei Personen gedeckt. Er sah sie Speck und Brot in einer Pfanne braten. »Habe ich Zeit zum Duschen und Rasieren?«

Sie blickte stirnrunzelnd auf seinen Brustkorbverband, nickte aber.

»Ich warte mit den Eiern noch.«

Er ging in die Duschecke. Ein Stück parfümierter Seife lag in der Schale. Eine Strumpfhose war gewaschen und zum Trocknen aufgehängt worden, das einzige Badetuch war feucht.

Resigniert drehte er die Dusche auf. Das Wasser war kalt.

Als er rasiert und angezogen war, ging er zur Küche zurück, das Hemd lose über dem feuchten Verband. Yvonne hatte das Frühstück fertig, und er setzte sich zu ihr an den Tisch. Er hatte Hunger und Stoff zum Nachdenken genug. Yvonne schien es ebenso zu ergehen, und sie sprachen beim Essen wenig.

Laird stand auf, um den Kaffee vom Herd zu holen, als an die Tür geklopft wurde. Yvonne warf ihm einen raschen, ängstlichen Blick zu, aber er sah draußen Paul Briand stehen und stirnrunzelnd auf die beiden gelben Renaults blicken.

»Wie vereinbart«, sagte er. »Der Kriminalinspektor, von dem ich schon sprach.«

Sie schob die Unterlippe vor.

»Was sagen wir?«

»Nichts, was peinlich werden könnte.« Er öffnete die Tür.

»Bonjour.« Briand begrüßte ihn mit einem zurückhaltenden Nikken und zeigte mit dem Daumen auf die Autos. »Besuch?«

»Jemand, den ich gestern abend kennengelernt habe«, sagte Laird. »Kommen Sie herein.«

Briand betrat den Wohnwagen. Seine Brauen stiegen in die Höhe, als er Yvonne sah, und er warf Laird einen Seitenblick zu.

»Falsch«, sagte Laird belustigt. »Die Dame ist interessiert wie wir. Yvonne –«

»Yvonne Cordelle, Inspektor.« Sie stand auf. »Meine Schwester ist getötet worden.«

Briand schluckte, halb verlegen, halb dienstlich interessiert.

»Aber – sie hat Sie hier gefunden?«

»Mit ein bißchen Unterstützung«, erwiderte Laird trocken. Er zog noch einen Stuhl an den Tisch. »Kaffee?«

»Ja.« Briand setzte sich, beinahe sprachlos. Er starrte Yvonne an, als Laird eine Tasse vollgoß und sie vor ihn hinstellte. »Ihre – äh – Beteiligung ist inoffizieller Art, *Mademoiselle*?«

Yvonne nickte.

»Rein persönlich, Inspektor.«

»Aha.« Briand seufzte. »Und wenn ich das nicht billige?«

»Können Sie sich zum Teufel scheren, Inspektor«, sagte sie schlicht.

»Eh bien...« Briand fuhr mit der Hand über seine kurzgeschorenen grauen Haare. Er sah Laird vorwurfsvoll an. »Sie wußten, daß es dazu kommen würde?«

»Nein.« Laird schüttelte den Kopf. Er setzte sich zu Briand. »Wir hatten gestern nacht viel zu tun.«

»So?« sagte Briand knapp.

»Yvonne stand Schmiere, während ich auf der ›Mooncat‹ einbrach.« Laird sagte es beinahe beiläufig, sah Briands Überraschung und hob beschwichtigend die Hand. »Das würden wir natürlich leugnen. Und wir haben Hamilton und Jody Oland gesehen.«

»Sie sind hier?« Paul Briand wirkte zum erstenmal befriedigt.

»Dann findet das Treffen also doch in Benodet statt?«

»Es sieht so aus. An Bord der ›Mooncat‹ befindet sich außerdem genug Unterwasser-Sprengstoff, um halb Benodet in die Luft zu jagen.«

Briand fuhr hoch, als sei er von einer Biene gestochen worden, dann sog er scharf die Luft ein.

»Erzählen Sie.«

Laird berichtete. Es fiel nicht schwer, die Rückkehr von Jackson unerwähnt zu lassen. Als er fertig war, zog Briand seine Zigaretten heraus und zündete sich eine an.

»Und das Auto, das Sie gesehen haben?« fragte er.

»Ein weißer Mercedes-Kombi«, sagte Yvonne ruhig. Als Briand sie erstaunt ansah, nahm sie ihre Handtasche von einem Wandbrett, öffnete sie und gab ihm das zerknüllte Papiertaschentuch mit der Lippenstift-Aufschrift. »Wohl ein 280 TE – neu.«

Briand sah sie an.

»Sie interessieren sich für Autos?«

Sie lächelte schwach.

»Teure Autos sind für die meisten Frauen von Interesse.«

»Richtig.« Briand sog heftig an seiner Zigarette, dann sah er Laird scharf an. »Ist Ihnen klar, daß der Sprengstoff uns zum Handeln zwingt?«

»Nur, wenn Sie in Panik geraten«, entgegnete Laird unbeirrt. Er erwiderte Briands Blick ruhig. »Paul, was ist, wenn man ihn inzwischen fortgebracht hat? Dann nehmen Sie ein paar Leute fest und müssen sie wieder laufen lassen.« Er sprach mit starkem Nachdruck. »Selbst wenn Sie das Zeug finden und jeden verhaften, den Sie auf der ›Mooncat‹ entdecken, was ist mit dem Rest der Bande – wie viele werden entwischen?«

Briand trommelte mit den Fingern auf die Tischplatte und dachte nach. Dann grinste er zu Lairds Erstaunen.

»Also gut, wie Sie wollen – als kleineres Übel. Einem Untersuchungsrichter klarzumachen, woher ich meine Informationen habe, könnte peinlich werden – für uns beide.« Er atmete tief ein. »Sind Sie bei den Zahlen, die Sie auf dem Kalender gesehen haben, sicher?«

»Ja.« Laird lächelte erleichtert. »27, 46, 71 – eingekreist.«

»Eine Rufnummer?« meinte Yvonne.

»Vielleicht. Bei unseren Telefonämtern werden meistens sechsstellige Nummern paarweise verwendet, Benodet eingeschlossen.« Briand suchte nach einem Aschenbecher, fand keinen und drückte seinen Zigarettenstummel auf einem Unterteller aus. »Eine Vorwahlnummer wäre nützlich gewesen. Aber ich kann es versuchen.« Er sah die beiden an. »Sonst noch etwas?«

Sie schüttelten die Köpfe.

»*Eh bien*... Ich habe zu tun.« Er stand auf, nickte Yvonne zum Abschied höflich zu und winkte Laird. »Kommen Sie ein Stück mit.«

Laird folgte ihm ins Freie. Die Vorhänge am Wohnwagen der Skandinavier waren noch fest zugezogen, aber die französische Familie auf der anderen Seite war auf den Beinen. Die kleinen Kinder kletterten an Briands dunkelgrünem Peugeot herum.

»*Mon Dieu*... heute mein Auto und morgen Frankreich.« Er verjagte sie mit Zorngebrüll, funkelte ihnen böse nach, als sie davonliefen, und starrte Laird finster an. »Also. Was ist mit dem Mädchen?«

»Lieber bei mir, als daß sie frei herumläuft«, murmelte Laird.

»Mag sein.« Briand sah ihn mit einem Gemisch aus Neid und Argwohn an. »Sie ist sehr hübsch und hat die entsprechende Figur. Aber Sie sorgen sich natürlich nur um ihr Wohlergehen.«

»Ich habe ihre Schwester gekannt«, gab Laird leise zurück.

»Ja, das hatte ich vergessen.« Briand scharrte verlegen mit den Füßen. »Sprechen wir über den Sprengstoff. Der Mann, der ihn verwenden will –«

»Ist vermutlich schon unterwegs. Zuerst ein Schiff, dann ein Schadensersatzanspruch.«

»Aber wo?« Briand ging zu seinem Wagen, lehnte sich daran und schüttelte den Kopf. »Nicht hier – Benodet ist kein Frachthafen. Aber Brest und Lorient liegen nah genug.« Er machte eine Pause. »Ich habe eine Nachricht aus London für Sie. Ein Mann namens Morris möchte, daß Sie sich bei ihm melden.«

»Gut«, sagte Laird. »Das ist mein Chef.«

»Hoffen wir, daß er etwas weiß.« Briands Stimme klang zweifelnd. »Aber wir haben vielleicht noch etwas Zeit. Die ›Fruits de Mer‹-Regattajachten sind gestern nacht in einen Sturm geraten. Die Hälfte der Boote wurde abgetrieben. Ein paar werden erst morgen eintreffen.«

Laird pfiff durch die Zähne.

»Sehr gut. Das bringt ihre Pläne vielleicht durcheinander.«
»Wenn wir Glück haben.« Briand öffnete seine Autotür. »Wir treffen uns am besten später, gegen Mittag. Sind Sie schon einmal in einer echten *Crêperie* gewesen?«
Laird schüttelte den Kopf.
»Dann sehen wir uns im Tigre d'Or an der Straße nach Fouesnant – nur ein paar Kilometer außerhalb der Stadt.« Briand grinste ihn an. »Sie können mich zum Essen einladen.« Er stieg ein, fuhr davon und legte zwei Finger an die Stirn, als er an Laird vorbeirollte.

Roter Mohn in voller Blüte, ein grellroter Farbklecks im Schatten einer Hecke zog Lairds Blick auf sich, als er zurückging. Ohne recht zu wissen, warum, pflückte er ein paar Blüten und nahm sie mit in den Wohnwagen.
Yvonne saß noch am Tisch, hielt aber den Kopf gesenkt und hatte die Hände vor das Gesicht gelegt.
»Was ist denn?« fragte Laird verwirrt.
Sie antwortete nicht. Er legte die Mohnblüten auf den Tisch, zog ihr sanft die Hände vom Gesicht und zwang sie, den Kopf zu heben. Ihre Augen waren rot und feucht vom Weinen.
»Gehen Sie«, sagte sie mit erstickter Stimme. »Bitte.«
»Nicht, bis ich weiß, was los ist«, erklärte Laird entschieden. »Hören Sie, wenn Sie sich wieder wegen gestern nacht Gedanken machen, weil Briand hier aufgetaucht ist –«
Sie schüttelte stumm den Kopf.
»Sondern?« Er wartete geduldig.
»Vielleicht – vielleicht habe ich mir das nur aufgespart.« Sie wirkte elend. »Es ist einfach über mich gekommen. Da saßen wir, Sie und ich und Briand, und redeten, als sei das alles gar nicht wahr. Dabei ist Natalie tot, und ich – ich –«
»Ja.« Laird nickte mitfühlend. »Jeder muß einmal weinen.«
»Danke.« Yvonne zwang sich ein Lächeln ab. »Sehen Sie nicht so besorgt drein. Ich – ich höre ja schon auf. Aber ich muß mich erst erholen. Ich sehe sicher schrecklich aus.«
»Könnte ich nicht behaupten. Aber lassen Sie sich ruhig Zeit. Ich komme wieder.« Er verließ den Wohnwagen und ging zum Supermarkt. Die Sonne schien warm auf seinen Rücken. Dutzende von Campern waren unterwegs, die meisten zum Strand, beladen mit al-

lem, von Luftmatratzen bis zu Surfbrettern, trieben Kinder vor sich her oder zerrten Hunde nach. Man hörte Laute in einem halben Dutzend Sprachen.

Vor dem Einkaufsmarkt gab es eine Telefonzelle. Um sie benützen zu können, mußte er sich hinter zwei Deutschen und einem holländischen Mädchen im Bikini anstellen, das braungebrannt war und einen Pferdeschwanz trug. An der Wand neben der Zelle gab es eine Karte des Bezirks, die er studierte, während er wartete.

Als er an die Reihe kam, machte er einer großen, dicken Frau in Bermuda-Shorts hinter ihm die Tür vor der Nase zu. Er wählte die Nummer der Clanmore Alliance in London im Direktverkehr und fütterte den Apparat mit Münzen, als die Verbindung hergestellt war.

Osgood Morris war bei einer Sitzung, kam aber schnell an den Apparat.

»Ich nehme an, Sie sind in Frankreich.« Morris' Stimme klang noch gereizter als sonst. »Der Direktor verlangt einen Bericht. Ich auch.«

»Sagen Sie ihm, die Sache läuft. Hamilton und Oland sind hier«, erwiderte Laird ruhig. »Eindeutig.«

»Gott sei Dank. Ich mag diese Glücksspielereien nicht.« Morris' Laune schien sich zu bessern. »Die Sache nimmt also Gestalt an?«

»Ja. Und die ›Mooncat‹ führt Fracht mit – UGD von Nobel.«

Morris schluckte hörbar.

»Und ich habe auch etwas für Sie – von der Hafenpolizei hier. Der Sprengstoffexperte ist vermutlich Ray Amos, ein Australier. Sehr teuer. Sein Handwerk hat er als Taucher bei Bohrtürmen im Meer gelernt. Unterwasser-Bergung.«

»Kann er etwas?«

»Bei Partys sprengt er die Henkel von Bierkrügen«, erwiderte Morris düster. »Den Gerüchten zufolge ist er vor einigen Tagen aus London verschwunden, aber dem Mädchen, mit dem er zusammenlebt, hat er erklärt, er sei nächsten Montag wieder zurück.«

Bis dahin würde also alles vorbei sein. Laird preßte die Lippen zusammen.

»Können Sie die Franzosen zurückhalten?« fragte Morris scharf. »Tun sie mit?«

»Es gibt ziemlich viele hier«, meinte Laird mit einem schiefen Grinsen. »Osgood, fragen Sie Ihren Lieblingspolizisten, ob er etwas über einen John Jackson in Erfahrung bringen kann, Anfang Dreißig, Engländer, versteht etwas von Booten.«

»Einer von Hamiltons Leuten?«

»Den Eindruck hatte ich«, sagte Laird tonlos.

»Ich werde tun, was ich kann.« Morris unterbrach sich und sprach mit jemandem in seinem Zimmer, dann meldete er sich wieder. »Ah – eine Nachricht vom Direktor. In welcher Verfassung sind Sie körperlich?«

»Es geht, mehr kann man nicht verlangen.« Laird schnitt eine Grimasse. »Danken Sie ihm freundlich.« Er hängte ein, verließ die Zelle, beachtete die dicke Frau nicht, die ihm mit der Tür einen Rempler gab, und kehrte zum Wohnwagen zurück.

Der Tisch war abgeräumt. Der kleine Mohnstrauß steckte in einem Weinglas. Als er sich umschaute, kam Yvonne aus ihrem Schlafzimmer. Sie hatte Lippenstift aufgelegt und sich wieder gefaßt. Sie lächelte, als wolle sie sich entschuldigen.

»Geht es besser?« fragte er.

»Ja.« Sie blickte auf das Sonnenlicht, das durch die offene Tür hereinflutete. »Ein herrlicher Morgen. Bleiben wir hier?«

»Warum den Tag vergeuden? Wir könnten nach Benodet fahren.«

»Und uns Boote ansehen?« Sie ließ sich nichts vormachen. »Diese Leute kennen Sie.«

»Ja.« Briand hatte seine Zigaretten liegenlassen. Laird nahm sich eine aus der Schachtel und zündete sie mit einem Streichholz an. »Gehen Sie nicht fort.« Er begab sich zu seinem Koffer. Als er zurückkam, trug er den Pullover, die Seglermütze und die Sonnenbrille, die er am Abend vorher gekauft hatte.

»Na?«

Yvonne rümpfte die Nase.

»Männer, die so aussehen, laufen herum und zwicken Mädchen in den Po.«

»Tun sie das?« fragte er unschuldig.

Und tat es.

Sie fuhren kurze Zeit später mit Lairds Wagen los. Er saß am Steuer und lenkte ihn zur Uferstraße nach Benodet, als sie den Campingplatz hinter sich hatten.

Noch immer trafen Urlauber zum Feiertag ein. Jede zweite

Wiese, an der sie vorbeifuhren, schien sich mit Zelten oder Wohnwagen zu füllen, und auf den Straßen herrschte starker Autoverkehr.

In Benodet war es noch ärger. Ein mit Surfern und Schwimmern übersätes Meer brandete an einen überfüllten Strand. Die Gehsteige waren vollgestopft, an jeder Kreuzung stand ein schwitzender Polizist in der Khaki-Sommeruniform und versuchte mit rudernden Armen und schrillen Pfiffen den Verkehr in Gang zu halten.

Laird blieb hinter einem Volvo, der einen Anhänger mit einem großen Motorboot zog. Sie krochen langsam dahin. Am Parkplatz vor dem Jachtklub bog der Volvo ein und besetzte die letzte Parklücke. Laird fluchte, beachtete das Hupkonzert hinter sich nicht und stieß rückwärts heraus, fuhr weiter, handelte sich das nächste Hupkonzert ein, als er plötzlich bremste und eine von einem Lieferwagen überraschend freigemachte Parklücke am Randstein nutzte.

»Fahren Sie immer so?« fragte Yvonne neugierig.

»In Frankreich nennt man das Notwehr«, gab er zurück.

Sie standen neben einer Strandmauer aus Granit. Yvonne stieg mit Handtasche und Fernglas aus, Laird zog die Mütze tief ins Gesicht und schob die Sonnenbrille höher auf die Nase hinauf, dann schauten sie sich um.

Unter ihnen nahm ein Fährboot Passagiere für eine Fahrt durch die Flußmündung auf. Dahinter erstreckte sich ein Panorama aus Küste und Meer, das die ganze Bucht umfaßte und weit die Flußmündung hinaufreichte.

Laird hörte Yvonne erstaunt die Luft einziehen. Die ganze blaue Wasseroberfläche war gesprenkelt mit kleinen Booten. Es mußten Hunderte sein. Spinnaker in allen Farben blähten sich in der leichten Brise, als die Regattaboote kreuzten und den Signalbojen rund um die Bucht folgten. Die Bojen und Hinweiszeichen für Untiefen und Sandbänke tanzten in der Dünung.

Lairds Interesse galt einem Objekt, das näherlag – der schwarze Rumpf der ›Mooncat‹ war noch immer am Schwimmsteg vertäut. Laird wollte sich von Yvonne das Fernglas geben lassen, erstarrte aber plötzlich und blickte auf die Passagiere, die an Bord des Fährschiffes gingen.

Bernice Edwards schritt eben über die schmale Laufplanke, gefolgt von ihrer Tochter. Durch ihre Körpergröße und die aschblonden Haare ragte Bernice aus der Menge heraus, sonst wären sie und

Sandra Myles einfach zwei Touristinnen mehr gewesen. Sie trug ein geblümtes Sommerkleid mit langen Halsträgern und eine Schultertasche, Sandra hatte eine himmelblaue Jeanshose an und die Bluse über dem Nabel verknotet.

Yvonne stieß ihn an.

»Ist etwas?«

»Nachzügler«, sagte er gepreßt. »Die große blonde Frau, die auf das Fährboot geht, und die Schwarzhaarige, ihre Tochter –«

Er verstummte. Bernice hatte sich umgedreht. Einen Augenblick schien es, als starre sie geradewegs zu ihm herüber – dann winkte sie.

Das Winken galt Ben Hamilton. Er stand auf Strandkies am Fuß der Strandmauer fast genau unter ihnen. Tomas, den dunkelhaarigen Steward der ›Banshee Raider‹, neben sich. Wenn einer der Männer heraufblickte – Laird wich sofort zurück und zog Yvonne so schnell mit, daß sie mit einer empörten Frau zusammenprallten, die eine Einkaufstasche trug.

Er murmelte eine Entschuldigung und erntete ein Naserümpfen. Als die Frau davonmarschierte, schüttelte er auf Yvonnes fragenden Blick hin den Kopf.

»Sie sind zu viele und zu nah.«

Er wartete eine ganze Minute, dann wagte er sich wieder nach vorn. Hamilton und Tomas waren auf die Schwimmstege zugegangen. Das Fährschiff tuckerte vom Landesteg davon und drehte sich zu der kurzen Fahrt durch die Flußmündung.

»Die Luft ist rein.« Er grinste Yvonne beruhigend an.

»Ich hasse das.« Die Heftigkeit ihrer Stimme überraschte ihn. »Wir wissen, was sie getan haben, und da laufen sie frei herum, tun, was sie wollen –«

»Aber wenn wir sie festnageln, sind sie erledigt«, unterbrach Laird mit scharfer Stimme. »Das wollen Sie doch, oder nicht?«

»Ja.« Sie nickte zögernd, verstummte und blickte kurz auf das Wasser hinaus. Dann sah sie ihn an. »Andrew, was ist da drüben auf der anderen Seite?«

Laird zog die Brauen zusammen und versuchte sich an die Karte zu erinnern.

»In Gehweite nicht viel. Ein Dorf, ein paar Hotels und ruhigere Strände.«

»Die beiden Frauen sind trotzdem hinübergefahren«, meinte Yvonne nachdenklich. »Warum?«

Er schüttelte den Kopf.

»Na gut.« Sie lächelte schwach und legte die Hand auf seinen Arm. »Erzählen Sie mir von den beiden. Dann können wir mit der nächsten Fähre hinüberfahren und in Erfahrung bringen, was sie dort so interessiert.«

Sie nahmen die nächste Fähre. Andrew Laird lehnte an der Reling und blickte auf die Kielspur des langsam fahrenden, stark besetzten Bootes, dann warf er einen Blick auf das Mädchen neben sich. Sie hatten sich ausführlich unterhalten. Yvonne wußte jetzt über die Zusammenhänge fast so gut Bescheid wie er.

Er zuckte ein wenig die Achseln. Ein seltsamer Augenblick, als er Hamilton aus solcher Nähe gesehen hatte. Ein Augenblick voll widerstreitender Gefühle – der starke Drang, einfach über die Mauer zu springen und den Mann mit bloßen Händen zu packen, daneben die Furcht, ein Blick Hamiltons nach oben könnte alles verderben. Er hatte vor Erleichterung beinahe gezittert, als der andere weitergegangen war.

War das wirklich Erleichterung gewesen? Ein Psychiater hätte hier wohl lohnende Beschäftigung gefunden.

Aber daß er neben Hamilton Bernice Edwards und ihre Tochter entdeckt hatte, bedeutete mehr als die Vervollständigung der Mannschaft. Es zeigte an, daß das Auffinden des toten Matrosen auf der ›Mooncat‹ die Pläne der Verbrecher offenbar nicht über den Haufen geworfen hatte. Wenn das bedeutete, daß sein Tod als Unfall hingenommen wurde, um so besser – und die Leiche loszuwerden, hatte wohl nicht mehr erfordert, als daß man mit einem Dingi in die Bucht hinausgerudert war und den Toten über Bord geworfen hatte, freilich entsprechend beschwert.

Aber wie viele Personen sollten sich im Schutz der ›Fruits de Mer‹-Regatta in Benodet noch versammeln – und wie sollte er das Ziel ausmachen, das sie sich für ihr neuestes Unternehmen ausgesucht hatten?

Laird unterbrach seinen Gedankengang, als der Schiffsmotor auf Leerlauf geschaltet wurde und das lange Boot sich durch Schilf an einen alten Steinkai schob. Während er und Yvonne zusammen mit den anderen Passagieren an Land gingen, kam ihnen schon eine ganze Kolonne von Leuten entgegen, die zur Rückfahrt an Bord wollten.

Verglichen mit Benodet, war diese Seite der Bucht kaum bewohnt. Sainte Marine war ein stilles, altes Dorf aus einigen Häusern und ein paar Läden und Cafés. Vor einem kleinen Hotel standen einige Autos, und die umherschlendernden Touristen machten den Eindruck, als wollten sie sich nicht zu weit von dem kleinen Kai entfernen.

Bernice und ihre Tochter waren nicht darunter. Sie waren auch in keinem der Läden oder Cafés zu entdecken. Yvonne kam nach einem kurzen Gespräch mit dem Hotelbesitzer kopfschüttelnd aus dem Gebäude.

»Vielleicht war das doch keine so gute Idee«, meinte sie reumütig, während sie sich umschaute. »Aber sie können ja nicht einfach vom Erdboden verschluckt sein.«

»Dann warten wir«, sagte Laird. »Sie sind herübergefahren. Gehen wir davon aus, daß sie wieder zurückmüssen.«

Sie setzten sich an einen der kleinen Cafétische im Freien unter einem bunten Sonnenschirm und bestellten Kaffee. Zwanzig Minuten vergingen, die Fähre kam und fuhr wieder ab, dann war draußen auf dem Wasser ein dumpfer Knall zu hören.

Auf der Bucht war etwas im Gange. Eine Anzahl von Motorbooten umkreiste eine große Jacht, die vom Atlantik hereinkam, und umringte sie wie eine Eskorte. Weiter draußen sah man zwei andere große Jachten hereinkommen.

»Was tut sich denn da?« fragte Yvonne.

Laird griff nach dem Fernglas, schaute hindurch und ließ den Feldstecher langsam sinken. Die neu eingetroffene Jacht schien einen weiten Weg hinter sich zu haben.

»Die ›Fruits de Mer‹-Regatta«, sagte er. »Die Boote kommen ins Ziel.«

Im Verlauf der nächsten zehn Minuten fuhren die beiden anderen Jachten in die Bucht. In der Ferne tauchten neue Segel auf. Als die führenden Jachten in Richtung des Hafens verschwanden, hielt Yvonne den Atem an.

Ein weißer Mercedes-Kombi hielt neben dem Kai. Die Tür ging auf, und Bernice Edwards und ihre Tochter stiegen aus. Sie blieben stehen und unterhielten sich mit dem Fahrer.

Laird blickte verstohlen durch das Fernglas. Der Fahrer war Jody Oland. Laird sah die beiden Frauen zum Kai gehen, wo bereits eine Menschengruppe wartete. Die Fähre kam schon von Benodet herüber. Er ließ das Glas sinken, als der Mercedes wendete und durch den Ort landeinwärts fuhr.

»Wenn wir uns beeilen, könnten wir noch auf die Fähre kommen«, sagte Yvonne.

»Das könnten wir.« Das Risiko, bemerkt zu werden, erschien ihm jedoch zu groß. Laird kaute an seiner Unterlippe. »Sie müssen irgendeinen Ort an Land haben, hier auf dieser Seite.«

»Also?« Yvonne erhob sich halb.

Er schüttelte den Kopf.

»Lassen Sie sie fahren.«

»Warum?« Sie zog empört die Brauen hoch. »Gut, man könnte Sie erkennen. Aber wenn ich gehe –«

»Die kürzeste Entfernung zwichen zwei Punkten ist manchmal eine weite Kurve«, sagte er geduldig. »Nichts überstürzen. Ich bin Rekonvaleszent, ja?«

Sie murrte etwas, setzte sich aber wieder. Laird lächelte und beobachtete entspannt, wie das Fährschiff eintraf. Die Passagiere stiegen aus, und das Boot fuhr mit Bernice Edwards und Sandra Myles davon. Er hatte schon vor langer Zeit gelernt, daß Geduld mehr war als eine Tugend. Sie war eine Waffe – und er hatte das Gefühl, daß er jede verfügbare Waffe würde brauchen können.

Sie fuhren mit der nächsten Fähre nach Benodet zurück. An der Windschutzscheibe des Renault steckte ein Strafzettel. Laird steckte ihn ein und schaute auf die Uhr. Sie hatten zehn Minuten Zeit, um zu dem Treffpunkt mit Paul Briand zu gelangen.

Die Straße nach Fouesnant war die D 44, die nach Osten aus der Stadt führte, fort vom starken Verkehr. Als sie den Ortsrand hinter sich hatten, waren sie von Äckern umgeben. An jeder zweiten Kreuzung stand eine kleine Kapelle, fast an jeder Zufahrtsstraße ein Verkaufsstand mit Gemüse.

Das ›Tigre d'Or‹ war etwa zwanzig Kilometer entfernt, ein kleines, ziemlich schäbig aussehendes Restaurant neben einer Tankstelle an einer Straßenbiegung. Briands Peugeot stand schon auf dem Parkplatz. Sie hielten dort.

Der grauhaarige Inspektor saß an der Theke auf einem Hocker, ein Schnapsglas vor sich. Sein langes Gesicht hellte sich auf, als sie hereinkamen, und er stand auf, um sie zu begrüßen. Aus irgendeinem Grund gehörte auch dazu, daß er Yvonne umarmen mußte.

»Trinken Sie einen Schluck«, lud er ein.

»Haben wir etwas zu feiern?« fragte Laird argwöhnisch.

»*Non*... jedenfalls nichts Bestimmtes«, gab Briand zu. Er grinste. »Aber wenn ich mit einer schönen Frau speise und ein anderer die Zeche bezahlt –«

Laird bestellte Whisky mit Wasser, Yvonne einen Wermut, und Briand ließ sich noch einen Calvados geben. Er bezahlte die Getränke, sie setzten sich an einen Tisch, und er wurde sachlich.

»Zuerst Ihr weißer Mercedes.« Er sah Yvonne kurz an. »Der 280 TE, neuestes Modell –«

Sie nickte ernsthaft und trank.

»Der Wagen gehört einem Autoverleih in Paris und wurde vermietet an eine Madame Edwards aus London, die eine Anzahlung in bar geleistet hat.«

»Bernice Edwards«, sagte Laird dumpf. »Wir haben sie heute vormittag gesehen. Und ihre Tochter.«

»Wo?« Briand richtete sich auf.

Laird berichtete, und Briand runzelte die Stirn.

»*Eh bien*... wenigstens haben Sie sich den Frauen nicht gezeigt«, erklärte er spöttisch. »Aber wenn sie drüben bei Sainte Marine einen Unterschlupf haben, wird er nicht leicht zu finden sein. Außerhalb des Ortes stehen die Häuser sehr weit auseinander, auf großen Grundstücken, und die Leute schätzen Nachbarn nicht sonderlich.«

»Aber wenn es gemietet ist –«, begann Yvonne.

»Im Sommer sind die meisten vermietet«, gab Briand kurz zurück. »Damit die Besitzer im Winter in eine Gegend fahren können, wo es warm ist.« Er lehnte sich zurück und zündete eine Zigarette an. »Haben Sie von Ray Amos gehört?«

Laird nickte.

»Ich habe in London angerufen.«

»Wir sind über Interpol unterrichtet worden.« Briand sog an seiner Zigarette. »Man schickt ein Foto und Fingerabdrücke. Hier bei uns steht es nicht ganz so gut, etwa, was Ihre angebliche Rufnummer angeht.«

»Soll heißen?«

Briand verzog den Mund.

»Sie gehört hier in Benodet einer pensionierten Lehrerin. Meine Leute gehen noch andere Ämter durch, und bis jetzt können Sie aus einer Liste wählen, auf der etwa eine Pfarrei in der Normandie und eine Militärkantine bei Paris stehen.«

»Es ist praktisch alles, was wir haben.« Laird starrte auf die Tischplatte. »Wissen Sie, daß die Regattajachten eintreffen?«

»Das habe ich gehört. Es ist eine Vorgabe-Regatta, also wird es einige Zeit dauern, bis der Sieger ermittelt ist.« Briand fuhr mit dem Daumen über sein Kinn. »Was das betrifft, weiß die Ortspolizei inzwischen, daß ich mich für die ›Mooncat‹ interessiere. Ich habe die Leute gebeten, sie für mich im Auge zu behalten.«

»Unauffällig?« fragte Laird.

»Ganz unauffällig«, bestätigte Briand trocken. »Man hat Jachten schon öfter beobachtet. Ein gewisses Hotelfenster bietet eine hervorragende Aussicht auf den Jachthafen – ein Mann mit Kamera und Teleobjektiv kann jedesmal, wenn auf einem der Schwimmstege jemand einen Atemzug macht, eine Aufnahme schießen.« Er leerte sein Glas. »Abgesehen davon müssen wir warten und können nur beten, daß etwas geschieht – daß wir eine gute Spur finden, bevor es irgendwo furchtbar kracht, und ich meine nicht das morgige Feuerwerk.«

»Wie gut sind Sie im Beten?« fragte Yvonne tonlos.

»Nicht besser als beim Warten«, räumte Briand ein. Er zog die Schultern hoch. »Aber Sie sind hergekommen, um eine *Crêperie* kennenzulernen.« Er stand auf und grinste. »In den vornehmen Stadtrestaurants gibt es die sogenannten Crêpes Suzette, aber vielleicht kann ich Sie mit besseren Dingen bekannt machen, vorausgesetzt, Sie brauchen beide nicht auf die Kalorien zu achten.«

Sie betraten mit ihm den Speisesaal. Dieser war mäßig groß und einfach eingerichtet, aber voll, und an einem Ende befand sich eine riesengroße Metallplatte über glühender Holzkohle. Zwei Frauen in weißen Kitteln standen dahinter, beschäftigt mit Schüsseln, Schöpfern und einer Reihe großer, flacher Eisenpfannen.

Briand hatte einen Tisch in der Nähe des Kochplatzes bestellt und sah die handgeschriebene Speisekarte nicht einmal an.

»Es dauert drei Generationen, bis eine Crêperie etwas taugt«, erklärte er ernsthaft. »Können, Erfahrung, Einsicht – darf ich für Sie bestellen?«

Laird und Yvonne wechselten einen belustigten Blick und nickten.

»Bon.« Der Inspektor sah zu der Kellnerin auf. »Vorher den Spargel *au gratin.* Dann die mit Huhn und zum Nachtisch die mit Zitrone. Und einen Muscadet aus der Gegend, ja?« Er zwinkerte ihr zu. »Und für meinen Freund *l'addition.*«

Das Mädchen ging. Die Pfannen auf der Platte begannen zu zischen.

»Jeder Schritt ist Tradition.« Briand verfolgte die Vorgänge mit einem väterlichen Lächeln. »Zuerst natürlich der dünne Teig – Mehl und Salz, Eier und Milch, vielleicht ein wenig Butter dazu.«

»Wie Pfannkuchenteig?« meinte Laird.

Briand schnitt eine Grimasse.

»Englische Barbarei.«

»Ich bin Schotte«, wandte Laird ein.

»Ihr Problem«, knurrte Briand. »Der Teig muß gehen – manche sagen, ein paar Stunden lang. Wenn er in die Pfanne fließt, muß er ganz dünn sein, wie flüssige Seide – und es dauert nur Sekunden, bis er fertig ist.« Er machte eine Pause und beugte sich vor. Sein Gesicht war auf einmal ernst geworden, und seine Stimme klang grimmig. »Die Sache mit der ›Mooncat‹ ist ähnlich. Sie braucht Zeit, um zu reifen. Wenn meine Leute zupacken, muß es aber schnell gehen, weil die Situation kritisch ist. Sie beide haben uns die Zutaten geliefert, den Teig, aber damit ist Ihre Rolle ausgespielt.«

Yvonne zog die Brauen zusammen.

»Sie wollen uns fernhalten?«

Briand nickte.

»Warum?«

»Weil keine schöne Frau im Leichenschauhaus noch gut aussieht«, gab Briand zurück. »Sie haben alle beide genug riskiert.« Er lehnte sich zurück, blinzelte und lachte verlegen. »Ich wollte von den Crêpes reden –«

Sie zergingen auf der Zunge, aber schwer verdaulich waren sie trotzdem. Nachdem sie gegessen hatten, kam es Laird so vor, als könne er gut ein paar Tage lang nur von Kaffee leben.

Er bezahlte die Rechnung und bemerkte, daß Briand ihn nachdenklich ansah, als sie aufstanden. Seit seiner knappen Warnung war der Inspektor nicht mehr auf das Thema zurückgekommen, sondern hatte vergnügt geplaudert, meist mit Yvonne.

»Haben Sie ein Problem?« fragte Laird.

Briand schüttelte den Kopf. Als sie hinausgingen, entschuldigte sich Yvonne für kurze Zeit, um sich frisch zu machen, und als Laird auf den Parkplatz hinausschlenderte, räusperte Briand sich plötzlich.

»Andrew –«

Laird drehte den Kopf.

»Ich habe das ernst gemeint«, sagte Briand. »Ich glaube, Sie werden mir sogar recht geben. Bei dem Mädchen bin ich mir nicht so sicher. Deshalb –«

Laird nickte.

»Betrachten Sie sie als versichertes Risiko«, erklärte der Inspektor. »Ihr Versicherungsleute schätzt es ja nicht, wenn Ansprüche gestellt werden.«

»Ich gebe mir Mühe«, versprach Laird.

Aber er fragte sich, ob Briand den ganzen Spruch kannte. Versicherungen schätzten keine Ansprüche – aber wenn es keine Ansprüche gäbe, wer würde sich versichern lassen.

Paul Briand fuhr nach Quimper, wo er zwei Kollegen abholen wollte, die aus Paris nachkamen. Einige Minuten danach lenkte Laird seinen gemieteten Renault aus dem Parkplatz und fuhr in Richtung Benodet. Yvonne Cordelle saß sehr nachdenklich neben ihm.

Laird mußte sich auf die Straße konzentrieren. Immer noch floß starker Verkehr zur Küste – und je mehr Kinder der durchschnittliche französische Autofahrer im Wagen zu haben schien, desto risikoreicher schien er zu fahren. Als Yvonne immer noch schwieg, warf er ihr einen Seitenblick zu.

»Machen Ihnen Briands Worte Sorgen?«

»Nein.« Sie zuckte zusammen, als ein altes Motorrad mit Beiwagen, beladen mit zwei Passagieren, einem großen Hund und einem Berg Gepäck knapp dem Schicksal entging, zwischen einem Lastzug und einem Tankfahrzeug zerquetscht zu werden. »Ich habe mir überlegt, was wir als nächstes tun.«

»Briand zufolge gar nichts«, sagte Laird.

»Und was meinen Sie?«

Er schüttelte den Kopf.

»Ich muß meine Arbeit tun, aber Briand und seine Leute decken alles andere ab.«

»Sie kennen Ben Hamilton«, sagte sie beinahe geistesabwesend. »Wie reagiert er auf Frauen?«

»Er ist sehr dafür«, erwiderte Laird trocken. »Warum fragen Sie?«

»Ist er Natalie einmal begegnet?«

»Es mag sein, daß er sie gesehen hat, aber –« Laird verstummte und funkelte sie böse an, dann mußte er das Lenkrad herumreißen, als ein entgegenkommender Omnibus ihn wild anhupte. »Hören Sie, auf keinen Fall gehen Sie zu Hamilton. Verstanden?«

»Sprechen wir darüber«, schlug Yvonne vor.

»Den Teufel tun wir! Nein!«

»Na ja –« Yvonne wirkte ein wenig erleichtert. »Vielleicht war das keine so gute Idee.«

»Schöne Untertreibung«, sagte Laird kopfschüttelnd. »Sandra Myles betrachtet ihn als Privatbesitz.«

»Ich habe sie gesehen«, erwiderte sie gelassen. »Die Konkurrenz hätte ich vertragen. Also, was tun wir?«

Er antwortete mit einem Achselzucken.

»Warten wir ab. Ist etwas dagegen einzuwenden, wenn wir uns ein paar Stunden einfach am Strand in die Sonne legen?« Er grinste sie an. »Oder möchten Sie lieber im Wohnwagen schmollen?«

»Am Strand.« Sie schnitt ihm eine Fratze. »Können Sie schwimmen oder starren Sie nur die Mädchen an?«

»Ich spiele den Beobachter«, sagte er bedauernd. »Ich habe so viele Wunden und blaue Flecke, daß jedes Kind erschrecken würde.«

»Das hatte ich vergessen.« Sie sah ihn besorgt an. »Wie fühlen Sie sich?«

»Sehr gut«, log er.

In Wahrheit hatte er im Lokal noch zwei Tabletten genommen. Sein Kopf hämmerte nach wie vor, seine Rippen schmerzten, und während der Fahrt war er manchmal froh darüber, sich am Lenkrad festhalten zu können.

Zum Teil lag das wohl daran, daß nichts vorangehen wollte. Ungeachtet seiner Worte zu Yvonne verrann die Zeit, und er wußte, daß er sehr angestrengt nachdenken mußte.

Sie fuhren zum Campingplatz, um Handtücher zu holen, und Yvonne kaufte im Supermarkt einen winzigen Bikini. Danach fuhren sie zum ersten Strand, wo noch ein Plätzchen frei zu sein schien.

Sie stiegen aus und fanden auf dem groben, aber sauberen Sand doch noch eine Stelle, wo sie halbwegs für sich waren. Die Brandung schäumte an ein paar Felsen weiter draußen weiß empor, und das Wasser schwappte fast bis zu ihren Füßen heran. Einige Leute schwammen oder wateten darin, manche Mädchen oben ohne, und die Sonne war sehr warm.

Laird legte sich in den Sand, genoß die Hitze und sah Yvonne ins Wasser laufen und hineintauchen. Sie konnte gut schwimmen. Noch jemand anders schien das auch zu finden. Laird behielt einen kräftig gebauten, braungebrannten Mann im Auge, dessen Brust dicht behaart war. Der Mann plantschte Yvonne hinterher. Laird lachte in sich hinein, als eine große Blondine mit blankem Busen hinterherkraulte, um ihn zu sich zurückzuholen.

Er döste ein. Nach einiger Zeit fuhr er hoch, als Yvonne sich über ihn beugte und ihn an den Schultern rüttelte. Das Wasser tropfte immer noch an ihr herab.

»Das genügt – hören Sie auf, mich durchzuschütteln«, protestierte er und schob sich auf den Ellenbogen hoch. »Wer jagt denn jetzt hinter Ihnen her?«

»Hören Sie zu«, sagte sie drängend. »Es ist wichtig.«

Er nickte.

»Ich höre.«

»Nicht nur hören, hinsehen.« Sie zeigte hinaus. Jenseits der Felsen war ein halbes Dutzend Segelboote zu erkennen. »Sie haben Nummern an den Segeln.«

»Wie die meisten Jachten«, sagte Laird geduldig.

»Aber bei einer richtigen Regatta wie hier – gibt es da nicht eigene Nummern? Angenommen, das war keine Rufnummer, die Sie entdeckt haben. Angenommen, es waren –«

»Drei Boote – die Boote, auf die Hamilton und Oland warten?« Er setzte sich auf und fluchte vor sich hin.

»Können wir das feststellen?« fragte Yvonne.

Er nickte.

»Im Jachtklub oder irgendwo wird es eine Liste geben.« Er warf ihr ein Handtuch zu. »Trocknen Sie sich ab, dann gehen wir.«

»Danke«, sagte sie frostig.

Drei Minuten später war sie in ihre Shorts und in die blau-weiß gestreifte Bluse geschlüpft. Sie gingen zum Renault, und sie kämmte sich noch die feuchten Haare, als Laird nach Benodet zurückfuhr.

Die Straße, die zum Jachthafen führte, war so überfüllt wie immer, aber es gab etwas Neues, eine Vielzahl von Plakaten mit der Ankündigung für das Feuerwerk am nächsten Abend. Die Festlichkeiten zum Tag der Bastille begannen also. Auf einem Platz wurde ein kleiner Rummelplatz errichtet. Sie fuhren an einer bretonischen Trachtenkapelle vorbei, die sich marschbereit machte, und an den Fenstern der Häuser tauchten die ersten Fahnen auf.

Die führenden Rennjachten lagen im Hafen hintereinander aufgereiht, die Segel waren zum Trocknen an Deck ausgebreitet. Andere Jachten fuhren langsam an Bojen heran, von der Bucht fuhren weitere herein.

Sie stellten das Auto ab und gingen zum Jachtklub. Ein Strom von Menschen kam und ging, von eleganten Ehefrauen der Klubmitglieder bis zu unrasierten Männern, denen man die anstrengenden Tage auf See ansah. Niemand achtete auf die beiden oder hielt sie auf, als sie eintraten. Im Vestibül hatte die Rennleitung eine Hinweistafel aufgebaut. Die mit Maschine geschriebenen Blätter daran führten neunzig Jachten mit den für die Regatta ausgegebenen Nummern auf. Daneben war die letzte Meldung angeheftet, wonach bisher zweiundvierzig Teilnehmer die Ziellinie überschritten hatten.

Laird zwängte sich durch das Gedränge und ging die Listen durch, ohne das Geschnatter ringsum wahrzunehmen. Nr. 46, ›Ekstra‹ aus Dänemark, Eigner Knud Forsber, Kopenhagen, war eingelaufen. Die beiden anderen, Nr. 27, ›Porgy‹ aus Portugal, Eigner Miguel Esteban, Lissabon, und Nr. 71, ›Blondie‹ aus der Bundesrepublik Deutschland, Eigner Jochen Kern, Hamburg, wurden noch erwartet.

Er schob sich hinaus, zwinkerte Yvonne an und nickte.

»Eine ist da, zwei fehlen noch – Sie hatten recht!«

Ihre Augen funkelten.

»Was tun wir?«

»Wir verständigen Paul Briand.« Er griff nach ihrem Arm und führte sie auf die Straße hinaus. Sie erreichten den Renault, und er bückte sich, um ihr die Beifahrertür zu öffnen.

Yvonne wollte ihm lächelnd danken, dann riß sie die Augen auf, blickte an ihm vorbei und wurde blaß.

Er drehte sich um. Im selben Augenblick trat Ben Hamilton einen halben Schritt vor, die Zähne spöttisch bleckend. Hamiltons Arm legte sich um Yvonnes Schulter, als wolle er sie liebvoll begrüßen. Seine rechte Hand, verdeckt von der Jacke, die er über den Arm gelegt hatte, bohrte sich in ihre Seite.

»Ganz ruhig, ihr beiden«, sagte Hamilton leise und tonlos. »Laird, das ist eine Pistole an ihren Rippen. Benehmen Sie sich?«

Laird schaute sich auf der belebten Straße um.

»Sie würden sie hier erschießen?«

Hamilton sagte nichts. Die Antwort war in seinen Augen zu lesen. Laird nickte langsam.

»Gut.« Der Blick des anderen zuckte nach links. Dort stand Sandra Myles, elegant und kühl in einem strahlend gelben Kleid. Sie starrte Laird gebannt an. Hamilton preßte die Lippen zusammen. »Vergessen Sie den Wagen. Bleiben Sie nah dran. Wir gehen zur nächsten Ecke.« Er wies mit einer Kopfbewegung auf Yvonne. »Wie heißt sie?«

»Sie kann sprechen«, sagte Yvonne dumpf.

»So?«

»Yvonne«, sagte Laird tonlos. »Hören Sie, Ben, sie ist ein Mädchen, das ich zufällig –«

»Ihr Pech«, sagte Hamilton. »Los, Yvonne.«

Sie gingen gemeinsam zur Straßenecke, gefolgt von Sandra Myles. Am Randstein hinter der Ecke stand ein graues Ford-Coupé. Tomas, der kleine schwarzhaarige Steward, stürzte aus dem Fahrzeug und riß den Mund auf, als er Laird erkannte.

»Sandra«, sagte Hamilton knapp. Er hielt Yvonne immer noch fest. »Kannst du Bernice holen?«

»Ja.« Sie hob nervös die Hand an ihre langen schwarzen Haare. »Sie ist im Kasino.«

»Sag ihr Bescheid. Sie soll sich von der ›Mooncat‹ fernhalten. Fahrt mit der Fähre. Wir holen euch ab.« Er nickte Laird zu. »Ins Auto. Sie vorne bei Tomas, das Mädchen hinten bei mir.«

Sandra Myles eilte davon, während sie gehorchten. Tomas befeuchtete die Lippen und warf Laird einen Seitenblick zu, als er Gas gab, nachdem sich die Türen geschlossen hatten.

»Hol' Sie der Teufel, Laird«, sagte Hamilton beinahe im Gesprächston von hinten. »Ich hätte beinahe einen Herzinfarkt bekommen, als ich Sie sah.«

»Das Gefühl kenne ich«, gab Laird zurück, schaute sich um und warf Yvonne lächelnd einen Blick zu, den sie hoffentlich als beruhigend empfinden würde. »Wo fahren wir hin, Ben?«

»Dahin, wo wir uns unterhalten können«, antwortete Hamilton leise. »Wenn ich sage ›wir‹, meine ich, daß Sie reden.« Er sah Yvonne an. Sein kantiges Gesicht wirkte hart. »Und das werden Sie tun, so oder so.«

Kapitel 8

Sie verließen Benodet in Richtung Norden auf der Straße nach Quimper, bogen links ab und überquerten eine lange Betonbrücke über den Fluß. Auf der anderen Seite bog der Wagen bei einem Hinweisschild nach Sainte Marine erneut ab und fuhr auf einer schmalen, kurvenreichen Straße durch eine bewaldete Landschaft.

Andrew Laird sah sich in seinen Vermutungen bestätigt. Der Ort, wohin sie fuhren, war am schnellsten mit der Fähre zu erreichen, auf der Straße mußte man einen weiten Umweg machen, der viel mehr Zeit erforderte. Er warf einen Blick auf Tomas, der mit betonter Konzentration das Auto lenkte, dann schaute er sich nach Hamilton und Yvonne um.

Sie saß still da, die Lippen zusammengepreßt, und wirkte gefaßt. Als sie Lairds Blick begegnete, schnitt sie eine kleine Grimasse.

»Es könnte sein, daß uns ein paar Leute vermissen, Ben«, sagte Laird leise. »Haben Sie daran schon gedacht?«

Hamilton nickte. Seine Miene blieb ausdruckslos.

»Daran – und an ein paar andere Dinge. Halten Sie den Mund, bis ich es Ihnen sage. Und nehmen Sie die verdammte Mütze und die Brille ab.«

Laird gehorchte achselzuckend. Im Augenblick hatte es keinen

Sinn, sich noch mehr Schwierigkeiten zu bereiten, die Waffe in Hamiltons Hand war eine siebenschüssige 45er Colt-Pistole. Gegen eine solche Waffe ging nur ein Narr Risiken ein.

Die Fahrt dauerte ungefähr dreißig Minuten. Tomas bremste plötzlich, bog von der Straße ab, die Reifen knirschten auf einer Kieseinfahrt, und das Fahrzeug hielt vor einem alten gemauerten Haus mit einem Dach aus bemoosten roten Ziegeln. Tomas hupte zweimal kurz, bevor er den Motor abstellte.

»Aussteigen!« befahl Hamilton barsch und packte Yvonnes Arm.

Als sie ausstiegen, öffnete sich die Haustür, und Jody Oland erschien. Er trug einen Pullover zur langen Hose. Er kam auf sie zu und blieb wie angewurzelt stehen, als er Laird sah. Sein Unterkiefer klappte herunter, er riß die Augen auf und wurde noch blasser.

»Besuch«, sagte Hamilton knapp. »Wir haben sie am Jachtklub abgefangen.«

»Aber – Laird? Ich dachte –« Oland kam näher heran und fuhr mit der Hand aufgeregt durch seine schütteren grauen Haare. »Was hat das zu bedeuten?«

»Keine Ahnung«, sagte Hamilton achselzuckend. »Aber ich gedenke es herauszufinden.«

Oland, dessen Augen hinter der randlosen Brille immer noch gelblich wirkten, wies mit dem Kopf auf Yvonne.

»Und das Mädchen?«

»Nur ein Irrtum von Ben«, sagte Laird rasch. »Er hätte sie nicht mitnehmen sollen.«

»Mag sein.« Jody Oland sah ihn finster an. »Mag sein. Sie haben das letztemal überlebt, Laird. Das hätte reichen müssen.« Er warf einen Blick auf Hamilton. »Wo sind Bernice und Sandra?«

»Sie kommen mit der Fähre. Tomas holt sie ab.« Hamilton wies mit dem Daumen zum Haus. »Schaffen wir die beiden hinein.«

Sie wurden vorwärtsgestoßen. Laird schaute sich um und konnte gerade noch erkennen, daß das Haus völlig allein stand, von der Straße abgeschirmt durch eine hohe Hecke. Der weiße Mercedes stand abseits. Dann waren sie in der Diele, und die Tür fiel hinter ihnen zu.

»Was ist mit unseren anderen Freunden?« fragte Oland drängend, während er Laird immer noch anstarrte.

»Einer da, zwei stehen noch aus«, erwiderte Hamilton kurz.

»Keine Probleme – nur die beiden da.« Er gab Tomas ein Zeichen. »In der hinteren Küche liegen Schnüre. Holen Sie sie. Dann werden wir einen leeren Weinkeller in Gebrauch nehmen.«

Tomas grinste und eilte davon. Wenige Augenblicke später kam er mit einer Wäscheleine zurück und Hamilton fesselte Laird die Hände auf den Rücken. Dasselbe tat er bei Yvonne, dann trat er zurück.

»Schon besser«, sagte er. Er sah Oland an. »Warten wir auf Bernice?«

Oland nickte.

»Noch irgend etwas zu bereinigen?«

»Sie hatten ein Auto.« Hamilton trat vor Laird hin, durchsuchte seine Taschen, fand die Schlüssel für den Renault und warf sie Tomas hin. »Sandra kann zurückfahren und es wegschaffen. Auf der ›Mooncat‹ ist Cooper.«

Oland schob die Unterlippe vor.

»Wir halten uns vorerst vom Boot besser fern. Tomas, sagen Sie Sandra, sie soll den Jachthafen eine Weile beobachten, bevor sie zurückkommt.«

»Ich versuche mir über etwas klarzuwerden«, sagte Laird ruhig. »Wer führt hier eigentlich das Kommando? Sie oder Hamilton?«

»Wir betrachten das als eine Partnerschaft«, erwiderte Oland kurz. Er trat einen Schritt näher heran, starrte durch seine Brillengläser und hieb Laird plötzlich die Faust in die Rippen. Der Schlag jagte sengende Schmerzen durch Lairds Körper, und er ächzte unwillkürlich. »Ja, das bestätigt, was wir gehört haben. Haben Sie sonst noch Fragen, Mr. Laird?«

Laird schüttelte stumm den Kopf, während vor seinen Augen alles verschwamm.

»Dann los«, sagte Hamilton und winkte mit der Waffe.

Sie wurden zu einer Tür in einem rückwärtigen Flur geführt. Tomas öffnete sie, drehte einen Lichtschalter, und sie wurden eine kurze Holztreppe in einen kleinen, gemauerten Keller hinuntergestoßen.

»Machen Sie es sich bequem«, sagte Oland von oben herab.

Die Tür fiel zu, und ein schweres Schloß wurde abgesperrt.

»Wenigstens haben sie das Licht brennen lassen«, sagte Yvonne dumpf. Sie setzte sich auf eine Stufe und sah zu Laird auf. »Darf ich sagen, daß ich Angst habe?«

»Sicher.« Er grinste sie schief an und schaute sich um. Der Keller war ungefähr drei mal vier Meter groß, mit dicken Mauern und einem Betonboden. An einer Wand standen leere Flaschenregale, staubig und mit Spinnweben überzogen. Die Deckenbalken streifte er beinahe mit den Haaren. »Offenbar wollen sie, daß wir warten.«

»Und dann?« flüsterte sie.

Er wies mit dem Kopf auf die Kellertür und setzte sich zu ihr auf die Treppenstufe.

»Erstens wissen sie nicht, wer Sie sind«, sagte er leise.

Yvonne schüttelte den Kopf.

»Sie haben meine Handtasche. Ich habe meinen Paß dabei.«

Laird fluchte halblaut.

»Ich weiß, was mit dem Mann geschehen ist, den sie in Safi erwischt haben.« Sie biß sich auf die Unterlippe. »Kann es sein, daß sie –«

Laird nickte widerstrebend.

»Deshalb verrate ich ihnen das meiste von dem, was sie wissen wollen«, flüsterte er. »Wir sprechen uns ab. Das einzige, was wir weglassen, ist, daß Briand hinter uns steht.«

Sie starrte ihn an.

»Sie glauben, das nehmen sie uns ab?«

»Versuchen können wir es. Das ist unsere einzige Chance.«

Yvonne sah ihn prüfend an, dann nickte sie. Er beugte sich hinüber und küßte sie auf die Lippen.

Aber innerlich war ihm zum Heulen zumute.

Sie mußten nicht lange warten. Zuerst hörten sie über sich Schritte, dann wurden Stimmen laut. Man schien heftig zu diskutieren. Bald danach knackte das Schloß über ihnen, und wenig später ging die Kellertür auf.

»Rauf«, sagte Jody Oland kurz und blickte hinunter. »Nur Sie, Laird.«

Laird stieg achselzuckend die Treppe hinauf. Oland trat zurück, als er die Tür erreichte, und zeigte mit einer Walther-Pistole den Flur hinunter.

»Dahin. Los.«

Ben Hamilton und Tomas standen ebenfalls im Korridor. Lairds

Mut sank, als er sah, daß sie Oland, der ihn weitertrieb, nicht folgten.

Er wurde in ein Wohnzimmer an der Vorderseite des Hauses gestoßen. Bernice Edwards saß verkrampft und hoch aufgerichtet in einem Ledersessel, in einer Hand ein volles Glas, vor sich Yvonnes ausgeleerte Handtasche auf dem Tisch. Ihre grünen Augen erwiderten Lairds Blick mit einem seltsamen, beinahe mitleidigen Ausdruck, dann schaute sie zur Seite.

»Hallo, Bernice«, sagte Laird tonlos. »Wie war's im Kasino?«

Sie antwortete nicht, aber ihr Bruder knurrte belustigt.

»Setzen Sie sich, Laird.« Er wies auf einen Stuhl. »Falls Sie sich überlegen, was Sie unternehmen könnten, darf ich Ihnen sagen, daß ich zuerst Ihre rechte Kniescheibe zerschieße, dann die linke. Verstanden?«

Laird nickte und setzte sich. Es war ein alter, hochlehniger Stuhl, mit Leder bezogen, wenig bequem.

»Gut.« Oland nickte seiner Schwester zu. »Bernice?«

»Das Mädchen.« Bernice Edwards befeuchtete die Lippen, griff nach dem Paß und schob ihn nach vorn. »Yvonne Cordelle – das Mädchen, das in Safi starb, hieß Cordelle.«

»Ihre Schwester«, sagte Laird.

»Das ist Pech«, meinte Oland. Ohne Laird aus den Augen zu lassen, ging er zu einer kleinen Bar und goß sich mit einer Hand etwas zu trinken ein. »Wenn sie sich eine bessere Gesellschaft ausgesucht hätte –«

»Er weiß Bescheid«, sagte Bernice scharf.

Oland nickte, trank und stellte sein Glas ab. Er wechselte einen Blick mit seiner Schwester. Sie schienen beide auf etwas zu warten.

»Was ist los?« fragte Laird heiser.

»Im Augenblick?« Oland schüttelte den Kopf. »Etwas, das Bernice nicht so ganz billigt – nennen wir es eine Probe aufs Exempel. Aber keine Sorge. Es bleiben keine dauernden Schäden. Nicht diesmal – und ein nächstesmal wird es nicht geben, wenn Sie mittun.«

»Wenn Sie Antworten hören wollen, fragen Sie«, zischte Laird.

»Das tun wir.« Oland fuhr mit der freien Hand über den Lauf der Walther. »Aber zuerst wollen wir uns vergewissern, daß Sie begreifen. Nicht wahr, Bernice?«

»Mir gefällt das nicht«, sagte sie leise. »Jody, du weißt, daß mir das nicht gefällt.«

»Mir macht die Situation auch keinen Spaß, liebe Schwester«, murmelte Oland, »aber –«

Er verstummte. Der Schrei, der hereindrang, war nur halb gedämpft – ein hoher, unbeherrschter Ton der Qual, der nur Sekunden dauerte. Laird hatte einen solchen Laut noch nie gehört, und er fraß sich in sein Gehirn wie ein Brandeisen.

Er fuhr vom Stuhl hoch und versuchte, sich von den Fesseln zu befreien. Bernice blickte mit aschfahlem Gesicht zu ihm auf. Ihr Bruder hielt die Waffe auf Laird gerichtet und schien unberührt zu sein.

»Keine dauernden Schäden, Laird – nicht diesmal«, sagte er gepreßt. »Der Rest – nun, das ist Ihre Sache. Sie sollen sich hinsetzen.« Die Mündung der Pistole richtete sich auf Lairds Knie. »Hinsetzen oder hinlegen, wie Sie wollen.«

Laird gehorchte langsam, vor Wut zitternd. Bernice stand auf. Sie zitterte auch, und ihre Stimme schwankte, als sie zu sprechen begann.

»Nichts mehr davon, Jody. Ich meine es ernst.«

»Das hängt von unserem Freund ab«, erwiderte Oland achselzukkend. Er verstummte und seufzte, als sie beinahe hinausstürzte, aber sein Blick blieb auf Laird gerichtet. »Meine Schwester reagiert manchmal zu heftig.«

»Vielleicht hält sie nichts vom Foltern«, fauchte Laird.

»Folter?« Oland sah ihn ruhig an. »Nur ein kleiner Elektroschock, Laird. Hohe Spannung, wenig Ampere – sehr schmerzhaft, ja. Aber das Opfer ist bei guter Gesundheit –«

»Und man kann das ewig weitermachen«, ergänzte Ben Hamilton, als er ins Zimmer trat, gefolgt von Tomas, der einen Holzkasten von der Größe eines Schuhkartons trug. Hamilton blieb vor Laird stehen und blickte auf ihn hinunter, aber seine Worte galten Oland. »Bernice ist bei dem Mädchen. Was ist mit unserem Freund hier?«

»Er ist beeindruckt«, sagte Oland gelassen.

»Hol' euch alle der Teufel«, sagte Laird kalt, mit einer Stimme, die er kaum als seine eigene erkannte. »Was für Tiere seid ihr eigentlich?«

»Solche, die Antworten hören wollen.« Hamilton nickte Tomas zu, und der kleine schwarzhaarige Mann stellte den Kasten auf den

Tisch, öffnete ihn und hob den Inhalt heraus. Zwei dünne Elektrokabel mit Klemmen führten zu einem kleinen Zylinder mit einer Kurbel. »Das ist unser kleines Spielzeug – und das Haus steht ganz abseits. Niemand beklagt sich, wenn es – äh – unvermeidlichen Lärm gibt.« Er zeigte auf den Zylinder. »Ein Hochspannungs-Magnetinduktor. Ich habe ihn von einem Boot, das verschrottet wurde.«

Laird antwortete nicht. Tomas summte vor sich hin und schraubte behutsam einen kleinen Griff in eine Antriebswelle am Ende des Zylinders. Der Rest war einfache Stromerzeugung, wie sie jeder Physikstudent im ersten Semester verstand. Wenn man die Kurbel drehte, wurde für kurze Zeit Hochspannung erzeugt.

»Haben Sie verstanden?« Hamilton legte die Hand auf Lairds Kopf und betastete die abheilende Kopfplatzwunde. »Sie haben schon allerhand durchgemacht. Aber heute können Sie nichts tun – wir haben das Mädchen. Ein kleiner Vorgeschmack kann trotzdem nichts schaden.«

Tomas stand plötzlich neben ihm. Laird spürte einen scharfen Stich in beiden Ohrläppchen, als die Klemmen angebracht wurden. Hamilton hatte das Gerät in der Hand.

»Der Körper hat ein paar empfindliche Stellen«, erklärte Hamilton ruhig. »Natürlich die Genitalien – aber wir wollen nicht übertreiben.« Er berührte die Kurbel und begann zu drehen. Augenblicklich zuckte ein sengender Stich unerträglicher, weißglühender Qual durch Lairds Körper. Er hörte sich schreien – dann war es vorbei. Er entdeckte, daß er am ganzen Körper zitterte, er fühlte sich schwach und dem Erbrechen nahe, aber der Schmerz hatte aufgehört.

»Tut mir leid«, murmelte Hamilton. »Tomas – räumen Sie auf und bringen Sie mir etwas zu trinken, ja?«

Tomas entfernte die Klemmen, nahm Hamilton das elektrische Gerät ab und verstaute den kleinen Folterapparat im Holzkasten.

»Also.« Hamilton setzte sich auf die Armlehne des Ledersessels. »Ein kleines Quiz. Wer hat Ihnen gesagt, daß wir in Benodet sind?«

»Das?« Laird zwang sich zu einem schwachen Grinsen und wies mit dem Kopf auf Oland. »Er war das. Jedenfalls lief es darauf hinaus.«

Hamiltons Augen verengten sich. Er beachtete Olands Auffahren nicht.

»Erklären Sie das.«

»Schwarze Knöpfe an seinem Blazer – in Safi.« Laird zog die Schultern hoch. »Sobald man errät, daß jemand eine Jacht besitzt, ist der Rest nicht allzu schwer. Das müßte Ihnen klar sein, Ben – Sie kennen die Seeversicherung.«

»Ja.« Hamilton warf Oland einen gehässigen Seitenblick zu. »Na gut, wieviel wißt ihr von uns?« Er griff nach dem vollen Glas, das Tomas gebracht hatte, trank und fügte hinzu: »Klar und knapp, ja?«

»Wir wissen, daß Sie die Alda-Tryst-Mannschaft sind«, sagte Laird gedehnt. »Na schön, das sind alles einzelne Bruchstücke, es gibt noch viele Lücken, manches beruht auf Vermutungen – aber wir wissen Bescheid über Sie.«

»Er lügt, Ben – das kann gar nicht anders sein«, fuhr Oland auf. »Hören Sie, wenn die Marokkaner soviel herausgebracht hätten –«

»Nein.« Hamilton brachte ihn mit einem Stirnrunzeln zum Schweigen. »Er redet von der Versicherungsszene, Jody. Und er hat recht, ich kenne mich da aus.« Er rieb sich nachdenklich das Kinn, dann sah er Laird scharf an. »Ja, wir sind Alda-Tryst – und alle anderen. Es hat gar keinen Sinn, das Selbstverständliche zu leugnen. Aber ihr habt nicht genug Beweise, um etwas zu unternehmen, nicht?«

»Bis jetzt.«

Hamilton grinste bösartig.

»Bis jetzt. Weiß die französische Polizei, daß Sie in Benodet sind?«

Es war der Augenblick, auf den Laird gewartet hatte. Er zögerte bewußt und befeuchtete die Lippen.

»Offen antworten, ja?« erinnerte ihn Hamilton und zeigte auf den Kasten. »Sonst –«

»Sie ist davon unterrichtet, daß es Verbindungen hierher gibt. Das ist alles.«

»Was heißt das?« fuhr ihn Jody Oland an. »Wissen sie etwas von der ›Mooncat‹?«

»Nein.« Laird starrte ihn böse an. »Das war mein Pech. Aber London –«

»Ist weit weg«, sagte Hamilton knapp. Er leerte sein Glas, stellte es auf den Tisch und spitzte die Lippen. »Wenn das die Wahrheit ist, gut. Wenn nicht –« Er unterbrach sich. »Und das Mädchen? Haben Sie sie mitgebracht?«

Laird schüttelte den Kopf.

»Sie folgte mir. In Marokko hatte jemand zuviel ausgeplaudert.«

»Und Sie wollten den Hüter spielen?« Hamilton grinste kurz. »Gestern nacht ist auf der ›Mooncat‹ etwas passiert. Wissen Sie davon etwas?«

»Was meinen Sie?« Laird hielt seine Stimme im Zaum.

»Einen angeblichen Unfall.« Hamiltons Gesicht blieb ausdruckslos, während er Laird anstarrte. »Einen seltsamen Unfall – so sah es wenigstens aus. Ihr Werk?«

»Er hätte mich nicht anspringen sollen«, sagte Laird plötzlich. »Es kommt noch so weit, daß ein ehrlicher Mensch nirgends mehr einbrechen kann, ohne –«

Tomas fuhr hoch, trat auf ihn zu und schlug ihm mit der Hand ins Gesicht. Er holte erneut aus, aber Hamilton stieß ihn weg, während Laird das Blut von der aufgeplatzten Lippe leckte.

»›Einbrechen‹, sagten Sie«, murmelte Hamilton. »Weiter.«

»Ich habe mich dann nicht länger herumgetrieben«, erwiderte Laird. »Ich gab die Sache auf und verdrückte mich.«

»Vernünftig.« Hamilton warf Oland einen Blick zu. »Sie sind also gar nicht hinuntergekommen?«

Laird schüttelte den Kopf.

»Nicht, daß das eine Rolle gespielt hätte«, warf Oland hastig ein. Er befeuchtete die Lippen. »Der Mann, den Sie getötet haben, war – unwichtig.«

»Nach Punkten seid ihr immer noch weit voraus«, räumte Laird tonlos ein.

Hamilton lachte leise, ging auf und ab und kam zurück.

»Warum haben Sie sich am Jachtklub herumgetrieben?«

»Das war nur eine Idee.« Laird grinste schief.

»Nämlich?«

»Sie sind sicher nicht in die Bretagne gefahren, um zu segeln.« Er blickte trotzig von Hamilton zu Oland. »Ich nehme an, Sie wollen entweder Ihr nächstes Unternehmen vorbereiten oder –«, er zuckte die Achseln, »– oder es wird in nächster Zeit durchgeführt. Ich glaube, Sie warten auf eine andere Jacht. Bei der Regatta ist möglicherweise jemand beteiligt, den Sie brauchen, damit Sie komplett sind.«

Er wartete. Sein Manöver war abgeschlossen, das Gemisch von Wahrheit und Dichtung an den Mann gebracht, und er konnte nur hoffen, daß es die beiden überraschte, aber auch beruhigte. Jody Oland fluchte leise vor sich hin, ging zur Bar und goß sich noch etwas zu trinken ein. Hamilton bewegte sich nicht. Als er zu sprechen begann, schwang in seiner Stimme widerwillige Bewunderung mit.

»Sie sind nah dran – zu nah fast, wenn wir Sie nicht erwischt hätten«, gab er grimmig zu. Er drehte sich nach Oland um. »Aber wenn der Rest wahr ist –«

»Wenn«, sagte Oland.

Hamilton nickte.

»Wir haben vierundzwanzig Stunden Zeit, um festzustellen, ob wir wie geplant vorgehen können – mit ein paar zusätzlichen Vorsichtsmaßnahmen.« Er richtete den Finger warnend auf Laird. »Aber wenn etwas schiefgeht, dürfen Sie sich auf meine Worte verlassen – zuerst das Mädchen, dann Sie.«

Sie brachten ihn zum Keller zurück und stießen ihn die Treppe hinunter. Yvonne saß bleich auf dem Betonboden, die schwarzen Haare verwirrt, die Bluse vorne aufgerissen.

Sie zuckte zurück, als Hamilton vor ihr stehenblieb.

»Jetzt Sie«, sagte er und zeigte zur Treppe. »Zwei Aussagen sind immer besser als eine.« Er sah Lairds Gesichtsausdruck und grinste schwach. »Keine Tricks mehr heute – wir haben klargemacht, was wir meinen, ja?«

Yvonne wurde hinausgeführt, die Tür zugeworfen. Laird lehnte sich an eine Wand und rutschte daran herunter, senkte den Kopf und überließ sich der Erschöpfung, niedergedrückt von der Verzweiflung und Bitterkeit, die er empfand. Er hatte die Risiken gekannt, die er eingegangen war, verfluchte aber seine Dummheit, die ihn veranlaßt hatte, das Mädchen mit hineinzuziehen, weil er immer deutlicher spürte, daß er sie neben sich haben wollte.

Er atmete tief ein und kämpfte die aufsteigende Bedrückung nieder, zwang sich, klar und kalt zu denken.

Wenn Hamilton und Oland akzeptierten, was er ihnen erzählt hatte, war das ein kleiner Sieg, ein Nachlassen der inneren Anspannung, das sie veranlassen mochte, nichts zu überstürzen, was ihre beiden Gefangenen anging. Aber danach hing sehr viel von Paul Briand ab. Es war die Frage, wie lange der Inspektor brauchen würde, bevor er sich Sorgen über ihren Verbleib machte, und wie lange danach, bevor er entschied, daß er handeln mußte.

Und wenn Briand das Falsche tat – Laird wagte diesen Gedanken nicht zu Ende zu denken. Es fiel ihm nur eine Antwort ein.

Es vergingen an die zwanzig Minuten, bis die Tür wieder aufging. Hamilton erschien allein unter der Tür, dann stieg er gemächlich die Stufen hinunter.

»Wo ist Yvonne?« fragte Laird.

»Wir trennen euch«, gab Hamilton zurück. »Sie kennen ja den alten Spruch, man soll nie alles auf eine einzige Karte setzen.« Er schnitt eine Grimasse. »Außerdem habe ich kleine Schwierigkeiten mit Bernice, und da hat sie etwas zu tun. Weiber –« Er zog seine Zigaretten heraus, zündete zwei an und bückte sich, um eine zwischen Lairds Lippen zu schieben. »Na ja, was das Mädchen angibt, stimmt mit Ihren Worten mehr oder weniger überein. Und Sandra ist wieder da. Von der Benodet-Front nichts Neues.«

»Gut«, sagte Laird bitter. »Haben Sie etwas anderes erwartet?«

»In London hat man mir beigebracht, daß ein guter Versicherungsmann das Beste hofft, aber mit dem Schlimmsten rechnet.« Hamilton blies den Rauch hinaus und sah Laird nachdenklich an. »Wenn etwas schiefgeht, seid ihr zwei natürlich eine nützliche Drittschaden-Risikodeckung.«

»Und danach?« Laird schob sich ein wenig höher hinauf, während die Fesseln tiefer in sein Fleisch schnitten.

»Sie haben sich die Suppe selbst eingebrockt«, erinnerte ihn Hamilton trocken. Er zog die Schultern hoch. »Aber ich vermute, daß das im Stil der Alda-Tryst-Manöver nicht mehr geht. Das jetzige Unternehmen kann noch ablaufen, dann verschwinden wir von der Bühne – ich habe schon ein hübsches kleines Versteck vorbereitet.«

»Gratuliere«, sagte Laird mürrisch. Der Rauch seiner Zigarette stieg ihm in die Augen, und sie begannen zu tränen. »Freut mich für Sie.«

Hamilton lachte und stieg die Treppe hinauf. Die Tür wurde zugeworfen und abgesperrt.

Es vergingen mehrere Stunden, bis wieder jemand erschien. Inzwischen hatte Laird jeden Zentimeter seines Gefängnisses abgesucht, von der Tür, die so massiv war, daß man einen Rammbock gebraucht hätte, um sie aufzubrechen, bis zu den alten Regalen, deren Holz vor Alter rissig war.

Er konnte nichts finden, was nützlich gewesen wäre. Als die Tür über ihm aufging, war er beinahe froh, Tomas zu sehen, der eine Pistole in der Hand hatte. Hinter ihm stand Bernice Edwards.

»Besuchszeit?« fragte er ätzend.

Sie kamen die Stufen herunter. Bernice trug ein Tablett mit belegten Broten und einer großen Tasse Kaffee.

»Etagenservice«, sagte sie tonlos und stellte das Tablett ab. »Und die kleine Cordelle läßt grüßen.«

»Wo halten Sie sie fest?«

»Wo sie sicher ist.« Ihre Lippen preßten sich zusammen. »Sie sind ein Idiot, daß Sie sie mitgebracht haben.«

»Stimmt.« Er wies mit dem Kinn auf das Tablett. »Danke. Wie soll ich essen?«

Man nahm ihm die Fesseln ab, und sie schauten stumm zu, während er die Gelenke rieb, um die Blutzirkulation anzuregen, dann warteten sie, bis er gegessen hatte. Tomas griff nach der Wäscheleine und wollte Bernice die Pistole geben.

»Lassen Sie«, sagte sie gelangweilt. »Wozu die Mühe?«

Der Steward zögerte und zog die Brauen zusammen, aber sie hatte das Tablett schon aufgehoben und ging die Stufen hinauf. Tomas folgte ihr achselzuckend. Oben dreht Bernice sich um und schaute ausdruckslos zu Laird hinunter. Dann sprach sie leise mit Tomas. Er nickte, zog ein Taschentuch heraus und umwickelte seine Finger, um die Glühbirne aus der Fassung zu schrauben. Einen Augenblick lang flutete Licht aus dem Flur in den Keller, dann gingen sie, die Tür fiel zu, und Laird saß in tiefer Dunkelheit.

Er hatte seine Armbanduhr noch, deren Leuchtzifferblatt eine kleine, beruhigende Verbindung mit der Wirklichkeit herstellte. Ab und zu hörte er über sich leise Geräusche, aber die Kellertür blieb geschlossen. Gegen Mitternacht begann er an der kalten Mauer zu dösen. Kurz danach schlief er ein.

Nach der Armbanduhr war es drei Uhr früh, als er aus dem Schlaf hochfuhr. Im ersten Augenblick wußte er nicht, wo er sich befand, dann erkannte er, daß außerhalb des Kellers etwas vorging. Seine Hoffnungen wurden kurz geweckt, als er laute Stimmen und Türen schlagen hörte, dann gingen sie unter, als jemand lachte. Die Geräusche verklangen, und es wurde wieder still.

Seine Rippen schmerzten vom Liegen. Laird schob sich auf dem harten Boden höher, aber es dauerte lange, bis er wieder einschlief.

Als er erneut wach wurde, stand die Kellertür offen, die Glühbirne war wieder eingeschraubt und brannte, und Sandra Myles brachte ein neues Tablett mit Kaffee und Broten. Sie stellte es in seiner Nähe auf den Boden. Ihr Begleiter war Jody Oland. Er war bewaffnet und nur halb die Treppe heruntergestiegen.

»Wenigstens eine Abwechslung«, meinte Laird tonlos.

Die grünen Augen des Mädchens betrachteten ihn mit unverhohlener Neugier, und als Oland einen Knurrlaut von sich gab, trat sie wortlos zurück.

Laird zuckte mit den Schultern und blickte zu Oland hinauf.

»Wenn Sie nachts wieder mal feiern, denken Sie doch an die Hausgäste«, sagte er. »Was war da oben los?«

»Es ist jemand gekommen, auf den wir gewartet hatten.« Oland grinste schwach. »Seien Sie froh. Das ist der Hauptgrund, warum Sie noch leben.«

Es wurde genauso gehandhabt wie vorher. Sie warteten, während er saß, dann nahmen sie das Tablett mit, gingen und verschlossen die Tür.

Die Zeit schleppte sich dahin. Bis es Mittag wurde, hatte Laird jede Ecke des Kellers immer und immer wieder erforscht. Seine Fingerballen waren aufgeschürft, die Fingernägel fast alle abgebrochen, weil er versucht hatte, einen Mauerstein herauszubrechen, der lokker zu sein schien, um so etwas wie eine Waffe zu haben.

Nur wollte der Stein nicht herausbrechen.

Als Laird wieder Besuch erhielt, war es nach seiner Uhr früher Abend. Er saß seit über vierundzwanzig Stunden im Keller. Was trieb Briand, was war aus Yvonne geworden, wie sollte diese ganze Geschichte enden?

Mit trübem Blick starrte er zur Tür hinauf, die sich öffnete. Ben Hamilton kam herunter. Er hatte die Pistole locker in der Hand und war in Begleitung eines stämmigen dunkelhaarigen Mannes mit vorquellenden Augen und dicken Lippen. Beide trugen Seglerkleidung.

»Dachten Sie, wir hätten Sie vergessen?« sagte Hamilton, während er seinen Begleiter angrinste. »Keine Sorge. Es sieht aber ganz so aus, als entspräche alles Ihren Behauptungen – entweder das, oder die Franzosen sind mit ihrem Feiertag so beschäftigt, daß sie keine Zeit haben, sich zu überlegen, wo Sie hingekommen sind. Ich habe mir nur gedacht, das interessiert Sie.«

Laird zuckte die Achseln. Er hatte beinahe vergessen, daß heute Freitag war, der Tag der Erstürmung der Bastille – unter anderem.

Der stämmige Mann lachte leise.

»Er sagt nicht viel, wie?«

»Nur manchmal«, gab Hamilton trocken zurück. Sein Gesicht wurde hart. »Laird, ich brauche absolute Gewißheit. Ich muß wohin, und das Mädchen kommt mit. Wenn etwas schiefgeht, stirbt sie. Ist Ihnen das klar?«

Laird nickte.

»Und?« fuhr ihn Hamilton an.

»Ich habe es Ihnen gesagt«, erwiderte Laird dumpf. Die Lüge ging ihm leicht von den Lippen. Selbst als Geisel hatte Yvonne draußen eine Chance, weit mehr als hier im Haus. »Was geschieht hinterher mit uns?«

»Nichts besonders Unangenehmes«, erwiderte Hamilton gelassen. Offenbar war er zufrieden.

»Fein«, sagte Laird. Er wies mit dem Kopf auf den Fremden. »Ein neuer Gehilfe?«

»Eher ein – Berater«, sagte Hamilton.

»Der?« Laird verzog den Mund. »Sieht eher aus, als wär' er von einem Baum gesprungen.«

Er hatte die Absicht verfolgt, die anderen herauszufordern, aber der dunkelhaarige Mann trat mit einem Brummlaut vor, schlug Laird ins Gesicht und hieb ihm die Faust in den Magen, grinste und schleuderte ihn an die Regale.

»Genug«, sagte Hamilton scharf.

Der Fremde zog die Schultern hoch. Sie stiegen die Treppe hinauf und ließen Laird zusammengekauert an den Regalen zurück. Er hörte, wie die Tür zufiel, war aber so schwindlig und von Übelkeit erfüllt, daß er sich nicht einmal bewegen konnte.

Als er es endlich tat, machte er eine Entdeckung. Durch den Anprall seines Körpers war eine der langen Holzlatten gebrochen. Er kämpfte gegen die Schmerzfluten in seinem Körper an und zerrte an der Latte. Sie riß ab, und er hatte ein Stück Holz in der Hand, das eineinhalb Meter lang war, an einem Ende von der Dicke eines

Gewehrkolbens, am anderen fast nadelspitz.

Er blickte zur Kellertür und dem Lichtschalter neben ihr hinauf. Plötzlich hatte er wieder Hoffnung. Sie war zwar aus Verzweiflung entstanden, aber doch besser als gar nichts.

Als er bereit war, mußte er im Dunkeln an der Treppe warten. Das Licht war ausgeschaltet. Die Spitze des Holzprügels hielt er in den Händen. Oben war es laut geworden, man hörte Stimmen, dann klappten Türen. Hamilton schien gegangen zu sein.

Hamilton mit Yvonne – und wer noch?

Laird fuhr mit der Zunge über die Lippen. Er wußte, daß er die Antwort darauf nur auf eine bestimmte Weise erfahren konnte.

Eine halbe Stunde verging auf seiner Uhr. Sie hatte keinen Deckel mehr. Die kleine Scheibe aus rostfreiem Stahl steckte in der Lampenfassung. Wenn sein Plan gelang, war das kein Opfer.

Er atmete tiefer ein, hielt den Atem kurz an, schnitt eine Grimasse und begann Hamiltons Namen zu schreien. Nur den Namen, immer wieder, so laut er konnte.

Zwei lange Minuten geschah gar nichts. Er brüllte weiter. Plötzlich knackte das Schloß an der Kellertür. Die Tür wurde aufgestoßen, und der stämmige Fremde stand an der Treppe. Er hatte eine Pistole in der Hand und starrte in die Dunkelheit hinunter. Laird zuckte zurück. Die freie Hand des Mannes tastete nach dem Lichtschalter an der Tür, fand ihn und drehte ihn.

Es gab einen Kurzschluß, die Lampe flammte kurz auf und zersprang, der Mann war für Augenblicke verblüfft und geblendet. Im selben Sekundenbruchteil hetzte Laird die Treppe hinauf. Die Pistole in der Hand des Fremden fuhr herum, ein Schuß krachte – dann drang der Holzspeer, von Lairds ganzer Kraft vorwärtsgestoßen, in die Kehle des Mannes.

Spitzes, scharfes Holz durchbohrte weiches Gewebe. Ein grauenhafter, gurgelnder Schrei erstickte und verklang, kaum daß er begonnen hatte. Dann brach die eingedrungene Spitze ab, als der Mann nach hinten stürzte, im Flur wie ein Sack zusammenfiel, mit einem Fuß im Kellereingang.

Laird kam eine Sekunde danach herausgeschossen – erstarrte aber, den abgebrochenen Holzprügel umklammernd. Bernice Edwards stand vor ihm, eine Pistole in der Hand, deren Mündung sich auf ihn richtete.

Ihr breites Gesicht war unter der Sonnenbräune fahl geworden. Ihre Blicke begegneten sich. Dann nickte sie und ließ die Walther sinken.

»Das hatte ich erwartet. Oder zumindest erhofft«, sagte sie tonlos. Sie befeuchtete die Lippen und blickte auf ihre Waffe hinunter. »Ich dachte, Sie brauchen Hilfe. Entweder das oder –« Sie sprach den Satz nicht zu Ende. »Sonst ist niemand hier. Ich wollte noch zehn Minuten warten und dann –«

»Die Seiten wechseln?« fragte Laird hart.

»So ungefähr wohl.« Bernice Edwards verstummte, hob kurz die Schultern und sagte leise: »Sie werden Hilfe brauchen. Ich will sie Ihnen geben. Genügt das nicht fürs erste?«

»Mag sein.« Laird fühlte sich trotzdem wohler, als er ihr die Walther abgenommen hatte. Er steckte sie in den Hosenbund und bückte sich, um die Waffe des Fremden aufzuheben, eine kurzläufige Webley, Kaliber 38, dann ging er neben dem Mann in die Hocke.

Die scharfe Holzspitze war unter dem Kinn durch Mund und Gaumen ins Gehirn gedrungen. Der Mann war auf der Stelle tot gewesen.

»Tot?« sagte Bernice.

Er nickte.

»Er hieß Ray Amos«, fuhr sie ohne Betonung fort. »Ben Hamilton hat ihn zugezogen. Er war –«

»Der Sprengstoffspezialist«, sagte Laird.

»Das wußten Sie?« Ihre Augen wurden groß, und sie zupfte am Ausschnitt ihres Kleides. »Dann –«

»Geht nicht alles so, wie Hamilton denkt«, ergänzte er grimmig. »Er hat Yvonne mitgenommen?«

»Ja. Aber sie ist unverletzt, seit dem – seit dem erstenmal. Soviel konnte ich durchsetzen.« Sie sah ihn sorgenvoll an. »Sandra wußte nichts davon.«

Ihre Worte klangen flehend. Laird stand auf, ohne darauf einzugehen.

»Sind sie zur ›Mooncat‹ gegangen?« fragte er scharf.

Sie nickte.

»Sie fahren hinaus in die Bucht, um sich mit den anderen zu treffen. Das wissen Sie?«

»Ja.« Laird blickte auf den Toten. »Aber Sie beide sind hiergeblieben. Warum?«

»Amos sollte seine Arbeit tun, sonst nichts«, sagte sie müde. »Ben wollte Tomas bei ihm lassen, aber ich stellte mich freiwillig zur Verfügung.« Ihre Stimme klang ironisch. »Es war nicht sehr schwer – ich bin bei Ben und Jody im Augenblick nicht sehr beliebt.«

»Aber sie vertrauen Ihnen?«

»Sandra ist bei ihnen«, erwiderte sie achselzuckend.

»Gut, Bernice.« Laird schaute auf die Uhr. Er war sich bewußt, daß die Zeit verrann, aber er mußte Gewißheit haben, bevor er handelte. »Warum? Warum dieser Umschwung?«

»Ich hatte genug. Sie wollen Sie und das Mädchen umbringen, sobald Sie nicht mehr gebraucht werden.« Sie atmete tief ein. »Hören Sie, als Ben Hamilton und mein Bruder mit den Betrügereien anfingen, machte ich sehenden Auges mit. Es war sehr raffiniert, wir verdienten viel Geld – und das konnten wir alle brauchen. Als Sandra davon erfuhr, tat sie auch mit. So war es sicherer. Ben und Jody fanden Kontaktleute in Europa, und –«

»Und Sie waren im Geschäft«, sagte Laird grimmig. »Haben Sie Sandra aufgefordert, Mord und Folterung nebenher einfach nicht zu beachten?«

»Wir wußten nichts davon.« Sie zuckte zusammen, als hätte er sie ins Gesicht geschlagen. »Nicht zu Anfang. Dann – nun, wir nahmen es wohl einfach hin, daß wir es nur mit Ungeziefer zu tun hätten, die keinen wirklichen Verlust darstellten, diese Leute.« Sie sah ihn flehend an. »Das machten alles Jody und Hamilton.«

»Während Sie und Sandra sauber blieben?«

»In der Regel – tja, nicht immer.« Bernice Edwards blickte auf den Boden. »Jody sagte, wir müßten dabei sein, als das mit der ›Aurelia‹ schiefging – und er war krank gewesen. Das stimmt wirklich. Aber ich wußte nicht, was geschehen würde. Ich wußte nicht, daß sie das Auto in die Luft sprengen würden.« Sie fügte flüsternd hinzu: »Ben und Jody ließen Tomas an Land zurück, als wir mit der ›Banshee‹ ausliefen. Wir nahmen ihn dann später unten an der Küste auf. Da erfuhren Sandra und ich alles. Als ich hörte, daß das Mädchen und der Polizeibeamte tot waren – ich fühlte mich hundeelend. Und hier, als ich wußte, daß es wieder passieren würde –«

Sie meinte es ernst, Laird war überzeugt davon. Die große, aschblonde Frau wirkte verbittert und verzweifelt und schien plötzlich um Jahre gealtert zu sein. Und selbst wenn er noch Zweifel hatte, Laird wußte, daß er alles auf eine Karte setzen mußte.

»Sie sagten, ich brauche Hilfe.« Er gestikulierte mit der Waffe. »Was kostet sie?«

»Sandra. Ich will, daß sie eine Chance hat –«

»Nur Sandra?«

Sie nickte.

»Ich werde tun, was ich kann. Aber es gibt keine Garantien –« Laird steckte die zweite Schußwaffe in den Gürtel und fuhr mit der Hand über sein unrasiertes Kinn. »Hamilton wartete auf drei Boote. Kennen Sie den Treffpunkt für heute nacht?«

»Ja. Eine der Markierungsbojen in der Bucht, irgendwo vor Benodet. Sie hat den Namen ›La Poule‹.«

»Sie werden alle dort sein?«

Sie nickte.

»Gut.« Sein Kopf und die Rippen schmerzten wieder, aber darauf konnte er jetzt nicht achten. »Wie kommen wir von hier weg? Hat man Ihnen einen Wagen dagelassen?«

»Ja.«

»Dann brauche ich nur ein Telefon.«

In der Küche stand ein Apparat. Laird rief bei der Polizei in Benodet an, nannte seinen Namen, verlangte Paul Briand und mußte warten. Er trank inzwischen Kaffee aus einem Topf auf dem Herd.

Ein Polizist meldete sich und sagte, Briand sei unterwegs. Laird fluchte leise vor sich hin und sah Bernice an.

»Wie heißt das hier?«

»Château Berteill – gleich an der Straße nach Sainte Marine.« Sie zögerte. »Andrew, was werden Sie tun?«

»Wir«, verbesserte er. »Sie kommen mit. Jedenfalls einen Teil des Weges.«

Er verstummte, als Briands Stimme aus dem Hörer tönte. Der Inspektor war außer Atem und verlor keine Zeit mit Begrüßungen.

»Wo sind Sie gewesen, verdammt noch mal?« fauchte er. »Was geht vor?«

»Allerhand«, sagte Laird gepreßt. »Das hat Zeit. Hamilton und seine Freunde fahren mit der ›Mooncat‹ hinaus. Sie haben Yvonne bei sich – was sie auch tun, halten Sie sie nicht auf.«

»Haben wir nicht getan«, knurrte Briand. »Sie gingen vor zehn Minuten an Bord und fuhren los. Haben Sie eine Vorstellung davon, wie nah ich einem Nervenzusammenbruch bin? Sie verschwinden spurlos, ich weiß nicht mehr, was ich tun oder lassen soll –«

Laird schnitt ihm das Wort ab.

»Ich komme aus einem Haus zurück, das Château Berteill heißt und an der Straße nach Sainte Marine steht. Können Sie ein Boot bereitstellen und Leute zusammenholen, bis ich ankomme?«

»Leute?« Briand schien zu zögern. »Gut. Wir warten am Kai, wo die Fähre anlegt. Wohin fahren wir?«

»Zur Markierungsboje ›La Poule‹.« Er sah, daß Bernice ihn anstarrte, und lächelte kurz. »Noch etwas, Paul. Schicken Sie jemanden hierher. Im Flur liegt ein Toter – dieser Ray Amos, der Ihnen solche Sorgen gemacht hat.« Er legte auf, während Briand noch ins Telefon brüllte.

»Fahren wir jetzt?« fragte Bernice.

Er nickte.

»Dann hole ich einen Mantel.«

Es war eine dunkle Nacht, der Himmel bedeckt, und es schien regnen zu wollen. Aus Nordwesten blies Wind. Sie ließen die Haustür offen, und Bernice, einen weißen Gabardinemantel über den Schultern, ging voran.

Der Ford, der Laird und Yvonne aus Benodet hierhergebracht hatte, stand hinter dem Haus. Laird ließ sich von Bernice den Schlüssel geben und fuhr los, als sie saß.

Die Reifen schleuderten Kies nach hinten, als er von der Einfahrt auf die Straße einbog und scharf Gas gab. Er fuhr, so schnell er konnte, und die Scheinwerfer schnitten in die von Bäumen gesäumte Dunkelheit einen grellen Tunnel. Während er fuhr, stellte er Fragen, und Bernice antwortete genau und ausführlich.

Sie waren erst wenige Minuten unterwegs, als ein Polizeifahrzeug mit Blinklicht und Sirene entgegenkam und vorbeibrauste. Laird grinste ein wenig vor sich hin, als die Heckleuchten in seinem Rückspiegel kleiner wurden. Paul Briand hatte keine Zeit verloren.

Dann befaßte er sich mit der nächsten Frage.

Er war fast mit ihr fertig, als der Ford über die Brücke raste, und schloß seine Überlegungen ab, als der Wagen den Stadtrand erreichte.

Die letzten Angehörigen des Trios bei der Regatta, auf die es Ben Hamilton ankam, waren an diesem Nachmittag angekommen. Nun lagen sie alle drei bei La Poule vor Anker, hatten die Besatzung an Land geschickt, damit die nichtsahnenden Leute sich bei den Feiern zum Bastille-Tag vergnügen konnten, während die Bootsbesitzer auf das Eintreffen der ›Mooncat‹ warteten.

Knud Forsberg, Steuerberater aus Kopenhagen, an Bord seiner ›Ekstra‹. Jochen Kern, Rechtsanwalt aus Hamburg – seine ›Blondie‹ war von Ray Amos in den Hafen gesteuert worden. Miguel Esteban, Reedereiagent aus Lissabon auf der ›Porgy‹. Bernice hatte ihn über die einzelnen Männer informiert und ihm mitgeteilt, welche Leistungen sie für die Alda-Tryst-Mannschaft erbrachten.

Daß Kerns Boot von Ray Amos nach Bernodet gesegelt worden war, entbehrte nicht der Ironie. Das Ziel des Sprengstoffexperten war der 9000-BRT-Frachter ›Misrani‹ aus Holland gewesen, der in knapp achtundvierzig Stunden aus dem Hafen Brest auslaufen sollte. Das Schiff sollte zu den Bermudas fahren, und die Fracht war bedeutungslos. Drei Tage nach dem Auslaufen war eine Explosion vorgesehen – eine so große, daß das Schiff untergehen mußte, aber von solchem Umfang, daß der Besatzung Gelegenheit blieb, das Schiff zu verlassen.

Die ›Misrani‹ war hoch versichert. Und sie gehörte Jochen Kern.

Blieb noch das Treffen vor Benodet. Es entsprach den Dingen, die Hamilton im Keller erzählt hatte. Ursprünglich war eine Art Direktorenbesprechung vorgesehen gewesen, um das nächste Unternehmen zu diskutieren. Jetzt sollte er, zumindest für Hamilton und Oland nur der erste Schritt zu einer entweder vorübergehenden oder dauernden Auflösung der Gesellschaft werden.

Laird hatte sich das stumm angehört und seine eigenen Vorstellungen dazu gehabt, was Hamilton damit meinen mochte. Es gab eine freiwillige Liquidierung – und eine andere.

Das Unerwartete begann, als das Fahrzeug sich der Stadtmitte von Benodet näherte und die Avenue de la Mer zum Strand entlangfuhr. Wenn vorher schon alles überfüllt gewesen war, hatte sich das inzwischen noch verschlimmert. Zuerst krochen sie dahin, dann standen sie in einer unübersehbaren Stauung. Die Gehsteige waren voller Menschen, die zum Hafen wollten.

Es gab ein Hupkonzert nach dem anderen. Die Autofahrer schienen immer nervöser zu werden. Ein Wagen, der ausscherte und die Kolonne überholen wollte, stieß mit einem Kleinbus zusammen, der in der Gegenrichtung dasselbe versuchte. Laird blieb einige Minuten sitzen und trommelte mit den Fingern auf das Lenkrad, dann gab er auf.

Er legte den Gang ein, riß das Lenkrad herum und sorgte dafür, daß die Fußgänger auseinanderstoben, als er auf den Gehsteig hinauffuhr und den Motor abstellte.

»Wir gehen zu Fuß«, sagte er mit gepreßter Stimme. »Kommen Sie.«

Sie stiegen aus und liefen zu Fuß weiter, inmitten der lachenden, lärmenden Menge.

Irgendwo am Ende der Straße entdeckte Laird, daß Bernice verschwunden war. Er blieb stehen und schaute sich um, wurde von den anderen Passanten angestoßen, aber er konnte Bernice nirgends entdeckten. Er gab fluchend auf und kämpfte sich weiter.

Er brauchte noch einmal zehn Minuten, um sich durch das Gedränge zu zwängen und den Fährschiffsteg zu erreichen. Ein Teil davon war mit Seilen abgesperrt worden, und als er hindurchschlüpfte, hatte ihn ein Polizist am Kragen. Paul Briand tauchte aus der Dunkelheit auf und übernahm das Kommando.

»Sie sehen schrecklich aus«, sagte Briand erstaunt.

»Ich fühle mich noch schlechter.« Laird zeigte auf die riesige Menschenmenge. »Da bin ich durchgekommen.«

»Die schönste Vorführung des Tages beginnt in ein paar Minuten – ein Feuerwerk wie der Dritte Weltkrieg, nur teurer«, sagte Briand. Er blickte an Laird vorbei. »Kommt noch jemand?«

»Es war jemand dabei, aber ich habe sie verloren«, sagte Laird und preßte die Lippen zusammen.

Briand zuckte die Achseln, griff nach Lairds Arm und hastete mit ihm über den Steg. Eine große Schnellbarkasse mit geschlossener Brücke lag am anderen Ende mit laufenden Motoren und brennenden Positionslampen.

»Ausgeliehen«, sagte Briand. »Ich habe einen Sergeant und sechs Mann an Bord. Genügt das?«

»Es genügt«, sagte Laird.

Sie stiegen hinüber. Als Briand zu der kleinen Brücke ging, löste ein Polizist die Haltetaue, und das große Boot setzte sich in Bewegung.

Im selben Augenblick fauchte von einem Boot in der Mitte der Flußmündung pfeifend eine goldene Bahn in die Luft, und am Nachthimmel explodierte eine Rakete wie eine Miniatursonne. Am Strand brach Jubel aus, als ein halbes Dutzend anderer Raketen von ebenso vielen Stellen emporschoß und Funkenregen sprühte.

»Vive la France«, sagte Briand spöttisch und öffnete die Tür zur Brücke.

Ein dicker, kahlköpfiger Mann in Zivil stand am Ruder. Er schaute sich um und nickte.

»Der Besitzer, *M'sieu* Hubard«, sagte Briand mit einem schwachen Grinsen. »Er wollte unbedingt dabeisein.« Er machte eine Pause, als immer mehr Raketen emporstiegen und draußen auf der Bucht sich Feuerräder drehten. »Alles der Reihe nach, Paul. La Poule liegt an der Ausfahrt der Bucht. Wenn Hubard hier aufdreht, können wir in zehn Minuten dort sein.«

»Nein.« Laird schüttelte den Kopf. Auf der Bucht waren viele Boote unterwegs, die meisten hell beleuchtet. »Wir müssen erst sehen, womit wir es zu tun haben. Sagen Sie ihm, es soll so aussehen, als unternähmen wir eine Vergnügungsfahrt.«

»Schöne Vergnügungsfahrt«, knurrte Briand, aber er sprach leise mit Hubard, der nur grinste und nickte, bevor er ein paar Schalter betätigte. Die Deckenbeleuchtung des Motorschiffs flammte auf. Briand kam zu Laird zurück. »Also – was ist eigentlich los?«

Laird berichtete, während das Feuerwerk seinen Fortgang nahm und das Motorboot weiterfuhr. Briand schluckte mühsam, als Laird fertig war.

»*Eh bien* ... wir haben ein Problem, wie? Solange sie das Mädchen festhalten –«

»Können wir nicht einfach losstürmen«, ergänzte Laird ruhig. »Aber Bernice Edwards war der Meinung, man halte Yvonne auf der ›Mooncat‹ fest, während das Treffen vermutlich auf der ›Blondie‹ stattfinde, dem Boot aus Deutschland – es ist größer.«

Briand sah ihn an.

»Sie verlassen sich auf das, was sie sagt?« Er wartete nicht auf eine

Antwort. »Wir werden ja sehen. Ich möchte mit meinen Leuten reden. Kommen Sie lieber mit, damit sie wissen, wie Sie aussehen.« Er grinste, als er auf Lairds Bauch blickte. »Ziehen Sie den Pullover weiter über die Pistolen herunter, ja? Sie sehen aus wie ein Seeräuber.«

Sie verließen die Brücke und gingen hinunter in die vordere Kajüte, wo der Sergeant und sechs Polizisten saßen. Ein paar Männer waren mit Maschinenpistolen bewaffnet. Sie betrachteten Laird neugierig, während Briand mit dem Sergeanten sprach. Die anderen hörten mit. Als Briand sich schließlich abwandte, grinsten einige.

»Gut.« Der Inspektor stieg voraus an Deck. »Sie wissen, was sie erwartet. Ich habe gesagt, ein paar sollen die Uniform ausziehen und wie Touristen an Deck herumlungern – und daß Sie einen ausgeben, wenn das alles vorbei ist.«

»Einheimischen Calvados?«

»Ich habe Champagner versprochen«, gab Briand unschuldig zurück.

Das Motorboot fuhr langsam weiter. Wieder bei dem Eigner auf der Brücke, verfolgte Laird ihren Weg zwischen anderen Booten hindurch, die dahinfuhren oder vor Anker lagen. Achtern ging das Großfeuerwerk weiter. Die Salzluft hatte ihm einen klaren Kopf verschafft und seine Gedanken geschärft, aber seine Unruhe wuchs. Irgendwo dort draußen hielten Oland und Hamilton Yvonne fest. Wenn sie die Gelegenheit dazu erhielten, würden sie mit ihr umgehen, wie sie es für nötig hielten.

Wenn sie die Gelegenheit erhielten...

»M'sieu –« Er fuhr herum, als der beleibte Bootsbesitzer ihn ansprach. Der Mann zeigte nach vorn. »La Poule.«

Augenblicke später sah Laird, Briand neben sich, die Blinkleuchte der Markierungsboje zucken – und die Umrisse der vier Jachten, die daneben lagen. Als die Boje näher rückte, holte Briand seinen Sergeanten, und kurz danach standen drei von den Polizisten an Deck. Einer trug statt des Hemdes eine Strickweste, zwei andere trugen Pullover, die sie in der Kajüte gefunden hatten.

Sie fuhren auf Steinwurfweite an der großen Metallboje vorbei, Laird tief geduckt, ein geliehenes Fernglas an die Augen gepreßt. Zwei von den Jachten waren dunkel und lagen abseits vor Anker, aber die beiden anderen waren aneinander vertäut, und in den Kajüten brannte Licht.

Eine davon war die ›Mooncat‹, die andere, viel größere, mit weißem Rumpf, trug den Namen ›Blondie‹ am schmalen Schonerbug. Die Sirene des Motorboots heulte zum Gruß kurz auf – und eine Gestalt an Deck der ›Mooncat‹ winkte träge.

Laird starrte noch einige Sekunden durch das Glas, dann ließ er es sinken. Der Mann an Deck trug eine Mütze und schien Tomas zu sein. Im übrigen schien sich Bernices Meinung zu bestätigen, wonach Hamilton, Oland und ihre Mitarbeiter auf der größeren Jacht zusammengetroffen waren.

Eine andere Gruppe von Segelbooten war in etwas größerer Entfernung wie ein Floß miteinander vertäut, und man feierte ein Fest. Der Kajütenkreuzer Hubards schob sich dahinter, um verdeckt zu sein, und kam zum Stillstand, während die Motoren weiterliefen, um eine Steuerung zu ermöglichen. Musik und Gelächter tönten laut über das Wasser.

»Also?« sagte Briand. Er zündete sich eine Zigarette an. »Vielleicht sollten wir noch warten«, meinte er stirnrunzelnd, »bis sie zurückfahren.«

»Wir haben jetzt vielleicht eine bessere Chance.« Laird stand vor der Brücke und atmete tief die salzige Nachtluft ein. »Wir müssen die Deckwache wegschaffen«, sagte er. Er blickte zum Heck, wo der Kajütkreuzer ein kleines Schlauchboot als Tender mitführte. »Zwei von uns könnten das schaffen, Paul. Dann bringt Ihr Freund Hubard die Truppen.«

»Zwei von uns?« Briand starrte seine Zigarette an, dann warf er sie plötzlich ins Meer. »Sie und ich, meinen Sie?«

»Ja.«

»Sie sind Zivilist.«

»Richtig«, sagte Laird.

»Aber Sie kennen sich mit Booten aus.« Briand grinste. »Eine von den Pistolen sollte ja reichen, nicht? Und den ›Truppen‹ sagen wir, daß sie uns zwanzig Minuten Vorsprung lassen sollen, es sei denn, etwas ginge schief.«

Die Polizisten ließen im leichten Schwell das Boot zu Wasser. Laird stieg hinein und setzte sich ans Heck, während Briand sich ungeschickt vor ihm niederließ.

Sie stießen sich ab, beobachtet von den Polizisten. Zunächst fiel es Briand schwer, sein kurzes Paddel richtig einzusetzen, aber er fand sich rasch damit zurecht, und für Laird war es eine willkommene Ablenkung, sich körperlich betätigen zu können. Er beobachtete Brian, hielt ihr winziges Schlauchboot auf Kurs und spürte, wie der Lauf der Waffe sich in seinen Bauch bohrte. Er hatte die kurzläufige Pistole von Ray Amos behalten. Eine 38er hatte mehr Durchschlagskraft als die Walther.

Das Boot glitt mühelos dahin, schneller, als er erwartet hatte. Dann begriff er, woran das lag. Die Flut kam und trieb sie auf Kosten einer manchmal überschwappenden Welle mit. Er lachte leise und hörte Briand fluchen.

»Ich bin schon tropfnaß«, fauchte der Inspektor und schaute sich um. »Was finden Sie denn so lustig?«

»Sie arbeiten zu sehen«, gab Laird zurück.

Briand murmelte etwas und tauchte sein Paddel ein. Laird tat dasselbe und summte das Lied, das ihn nicht losließ und von dem er nicht wußte, ob er es haßte oder liebte.

Sie hatten die Gruppe von Jachten weit hinter sich gelassen. Voraus lagen die ›Mooncat‹ und ihre Begleiterinnen, scharf umrissene Silhouetten vor dem grellen Funkeln neu zerplatzender Raketen am Himmel. Laird konzentrierte sich auf das Blinklicht der Boje. Als er auf gleicher Höhe war, stieß er Briand an.

Briand hörte schweratmend zu paddeln auf, und Laird machte allein weiter, während er sich die Flutströmung zunutze machte. Sie kamen an die beiden Jachten heran, die im Dunkeln lagen, nah genug, um das Knarren der Takelage und das Klatschen der kleinen Wellen an ihren Rumpfwänden zu hören. Dann glitten sie langsam auf ihr Ziel zu.

Laird schaute auf die Uhr, als sie fast unter dem Bug des größeren Bootes hereinkamen. Vierzehn Minuten waren vergangen. Er hörte einen unterdrückten Laut von Briand.

Aufstrahlende Feuerwerkskörper erhellten den Himmel über dem Strand von Benodet, der achtern der ›Blondie‹ lag, aber fast genau vor dem Bug der ›Mooncat‹ – und das ferne Licht zeigte die schlanke Gestalt mit der Mütze. Sie saß auf der Kajüte der ›Mooncat‹ mit dem Rücken zu ihnen, in der Nähe des Cockpits.

Briand hatte eine Pistole in der Hand. Er schaute sich um und nickte. Laird stach das Paddel ins Wasser und schob sie vom Heck der ›Mooncat‹ fort, bis sie lautlos an die Rumpfwand stießen, auf gleicher Höhe mit dem Cockpit.

Paul Briand schwang sich ebenso lautlos an Bord. Zwei katzenhafte Schritte über das Deck genügten, dann hieb er den Kolben seiner Waffe mit Wucht auf den Kopf der Deckwache. Die Gestalt kippte vom Kajütendach, und der Inspektor fing sie auf und ließ sie vorsichtig auf das Deck gleiten.

Laird befestigte die Fangleine des Schlauchbootes an einer Relingstange und stieg lautlos auf die Jacht. Briand kauerte neben seinem Opfer und starrte es entgeistert an. Es war Sandra Myles. Sie trug eine lange Hose und einen dunklen Pullover. Die Mütze war von ihrem Kopf gefallen, die langen, schwarzen Haare fluteten herab. Sie war bewußtlos. Briand hob den Kopf und verzog den Mund, dann fluchte er, stieß Laird weg und hob die Waffe.

Innerhalb eines Sekundenbruchteils, so schien es, sah Laird aus der geöffneten Kajütentür Licht ins Cockpit fluten und endeckte unter sich eine schattenhafte Gestalt. Die Schüsse fielen beinahe gleichzeitig.

Die Gestalt wurde hochgerissen, fuhr mit einem Schrei herum und kippte zurück an die Cockpitkante. Briand fluchte leise. Sein linker Arm hing schlaff herab. Laird hetzte hinunter, gefolgt von dem Inspektor. Während er auf der anderen Jacht schon laute, erschrockene Stimmen hörte, sah er, daß es Tomas war, der dort lag. Er war tot. Briands Geschoß hatte den dunkelhäutigen Steward zwischen den Augen getroffen.

»Holen Sie Yvonne«, zischte Briand. »*Vite*... wir haben uns verraten.«

Während er das sagte, tauchten im Cockpit der ›Blondie‹ Gestalten auf, in gleicher Höhe mit dem Bug der kleineren Jacht, Briand gab einen Schuß in ihre Richtung ab, sie zogen die Köpfe ein, dann krachte ein Schuß von drüben, und das Geschoß fetzte Holz aus dem Deck.

Geduckt an der Cockpitkante erwiderte Briand das Feuer, während Laird die Kajütentür aufriß, die Webley aus dem Gürtel zog und hinunterlief. Oben wurde weitergeschossen.

Die Kajüte war leer. Dann bemerkte Laird aus dem Augenwinkel eine Bewegung – und warf sich zur Seite, als ein Matrose von hinten kommend im Durchgang auftauchte, eine große Leuchtpistole in der Hand, die Zähne gebleckt. Laird rollte sich herum, als er am Boden landete, zog zweimal den Abzug durch, und der Mann taumelte, als ihn ein Geschoß in der Brust traf. Sein Gesicht verzerrte sich, seine Knie knickten ein, und er versuchte sich an einer Schottenwand festzuhalten, während er auf die Knie sank.

Trotzdem bellte die dicke Leuchtpistole auf, als er zusammenbrach, und die Leuchtkugel fetzte durch die Kajüte, verfehlte Laird knapp und explodierte im offenen Kartenraum grellrot.

Der Matrose schwankte noch einen Augenblick auf den Knien und glotzte Laird fassungslos an, dann kippte er tot vornüber.

Betroffen raffte Laird sich auf. Hamiltons zweites Besatzungsmitglied war ein Faktor, den sie übersehen hatten. Der Ausgang hätte ein ganz anderer sein können. Er sah, wie die Flammen sich im Kartenraum ausbreiteten, dann knallte Briands Waffe im Cockpit erneut. Das war Aufforderung zur Eile genug.

»Yvonne!« Er schrie verzweifelt ihren Namen, als der Rauch von der Leuchtkugel bläulich aufstieg und ihn zu ersticken drohte. »Yvonne! Wo bist du?«

»Hier! Hier bin ich!« Ihre Stimme kam stark gedämpft von vorne.

Er eilte hinüber, fand die Vorpiek-Kajüte versperrt, riß den Schlüssel von einem Nagel und schloß die Tür auf. Sie stürzte in seine Arme.

»Alles in Ordnung?« fragte er hustend.

Sie nickte. Ihr Gesicht war leichenblaß, und sie blickte mit weit aufgerissenen Augen auf den toten Matrosen und die hochzüngelnden Flammen.

»Dann aber los!« Er packte ihren Arm und zog sie mit zu den Stufen am Cockpit.

Der Gedanke an ein neues Schrecknis war aufgetaucht. Als sie den Kartenraum erreichten, starrte er in das lodernde Inferno. Sie waren noch da, hingen immer noch an ihren Haken, die beiden altmodischen Schwimmwesten mit ihrem tödlichen Inhalt. Der rotgefärbte Leinenstoff wurde an den Rändern schon braun.

Dichter Rauch und die ersten Flammenzungen folgten ihnen, als sie ins Cockpit hinauskrochen. Briand, der immer noch tief geduckt war und sein kleines Gefecht allein bestritt, grinste sie an und zog den Kopf ein, als von der ›Blondie‹ herübergeschossen wurde. Er gab einen einzigen, sorgfältig gezielten Schuß ab. Seine eigene Waffe war leer, und er benützte Tomas' Pistole.

»Sie wollten entern«, sagte er kurz. »Ich glaube, ich habe jemanden getroffen. Wir können uns halten – Hubard kommt schon.«

Laird blickte zum Heck. In einiger Entfernung waren die Lichter des Kajütenkreuzers deutlich sichtbar, und er kam schneller näher.

»Dauert zu lange.« Er schüttelte den Kopf, einen Arm um Yvonne gelegt, und wies auf die Kajüte. »Wir fliegen gleich in die Luft.«

Briand biß die Zähne zusammen, als er begriff. Mit tränenden Augen feuerte er in den dichter wallenden Rauch hinein und nickte.

»Sie zuerst.« Laird stieß Yvonne über die andere Seite des Cockpits und sah sie in das Schlauchboot hinunterklettern. »Paul –«

Briand gab blindlings noch einen Schuß ab, wich zurück und kletterte hinunter. Laird wollte ihm folgen und erstarrte, als der Wind den Rauch zerteilte und er Sandra Myles sah. Sie hatte sich auf Hände und Knie geschoben, wirkte betäubt und angstgetrieben. Von der ›Blondie‹ aus konnte man sie wegen der Wölbung des Kajütendachs nicht sehen.

Laird kroch auf dem Deck vorwärts, das schon so heiß war wie eine Ofenplatte, und packte das Mädchen. Sie kreischte, wehrte sich verzweifelt, riß sich los, sprang auf das Kabinendach und winkte wild.

Sofort, als man auf der anderen Jacht eine Bewegung sah, wurde wild gefeuert. Sandra Myles erstarrte, dann drehte sie sich halb herum, sah Laird mit großen Augen an, stürzte vom Kajütendach und blieb schlaff auf dem Deck liegen. Nur die niedrige Relingstange verhinderte, daß sie über Bord fiel.

Das Feuerwerk erlebte einen neuen Höhepunkt, und das Gleißen der Raketen spiegelte sich in den leeren, starren Augen des Mädchens, zeigte, wie ihr Mund weit geöffnet war, als wollte sie ein letztesmal protestieren.

Laird kroch zu ihr heran und tastete nach dem Puls. Es gab keinen mehr. Als er die Hand zurückzog, war sie blutverschmiert. Tief betroffen kroch er zurück, während auf der ›Blondie‹ Stimmen durcheinanderschrien. Er löste die Fangleine und sprang in das Schlauchboot hinunter. Er packte ein Paddel und stieß sie von der Jacht ab. Briand hatte sich tief geduckt und drückte Yvonne nieder, die Pistole in der gesunden Hand.

Nur ein einziger Schuß heulte über ihre Köpfe hinweg, als Laird mit dem Paddel verzweifelt arbeitete, um sie in Sicherheit zu bringen. Dann hörten sie den Dieselmotor der ›Blondie‹ anspringen. Hinter dem roten Schein der Flammen, die schon aus der ›Mooncat‹ schlugen, eilten Gestalten auf dem größeren Boot hin und her und lösten die Taue, mit denen die beiden Segelschiffe verbunden waren.

»Sie wissen Bescheid«, sagte Briand heiser. »Gott sei ihnen gnädig – sie kennen sich aus.«

Er befeuchtete die Lippen und ließ die Waffe sinken, dann drehte er sich zusammen mit Laird um, als sie noch ein anderes Boot hörten. Der große Kajütkreuzer war nach wie vor zu ihnen unterwegs, aber ein kleines Motorboot kam aus der Dunkelheit auf sie zu.

Verwirrt half Laird Yvonne, sich aufzusetzen, dann blickte er auf die brennende ›Mooncat‹. Hinter dem Boot hatte die größere Jacht sich gelöst. Mit ratterndem Diesel setzte sich die ›Blondie‹ langsam in Bewegung.

Sekunden später zerriß ein gleißender Blitz die Nacht, die Druckwelle warf sie beinahe um und brachte das Schlauchboot heftig ins Schwanken, als ein starker Schwell sich durch das Wasser fortpflanzte.

Es gab keine ›Mooncat‹ mehr, nur flammende Bruchstücke, die überall zischend und rauchend ins Meer prasselten. Auch die ›Blondie‹ war verschwunden, bis auf ein paar schwelende Trümmer, die im Wasser schwammen.

Briands Gesicht war zu einer Maske erstarrt, und er zog nur leicht eine Schulter hoch. Laird griff nach Yvonnes Hand. Sie zitterte.

Das kleine Motorboot hatten sie fast vergessen. Es kam in weitem Bogen heran und fuhr langsamer, als das Gas zurückgenommen wurde.

Das Boot trieb heran. An Bord war nur eine Person. Das Licht einer Lampe erfaßte sie. Dann ließ Bernice Edwards die Laterne langsam sinken. Im flackernden Licht der brennenden Wrackteile begegnete ihr Blick Lairds Augen, und sie schien darin alles zu lesen, was sie wissen wollte.

Die Lampe erlosch. Der Außenbordmotor sprang wieder an, und das kleine Boot zog davon.

Die Polizisten auf dem großen Motorschiff nahmen sie einige Minuten später an Bord. Während man sie hinunterbrachte, suchte man langsam nach Überlebenden.

Es gab nur zwei. Sie fanden Ben Hamilton mit schweren Verbrennungen und gebrochenem Rückgrat, und Kern, den Rechtsanwalt aus Hamburg, dem die ›Blondie‹ gehört hatte. Kern war unverletzt, durch den Schock aber der Sprache beraubt.

Der Kajütkreuzer drehte und fuhr zurück.

Die Lichter von Benodet funkelten einen Willkommensgruß, als sie in den Hafen einliefen, aber das Feuerwerk war vorbei.

Es dauerte fast noch einmal vierundzwanzig Stunden, bis Laird zu dem gemieteten Wohnwagen zurückkehren konnte. Er war allein. Er schloß müde hinter sich die Tür, goß Whisky in ein Glas und blickte in das kleine Schlafzimmer, das Yvonne benützt hatte.

Ihre Sachen waren fort. Sie hatte ihm erklärt, daß sie ausziehen werde. Das war irgendwann untertags gewesen, obwohl er nicht mehr genau wußte, wann.

Fast alles, was sich seit der vergangenen Nacht zugetragen hatte, war unklar und verschwommen. Zuerst die Untersuchung im Krankenhaus, dann Stunden bei der Polizei, wo Briand, einen Verband um den Arm mit dem Streifschuß, eine Reihe manchmal peinlicher Eröffnungen vor einer Gruppe von ausdruckslosen höheren Beamten gemacht hatte.

Die ersten Leichen waren von der Bucht hereingebracht worden. Sie lagen neben Ray Amos in der Leichenhalle der Stadt. Von den Überlebenden war Ben Hamilton zu krank, um verhört werden zu können, aber der Deutsche redete und war bereit, alles zuzugeben, wenn seine Aussichten sich dadurch verbesserten.

Von Bernice Edwards fand man keine Spur. Die Frau war verschwunden, das Motorboot, das sie gemietet hatte, fand man verlassen am Ufer. Laird wußte selbst nicht recht zu sagen, ob er sich wünschte, daß man sie finden sollte oder nicht. Er hatte das Gefühl, daß Paul Briand ähnlich dachte.

Irgendwann danach hatte Yvonne sich verabschiedet und war gegangen. Sie hatte nicht gesagt, warum sie ging, und er hatte nicht gefragt.

Einige Zeit später hatte Osgood Morris aus London angerufen. Er war hochbefriedigt und hatte mitgeteilt, daß die marokkanischen Behörden bereit seien, die ›Aurelia‹ freizugeben.

Es war Laird nicht wichtig gewesen. Er hatte an Yvonne gedacht. An Yvonne, die manchmal zu Natalie wurde.

Als sich die Dinge ein wenig beruhigten, hatte er auf einem Sofa bei der Polizei zwei Stunden geschlafen.

Geraume Zeit später, nach weiteren Vernehmungen und dem Unterschreiben von Protokollen, hatte er gehen dürfen und war von Paul Briand verabschiedet worden.

»Sie bleiben noch?« fragte Briand.

»Ein, zwei Tage.«

»Bon.« Briand grinste schwach. »Wir müssen vielleicht noch das eine oder andere klären, mein Freund. Etwa die Herkunft einer zusätzlichen Leiche, die inzwischen aufgetaucht ist – ein Matrose namens Jackson. Sie – äh – haben sich bei Ihrem Freund Morris nach einem Jackson erkundigt?«

»Kann sein.«

Briand zuckte die Achseln.

»Mein Problem, nicht das Ihre. Wir trinken später ein Glas miteinander, ja?«

Er war davongefahren und Laird hatte die Rückfahrt zum Campingplatz angetreten.

Im Wohnwagen war es kühl. Er trank einen Schluck Whisky, zündete das Heizgerät an, das mit Flaschengas betrieben wurde, blieb einen Augenblick vor dem zischenden Gerät stehen, dann fiel ihm ein, daß er eigentlich etwas essen sollte.

In der kleinen Küche war nicht mehr viel übrig. Er seufzte und fragte sich, ob der Supermarkt noch geöffnet war.

Dann hörte er ein Klopfen an der Tür. Er öffnete sie. Yvonne kam herein. Sie trug in der einen Hand ihren Koffer, in der anderen eine große Einkaufstüte mit Lebensmitteln.

»Ich hab' es mir anders überlegt«, sagte sie nur.

Er nahm ihr Koffer und Tüte ab und stellte den Koffer auf den Boden. Sie sah ihn mit einem schwachen Lächeln an.

»Ich bin froh«, sagte Laird leise. »Ich bin sehr froh.«

»Gut.« Sie küßte ihn auf die Lippen. »Nur eines, Andrew. Ich bin nicht Natalie.«

Wieder hörte er die Töne des alten Liebesliedes. Nun wußte er plötzlich, was das für ein Lied war. Es wurde in vielen fernen Ländern gesungen und war um die halbe Welt gegangen. In einem Land hatte der Dichter Robert Burns, ein Landsmann von ihm, einen Text dazu geschrieben und von einer Liebe erzählt, die wie eine rote, rote Rose war.

»Du bist nicht Natalie«, bestätigte er und besiegelte den Bund.

Sie stieß mit dem Fuß die Wohnwagentür hinter sich zu und kam in seine Arme.

Goldmann Krimis

Georg R. Kristan
Ein Staatsgeheimnis am Rhein
5019

Georg R. Kristan
Fehltritt im Siebengebirge
5003

Gisbert Haefs
Mord am Millionenhügel
5035

Hasso Plötze
Heimtückisch
5024

Ernst Hail
Das Ohr
5031

Ernst Hall
Scheidung auf fränkisch
5038

GOLDMANN

Ngaio Marsh

Ngaio Marsh
Hinter den toten Wassern
5033

Ngaio Marsh
Stumme Zeugen
5028

Ngaio Marsh
Der Hyazinthen-Mörder
5036

Ngaio Marsh
Mord in der Klinik
5040

Ngaio Marsh
Bei Gefahr Rot
4968
Das Schloß des Mr. Oberon
4954
Das Todesspiel
4990
Der Champagner-Mord
4917
Der Handschuh
4934
Der Tod auf dem Fluß
4997
Der Tod des Narren
4946
Der Tod im Frack
4908
Der Tod und der tanzende Diener
4974
Fällt er in den Graben, fällt er in dem Sumpf
4912
Letzter Applaus
5008
Mord im Atelier
5000
Mord vor vollem Haus
4994
Mylord mordet nicht
4910
Ouvertüre zum Tod
4902
Tod im Lift
4980
Tod im Pub
4986
Tod in der Ekstase
5016

GOLDMANN

Meisterwerke der Kriminalliteratur

Nicolas Freeling
Bluthund
6236

Georges Arnaud
Lohn der Angst
6233

Paco Ignacio Taibo II
Eine leichte Sache
6240

Julians Symons
Am Ende war alles umsonst
6235

Allingham, Margery
Die Spur des Tigers
6215
Ellin, Stanley
König im 9. Haus
6204
Eustis, Helen
Die Nacht der bösen Träume
6223
Francis, Dick
Aufs falsche Pferd gesetzt
6212
Gardner, Erle Stanley/Fair, A. A.
Sein erster Fall
6218
Gunn, Victor
Das Wirtshaus von Dartmoor
6219
Hughes, Dorothy B.
Wo kein Zeuge lauscht
6232
Neely, Richard
Das letzte Sayonara
6203
Simon, Roger L.
Die Peking-Ente
6222
Stout, Rex
Der rote Bulle
6226
Orchideen für sechzehn Mädchen
6217
Symons, Julian
Am Ende war alles umsonst
6235
Upfield, Arthur W.
Der sterbende See
6209
Die Witwen von Broome
6228
Wallace, Edgar
Die vier Gerechten
6230
Weinert-Wilton, Louis
Königin der Nacht
6231

GOLDMANN

Sara Woods

Sara Woods
Das Haus zum sanften Mord
4915

Sara Woods
Eine glatte Lüge
4985

Sara Woods
Kommt nun zum Spruch
5010

Sara Woods
Wer zuletzt schießt
5023

Sara Woods
Die Wahrheit und nichts als die Wahrheit 5037

GOLDMANN

Goldmann Taschenbücher

Allgemeine Reihe
Unterhaltung und Literatur
Blitz · Jubelbände · Cartoon
Bücher zu Film und Fernsehen
Großschriftreihe
Ausgewählte Texte
Meisterwerke der Weltliteratur
Klassiker mit Erläuterungen
Werkausgaben
Goldmann Classics (in englischer Sprache)
Rote Krimi
Meisterwerke der Kriminalliteratur
Fantasy · Science Fiction
Ratgeber
Psychologie · Gesundheit · Ernährung · Astrologie
Farbige Ratgeber
Sachbuch
Politik und Gesellschaft
Esoterik · Kulturkritik · New Age

Goldmann Verlag · Neumarkter Str. 18 · 8000 München 80

Bitte senden Sie mir das neue Gesamtverzeichnis.

Name: ____________________

Straße: ____________________

PLZ/Ort: ____________________